科挙と性理学

明代思想史新探

三浦秀一著

研文出版

科挙と性理学——明代思想史新探　目次

凡例

I 大全と程策

凡例

一、本書の表記は、固有名詞や引用の原文も含めて、新字体および現代仮名づかいによる。ただし一部の漢字については例外的にあつかう。

二、引用原典の書誌情報やその巻数・頁数の記載方法に関する基本原則は、以下のとおりである。

（一）本書で使用した郷試録や会試録類は、個別に注記する文献を除き、その影印本が『明代登科録彙編』（台湾学生書局、一九六七年）、『天一閣蔵明代科挙録選刊・会試録』（寧波出版社、二〇〇七年）、『天一閣蔵明代科挙録選刊・郷試録』（同前、二〇一〇年）のいずれかに収録されることから、書誌情報はとくに記さない。また本文中、文脈から推してその実施年次や地域が特定可能な試録に関しては書名の記載を省略したが、ただし索引には、元来の書名を項目化して掲載した。

（二）四庫系列の各叢書に、影印のうえ収録される刊本からの引用に際しては、本書が各処で用いる『焦太史編輯国朝献徴録』（上海図書館蔵万暦四十四年徐象橒曼山館刻本影印、続修四庫全書第五二五―五三一冊所収）について、その巻数と葉数とを記す例外を除き、いずれも巻数のみを記す。また、当該の文献がいかなる叢書の第何冊に収録されるかは、『四庫系列叢書目録・索引』（上海古籍出版社、二〇〇七年）の省略表現を用いて、基本的にその初出の箇所に記す。その省略表現とは、A1が景印文淵閣四庫全書、Cが続修四庫全書、D1が四庫全書存目叢書、D2が同補編、E1が四庫禁燬書叢刊、E2が同補編、Fが四庫未収書輯刊であり、たとえば右の『焦太史編輯国朝献徴録』は、C/525-531と記す。なお、同書からの引用に際しては、書名を『献徴録』と略記し、所引の墓誌銘等の題名も、その全文ではなく簡略化した形で示す。ちなみに同書は、四庫全書存目叢書の史部第一〇〇―一〇六冊にも、曼山館刻本を影印した史学叢書本が再影印のうえ、収録される。かりにこの叢書の同書を用いた場合には、D1/史100-106と記すことになる。

(三) 下記の諸文献からの引用に関しては、その巻数と底本の頁数を記す。なお点校本からの引用の場合、底本の句読等を必ずしもそのとおりに踏襲するわけではない。

①影印文献

『明実録』(中央研究院歴史語言研究所校印、一九六二年以降)

『欽定四庫全書総目』(中華書局、一九六五年)

②点校本

中華書局刊「元明史料筆記叢刊」:『万暦野獲編』(一九五九年)

中華書局刊「二十四史」:『元史』(一九七六年)、『明史』(一九七四年)

中華書局刊「理学叢書」:『朱子語類』(一九八六年)、『関学編』(一九八七年)、『陳献章集』(一九八七年)、『困知記』(一九九〇年)、『澹園集』(一九九九年)、『曹端集』(二〇〇三年)

上海古籍出版社刊「中国古典文学叢書」:『牧斎初学集』(一九八五年)、『隠秀軒集』(一九九二年)

鳳凰出版社刊「陽明後学文献叢書」：『徐愛（銭徳洪・董澐）集』、『鄒守益集』、『欧陽徳集』、『王畿集』、『聶豹集』、『羅洪先集』（いずれも二〇〇七年）

③単行本（刊行年次順）

『二程集』（中華書局、一九八一年）、『日知録集釈』（上海古籍出版社、一九八五年）、『弇山堂別集』（中華書局、一九八五年）、『薛瑄全集』（山西人民出版社、一九九〇年）、『船山全書』（岳麓書社、一九九二年）、『茅坤集』（浙江古籍出版社、一九九三年）、『小山類稿』（福建人民出版社、二〇〇〇年）、『李開先全集』（文化藝術出版社、二〇〇四年）、『太函集』（黄山書社、二〇〇四年）、『黄宗羲全集（増訂版）』（浙江古籍出版社、二〇〇五年）、『明儒学案（修訂本）』（中華書局、二〇〇八年）、『王陽明全集（新版）』（上海古籍出版社、二〇一一年）、『程文徳集』（上海古籍出版社、二〇一二年）。

（四）上記の諸本以外については、以下のとおりである。

①四書五経等のいわゆる古典からの引用に関しては、とくに書誌情報を記さない。

②地方志は各種の大型地方志集成所収の影印本を用いるが、個別には注記しない。政書類も同様である。

③『性理大全書』は、基本的に『孔子文化大全』（山東友誼書社、一九八九年）所収の影印本による。

④湛若水の文章は、内閣文庫蔵嘉靖九年安正堂刻『甘泉先生文録類選』を用い、同書に収録されない文章は『泉翁大全集』（中央研究院漢籍電子文献資料庫収載の鍾彩鈞氏点校による電子テキスト）による。

⑤右の各叢書に収録されない単行本や、刊本もしくはそのマイクロフィルム版に関しては、必要に応じて所蔵機関等の書誌情報を記す。

科挙と性理学——明代思想史新探

導　論――明代の科挙と性理学

一　挙業盛んにして聖学亡ぶ

（一）清初人士の明学観

明末清初期を生きた知識人である黄宗羲（一六一〇―九五）は、康熙七年（一六六八）、同門の盟友である惲日初（一六〇一―七八）の文集に序文を寄せ、その冒頭に、「挙業盛んにして聖学亡ぶ」という激烈な一句を置いた（『黄宗羲全集』第一〇冊四頁、「惲仲昇文集序　戊申」）(1)。そのうえで、しかし「挙業」に従事する人士は、受験勉強が似非の「聖学」にすぎないことを知りながらも、仕官のためと割り切ってそれをおこなっているが、一方、世間の「庸妄者」は、その「成説」に固執して「古今の学術」を品隲し、わずかでも解釈が異なる者を「離經」や「背訓」と罵倒、その結果、経説や史論から人物の月旦にいたるまで、空疎な「一定の説」が横行することになった、と現状を分析した。挙業を必要悪と抑え、さらに受験勉強の過程で習得される「成説」、つまり既成の学説に拘泥する人士に対しては、聖学滅亡の元兇だと見て筆誅を加えたわけである。

当時黄宗羲は、先師劉宗周（一五八七―一六四五）の学問に対する総括を終え、『明文案』の編纂に着手する情況にあった。その主著となる『明儒学案』の思想的および史料的基盤を築き始めていたとも換言できる。先師の遺志を継ぎ、この時期に撰述した『孟子師説』の「題辞」にも、「成説、前に在りて」こちらもあちらも「ひとえに朱子を祖述する」ばかりだから、学者が増えれば増えるほど経書の本旨は蔽われてしまう、との慨嘆を記している（『全集』第一冊四八頁）。黄宗羲は、朱熹の学説に由来する「成説」への強い批判意識をその内面に抱きながら、みずからの思想を成熟させた。ではその行程において、「挙業盛んにして聖学亡ぶ」との言葉に込められたかれの激情は、どう昇華されたのだろうか。

康熙十八年（一六七九）に設置された明史館では、史臣たちが、勝朝の歴史を撰述するにあたり幾つかの論点について議論を交わしていた。その争点のひとつに、儒者の列伝に対する名称や内容についての問題があり、黄宗羲は、論争の方向づけを意図して史臣に書簡を送った。以下にそのなかの一節をあげる。

明代の学術は、陳白沙（諱献章、一四二八―一五〇〇）がその端緒を開き、（余姚出身の）王陽明（諱守仁、一四七二―一五二八）が登場するにいたり、いよいよ盛大に闡明された。なぜならば、それまで（の人士）は先儒による既成の学説に慣れ親しむだけで、自分の内面に向かって反省し、奥深く隠れた道理を洞察することなどついぞなく、こちらでも朱子を祖述し、あちらでも同様、というありさまだったからである。（有明学術、白沙開其端、至姚江而始大明、蓋従前習熟先儒之成説、未嘗反身理会、推見至隠、此亦一述朱、彼亦一述朱。『全集』第一〇冊二一九頁、「移史館論不宜立理学伝書」）

黄宗羲は、この一段から陳王両者への言及を除いた同一の文章を、康熙十五年の成立とされる『明儒学案』の、その「姚江学案」序説にも使っている（巻一〇・一七八頁）。「成説」批判の立場に変わりはないが、その内実を歴史的に捉える視点が明確になったとみなせよう。数年来の研鑽によって、「成説」に拘泥する昨今の風潮には歴史的な淵源が存していることを確信したともいえる。そして、この信念にもとづきつつ『学案』には、「挙子学を棄て去る」（呉与弼、巻一・一四頁）とか「意を科挙より絶つ」（胡居仁、巻二・二九頁）儒者を、数多く盛り込んだ。黄宗羲にとって明学の展開とは、挙業の盛行を助長する「成説」を拒絶するとともに自己の内面を深く反省し続けた知識人の歴史にほかならなかった。明一代の個人文集や思想書の博捜は、「成説」に依存する人びとの行跡を検証する一方、かれらに抗する「聖学」信奉者の系譜を見出すための作業でもあった。かつてのかれの激情は、滅亡の危殆に瀕する「聖学」を明一代のそれに繋げ、そして再生させようとする執念へと練り上げられたわけである。

明代の正統的学術と挙業とを切り離す視点は、『明史』（巻二八二・七二二二頁）「儒林伝」巻頭の、その序論に相当する箇所にもうかがえる。序論は、まずその第一段において明代前半の学術動向を回顧し、そこに科挙批判の主張を織り込んだ。曰わく、明朝の草創期、太祖朱元璋による耆儒の徴召があり、ついで「経義」のみを問う「制科」の実施を経て碩学は網羅され、その後、太平の世へと受け継がれると、「文学」の才能により登庸された人士が朝廷に「林立」した。そして英宗朱祁鎮（正統帝）の時代、薛瑄が朝政にあずかり、呉与弼が推薦されるものの、「重きを甲科に積み」、進士登第者が尊重されだした結果、「儒風は少しく衰微」し、陳献章の招聘を最後に、儒者の徴辟という稀代の盛典はおこなわれなくなった[2]。

明代の科挙は人材の的確な発掘や招聘に結びつく制度ではなかった、と序論は如上断言したうえで視点を変え、明初の儒者は朱子門人の末裔であり、曹端や胡居仁らが「儒先の正伝を守」ったと述べ、その後に有名な一段を掲げる。「学術の分裂はと言えば、陳献章・王守仁から始まる」。視点変更の前後を繋げるならば、推薦制度の退潮が「儒風」の衰頽を生み、その結果、「学術の分裂」が起こったという理窟をつけることも可能であろう。

序論はさらに、王学が一世を風靡し、嘉靖・隆慶以後、「程朱の学問をあつく信じ異説に乗り換えない者は、もはやほとんどいなくなった（篤信程朱、不遷異説者、無復幾人矣）」と説く。朱王両学に対する個別の評価において、黄宗羲のそれとは正反対の判断を示すものの、それでも陳王両者を明学の転轍手とみなす点では『明儒学案』同様の見解を表明するわけである。ただし黄宗羲は、この転換点のつぎに、王畿（号龍渓）や王艮（号心斎）以下の人士による王学の「失伝」という、思想史上の屈折点をもうひとつ設けていた。一方、王学批判の立場を貫く「儒林伝」において、そうした設定は当然不要であった。

そもそも明史館は、康熙十八年に実施された「制科」の出身者を中心に徴用して作られた組織である。そして清朝は、全国の「博学鴻儒」を掬い上げたこの推薦による選抜制度を、その後、理想化して喧伝した。その上呈が乾隆年間にまでくだる『明史』の「儒林伝」序論には、康熙朝のかかる儒学振興策に対する翼賛の意識が、陰に陽に揺曳している(3)。

元明鼎革期における儒者の登庸から陳献章の招聘にいたるまでの話柄は、『明史』（巻七一・一七二頁）「選挙志三」に、「薦挙の法」の盛衰という文脈で具体的に叙述される。勎志が述べるとおり、洪武を嗣ぐ建文・永楽の両年間においては、科挙と推薦という立身の「両途」が併用されていた。だが、たとえば永楽帝朱棣崩御直後の時期、のちの洪熙帝朱高熾が、当時、「賄賂」か「親故」によって推挙をうける者が多い事態を歎き、連座制を厳守するよう命じたとおり(4)、推薦による人材登庸の制度は、推薦者の私意に左右される嫌いがあった。洪熙帝は即位して間もなく急逝し、皇太子朱瞻基がその後を嗣いだ宣徳期以降、被推薦者に対しては中央での資格審査がおこなわれたが、結局、「薦挙者は益ます稀」であった、と勎志は記す。ただし「選挙志」は、そうした事態を儒風の衰微と結びつけるものではない。

「儒林伝」序論は、王学批判の一段に続けて、「専門の経訓、授受の源流に至りては」、明一代に著名な学者はあらわれなかったと述べ、明代の「経学は漢や唐のように精緻かつ専門的ではなく、性理学も宋元時代の搾り滓を襲うにすぎない。論者が、科挙が盛行して儒術が衰微したと言うのは、まずそのとおりだろう（経学非漢唐之精専、性理襲宋元之糟粕、論者謂科挙盛而儒術微、殆其然乎）」と議論を展開した。永楽の三大全すなわち「五経・四書大全および性理大全書」が明朝公認の注釈書として受験生の学習対象と指定されたことをふまえ、それ故に科挙の盛行が儒術の退潮を招いたと捉えるのである。黄宗羲が提示した「成説」と関連づける上述の理窟とは異なる因果関係が、ここには示されている。序論が引く「論者」の言葉それ自体は黄宗羲のそれに類似するものの、その内容は、顧炎武（一六一三―八二）がその『日知録』（巻一八）に、永楽の大全を批判して、「経学の廃るは、実に此れより始まる」（一三八五頁「四書五経大全」）とか「大全出でで経説亡ぶ」（一三八八頁「書伝会選」）と記したその主張に、むしろ近い。つまり序論は、「論者」の一句に対し、「成説」を唾棄する黄宗羲の慨嘆ではなく、明朝の学術を浅陋だと切り捨てる顧炎武の学識の方を重ねた。

たしかに三大全は、宋元の注釈書を寄せ集めた編纂物である。だが、それを科挙の標準テキストとする意識と明朝の儒風との間には、負の因果関係しか見出せないのだろうか。黄宗羲や『明史』「儒林伝」、ないし顧炎武の明学観から距離を置くべく、三大全の編纂事情とその流通について、まずは一瞥する。

（二）永楽の三大全と「成説」に対する両面的評価

永楽十二年（一四一四）十一月、永楽帝は胡広や楊栄、金幼孜といった儒臣に対し、「五経四書」および「其の周程張朱諸君子の性理之言、太極通書西銘正蒙之類の如」き論著につき、後世の手本となる書物を編纂するよう命じた。[5] あわせてその基本方針も示し、経書に関してはその伝注以外に先儒の論著から至当と判断できる解釈を集め、「性理之言」に関しては既成の書物からその精髄を抜き出しそれらを体系的に組み合わせよ、と諭した。儒臣たちは早速多数の学者を動員して編纂に着手し、翌年九月、「五経四書大全、及び性理大全書」「総て二百二十九巻」を上呈（『性理大全書』巻頭所掲、胡広等「進書表」）、ここにいわゆる三大全が誕生した。そして明朝は、永楽十五年三月、これらの書物を「六部」各庁と南北「両京の国子監、及び天下の郡県学」に頒布し、全土の学生にその誠実な研鑽を求めた（『明太宗実録』巻一八六・一九九〇頁）。

個別に開示される教説を一書に統括し、その全体的把握を容易にすることが、編纂作業の基本方針であった。宣徳元年（一四二六）福建郷試の主考官をつとめた余鼎（江西星子人）は、三大全の編輯を、洪武帝の命令による『書伝会選』の纂述に倣いつつそれを経書全体に拡大させたものだと捉えた。そして、洪熙帝が三大全を「万方に宣播」した結果、かつては諸説が錯綜して「適従」するところを見失った学ぶ者も、いまや「它岐の惑い」が解消されたと語り、大全に拠って「進学」するならば、その成果は「往昔の人」にもまさるだろうと期待した。余鼎は永楽二年（一四〇四）の進士登第者であり、二十二年の会試では翰林侍講の地位で副主考官をつとめてもいた。右の概観は、『宣徳元年福建郷闈小録』の冒頭を飾るかれの文章「福建郷試小録序」に見えるものである。

明代前半を代表する学者薛瑄（一三八九―一四六四）もまた、かれが主考官をつとめた天順元年（一四五七）会試の或る模範答案に対し、「この出題は個別の設問がきわめて多いものの、（いずれも）先儒の成説が具備されている。ただし学ぶ者はその多くがそれを講究していない（此題問目雖頗多、然具有先儒成説、但学者多不之講。「（策）第四問」）」との批語を記した。『天順元年会試録』に載る文章である。かれは、当時の科挙受験者を叱咤激励すべく、大全所掲の「成説」を推奨した。大全学習の重要性を根拠づける確乎とした学問的信念がかれには存するわけであり、それは余鼎も同様であっただろう。

薛瑄は、三大全に由来する「成説」が受験生に学習され、答案の文章として提示されることを望んだ。科挙とは、その学習内容を応用して披瀝する舞台であった。無論それは、当時における科挙の実態とは異なるかれの理想だが、それでもかれの学問観のなかで、科挙は肯定的な構成要素ではあった。薛瑄はなぜそうした認識を抱いたのか。この問題は、かれの主観およびその時代性を念頭に置いて考究される必要がある。

黄宗義は、その『明儒学案』「発凡」に、「明代において、文芸や政治的功績はいずれも前の時代に及ばないが、ただ理学だけは、前の時代の方が及びもつかない、と自分はつねに思っている（嘗謂有明文章事功、皆不及前代、独於理学、前代之所不及也。一四頁）」と記した。顧炎武であればそうした精華など明代にあるはずはないと一蹴したかもしれないが、黄宗義において理学だけは別格であった。ただしかれは、その輝かしい系譜を「成説」の外部に創りあげ、挙業とは無縁の学問として、理学ないし聖学を讃美した。しかしながら明代前半の薛瑄にとって理学とは、程朱学の「成説」より構成され、時には科挙の現場において披露される学問であった。

薛瑄と黄宗義、両者の理学観はその内実において相反しつつも、その学問としての枠組みそれ自体を評価する立場はたがいに相等しい。それ故に明代思想史を内在的に把握するうえで、理学を明学の精髄と断じた黄宗義の歴史認識は、その偏向性に対し一定の修改を加えるという条件下であるならば、いまもなお効力を有する視座であるように思う。科挙関連の諸事象との肯定的な関連づけは、必要と考えられるその作業のひとつである。

本書は、そのような観点のもとで構想した性理学史観に依拠しながら、明代思想史の探究をこころみるものである。以下、本論を読み進めるうえで押さえておくべき基本事項の紹介もかねて、明代科挙制度の概要や関連文献に関する言及をおこない、そのうえで、黄宗羲の理学認識に着目する理由をめぐり改めて説明を加えたい。

二　明代の科挙制度と科挙関連文献

（一）試験科目と郷試考官

洪熙帝は、前述のとおり明朝の推薦制度には矛盾が存することを看取するとともに、当時の科挙制度に対しても欠陥があることを認めていた。そうした側面の改革を予定するなかで、人材登庸の比重を科挙の一方に傾けたのである。洪熙帝の遺志を継いだ宣徳帝による改革の方途やその目的に関しては、宣徳元年（一四二六）実施の福建郷試において余鼎とともに主考官をつとめた邵思廉が、その「福建郷闈小録序」に、「合格定員を規定して利益優先の詐欺行為を一掃し、選抜方法を精密にして本物の人材を表彰する（鐫解額以去利誘、精選挙以表真才）」と簡潔に記したとおりである。

そもそも「永楽年間、科挙は名数にこだわらなかった」（『明英宗実録』宣徳十年十月甲寅。巻一〇・一九四頁）。「科挙成式」が公布されたその翌年洪武十八年（一三八五）の科挙において、進士登第者は四七二名、建文二年（一四〇〇）は一一〇名、永楽二年（一四〇四）も四七二名、永楽十九年は二〇〇名、二十二年は一五〇名、という具合に、合格者数はその都度、決定されていた。しかし宣徳二年には一〇〇名という「解額」が、従前に較べれば少ない数で設けられ、それに応じて各地の郷試にも合格定員が割り振られた。定数の絞り込みが合格者の質を担保するという理窟である。ただし、制度それ自体の客観性や透明性を高める努力は、洪武朝以来、積み重ねられてはいた。その一環である科目の選定に関しても、邵思廉は以下の如くまとめている。

いまここでは古の制度にならって科挙を設置して士人を採用するうえで、（宋代の科挙では実施されていた）詞や賦などによる評価を取り止めて文章表現にのみ優れた人士は用いず、（元代の科挙で実施されていた経書の）「疑問」という設問を削除して経義の穿鑿にたけた人士は用いず、五経四書の設問によってその根本となる蘊蓄を判断し、詔誥論判の設問によってその博識を判断し、経史時務についての策問によってその学才を陳述させた。（爰倣古制以設科取士、黜詞賦以抑浮華、去疑問以除穿鑿、本之五経四書以観其蘊、博之詔誥論判以観其識、策之経史時務以繹其才。）

明朝の科挙における試験科目は、旧来の科挙の問題点を克服し、才徳兼備の人士をもっとも効果的に選抜するものだというわけである。以下、煩瑣にわたるものの、試験科目が安定するまでの経緯をたどりながら、明代科挙の理念が奈辺に存していたのかを確かめておく。

朱元璋は、明朝創建の前年に当たる呉元年（一三六七）三月、三年後の科挙実施を予告し、洪武三年（一三八〇）八月、当時の版図内に郷試を、翌四年二月に会試を、三月に殿試を実施して、一二〇名の進士を選抜した。試験の実施方法について、『明太祖実録』（巻五五・一〇八四頁）洪武三年八月の記事は、「大略、前代の制を損益する」ものだと述べる。科目に関しても、たしかに元朝における漢人と南人とを対象とした科挙のそれに重なる部分があった。

『元史』（巻八一・二〇一九頁）「選挙志一」に拠るならば、当該の受験生に対しては、「第一場が、まず明経経疑二問、大学・論語・孟子・中庸から出題。いずれも朱氏章句集註を用い、自己の見解で一文をまとめるもの。それから経義一道、五経から一経を専攻。詩は朱氏（の詩集伝）を、書は蔡氏（の書集伝）を、周易は程氏（の易伝）

と朱氏（の本義）を主として、古註疏も兼用する。春秋は三伝および胡氏伝との使用を許可し、礼記は古註疏を用いる。第二場は、古賦・詔・誥・章・表のなかから一問を科する。第三場は、策一道、経史時務から出題」、という試験がおこなわれていた。

そして明朝も、その「初場は、四書疑問、本経義、及び四書義、各一道」であったが、ただし第二場に関しては、「論一道」に変更された。論題は南宋の科挙における第二場の科目であり、明朝はそれに倣ったのである。洪武四年会試の考試官である宋濂が「題辞」を書いた『洪武四年会試紀録』を見ると、第一場には経義と「四書疑」とが出題されている[6]。つまりこの時点では、邵思廉の観察のその半分が実現しただけであった。

科挙における元明両者の相違は、洪武帝による「科挙にあらざれば、官に与《あず》かるを得ることなし」（洪武三年五月詔。『明太祖実録』巻五二・一〇二〇頁）という実施の理念が、顕著にそれを示していると思う。ただし明朝のこの方針も、一方においては建国当初の圧倒的な人材不足という現状を打開するための緊急措置的側面をもち、それ故に、翌年から連続して三年間、郷試が実施されてもいる。受験者の多くは、先の王朝と比較して、立身出世の道が広く開かれたことを実感しただろう。だがその結末は明白である。洪武帝は、うわべだけの「虚文」しか述べない応挙者の増加を歎き[7]、そこで科挙の中止を宣言、「徳行」重視の推薦制度を実施した。また、それと平行して不穏分子の一掃を企図して幾度かの疑獄事件を捏造し、それら硬軟両面の政策を採りながら権力基盤の安定を謀ったのである。

この政策は功を奏したようであり、洪武十七年三月、太祖は改めて「科挙成式」という体系的な実施規定を作成および頒布し（同巻一六〇・二四六七頁）、その年の八月に郷試を再開した。科目の点で洪武三年の詔との違いをあげるならば、第一場の「四書疑」を「四書義」と変えてその問題数を一題から三題に増やし、第二場に判語五条を加え、第三場の策問を一問から五問に分けた点が、それである。実務能力とそれを支える誠実な精神を重視する方向での改変であった。邵思廉による上述の賛意は、受験者の「徳行」をも審査しうる試験として改訂されたこれらの科目に対して表明されたわけである。

ただし、各地の学校の頽廃は、かれの当時すでに報告されており、また、洪熙元年（一四二五）四月、近ごろの科挙合格者は「虚文」の暗唱を出世の手段と捉えるとの上奏がおこなわれてもいた。(8) その上奏文は、年若い合格者を批判して、かれらは聡明かもしれないが「修己治人之道」に関しては意識が低く、任官後も無為無策であって、政事は停滞し民衆は被害をこうむっている、とすら言う。科目の理念、つまりこの上奏文が示す「修己治人之道」は、受験生の出世欲のなかに飲み込まれていた。

宣徳帝は、理念の実現をめざそうとしないこうした受験者の排除を企図して、定員を絞り込んだ。だが天順期における薛瑄の観察が正しいならば、かかる改革を経てすらも理念の浸透はかなわなかった。そこでかれは、会試主考官の立場を利用しながら、人びとに対し、「成説」学習の意義とその方向性を高唱し、理念の賦活をはかったのである。だが当時の考官、なかでも各省郷試の試験官は、薛瑄の如く主体性を発揮しようともそれがかなわぬ抑圧された情況にあった。もしくは、科場の矛盾を体現するような存在であったともいえる。

明朝は、順天と応天の両京以外で実施する各省郷試の考官について、その選任の方法に幾たびか改変の手を加えている。以下、万暦『明会典』（巻七七）「郷試」に拠って、制度改革の経緯を概観しておく。

洪武「科挙成式」は、試験官について、儒官や儒士から「明経公正」なる人士を選ぶよう規則を定めた。そしてとくに各省郷試の場合は、各地の布政司からの推薦をその要件とした。だが正統六年（一四四一）には考官の資質が問題とされ、「必ず文学の老成し、行止の端荘なる者を求」める前提のもと、六十歳以上の老人や致仕した官人、病気療養中の者、見習い期間中の挙人、年少の進士で学力の不十分な者などを選抜から除外するよう命じた。その後、この除外規定を明確にすべく資質と資格の限定化が進行し、まず景泰三年（一四五二）には、現役の教官にして年齢が五十歳以下三十歳以上であり、かつ日頃から「文学に精通し、身を持すること廉謹なる者」を選び、あわせて、選任に際しては布政と按察の二司の官員が巡按御史と協議する規定も立てられた。弘治年間にはその体制にも修訂が施され、弘治四年（一四九一）の勅令では、各地の提学官がその職務として任地を巡回する際に、考官たりうる教官を見定めておき、もしその管轄内に探し出せない場合には、異なる地域の提学官の推薦に拠るべきことが指令されたのである。

弘治七年にも、巡按御史の恣意的な判断による考官の招聘が禁じられた。ところが、十七年（一五〇四）には教官からの選抜という限定が解除され、祖法にのっとるという口号のもと、人物本位の選任を実施するよう方針が定められた。たとえば山東郷試では、弘治十二年の進士登第で刑部主事の王守仁が主考官に選ばれた。当時かれは三十三歳、龍場への左遷はその二年後であり、いわゆる「大悟」もまだ獲得していない時期の選任であった。ただしこの制度は一度の試行で中止され、そのつぎの郷試は、儒学教官から選ぶ体制に戻るのだが、嘉靖六年（一五二七）、京官もしくは進士を考官につける命令がくだされ、翌七年と十年の郷試はその方法が採用された。しかし十三年にはまた旧来の方法へと回帰し、しかし万暦十三年（一五八五）、各省の郷試は京官を主考官にあて、その際には巡按御史が礼部に要請し、礼部は吏部とともに廷臣のなかから「学行の兼ねて優れる者」を選んで上請し派遣するよう決定された。

朝廷と各省郷試の現場との政治力学的関係性が、時代ごとに揺れ動き、その結果、考官選任の議論が二転三転したと推察される。そうした情況下、郷試考官の主体性は大幅に制限された。薛瑄や王守仁などは例外的存在であり、郷試の現場においては、受動的たらざるを得ない考官がその多数を占めた。本論で紹介する丘濬の観察に拠れば、「出題刻文、閲巻取人」という考官の役割が、郷試を取り仕切る監臨官に掌握されていた。以下、ここに言う「刻文」すなわち試録刊行の問題をめぐり考察をおこなう。その過程で発生した「程文」の代作という一種の不正行為が、また郷試考官の受動性とも関係するのである。

（二）試験答案の史料的価値

「程文」とは、『日知録』（巻一六・一二六九頁）「程文」の一条に拠れば宋代以来の言葉であり、受験生の答案を指す。明代では、「士子の程式」にして「小録所刻之文」（丘濬語）、すなわち受験生が見習うべき規範だとの位置づけのもと、会試録もしくは郷試録に収められた文章である。[9] この二種類の試験記録は基本的にその体裁を同じくし、すでに引用した幾つかの文章のとおり考官による前後の序文が付く。そしてその本体は、まず試験官や事務官の氏名や官職名等をまとめて記し、科挙の試験問題を並べ、合格者の名簿を置き、残る部分に各試験の程文全文を掲載、という構成である。明代の会試録では、洪武二十一年（一三八八）刊行のものが、もっとも早く程文を載せたという。

郷会試録それ自体が、科挙研究上の第一次史料であることは言うまでもない。ただし、国内外の諸機関の現存書目からその所蔵情況は知られていたものの、それらの多くは閲覧が制限されており、前世紀においては、その一部をまとめて影印した『明代登科録彙編』全二二冊六六種（学生書局、一九六七年）だけが、自由に繙読できるほとんど唯一の文献資料であった。

ただし、明代科挙の諸研究にあってはそれらすらも十分には活用されず、多くは各種の随筆に依拠しながらおこなわれていた。しかしそうしたなかでも、ベンジャミン・エルマン氏や鶴成久章氏は厳しい研究環境を独自に克服し、優れた労作を発表された[10]。そして、かれらによる良質の業績を背景にすればこそ、史料の保存と利用とに対する認識も激変し、近年、大型の叢書が陸続と刊行されるようになった。『天一閣蔵明代科挙録選刊・登科録』全八帙四七冊（寧波出版社、二〇〇六年）、『天一閣蔵明代科挙録選刊・会試録』全六帙三八冊（同、二〇〇七年）、『天一閣蔵明代科挙録選刊・郷試録』全四八帙二七六冊（同、二〇一〇年）、明代のものが半数を占める『中国科挙録滙編』全一六冊五一種（全国図書館文献縮微複製中心、二〇一一年）、主に清代のものよりなる『中国科挙録続編』全一八冊六三種（同前）がそれである[11]。

特定の主題や時期を基準に、試録所収の程文をまとめ直した編纂物も存在する。そのなかでも現存するものは、研究上の第二次史料としての、また、その時期ごとの知的情況を反映する文献という意味では第一次史料としての価値を有する。元朝期の書物である『新刊類編歴挙三場文選』や『皇元大科三場文選』などは元明鼎革後も流通しており[12]、郷試以上の試験問題や答案を科目ごとに収録したかかる編著を、明代初期の受験生は参考書として重宝した。

たとえば建文年間に官界入りした楊士奇は、学生時代、同郷の先人である何淑の「程文」を読みそれを敬愛したという（『東里続集』A1/1239巻一四「蠖闇集序」）。何淑は元末至正十一年（一三八七）の進士であり『策問』六巻を撰していた。楊士奇はまた、永楽十三年に入手した元朝の程文のほか数種の程文に対し、跋文を書き残した[13]。一方、建文二年（一四〇〇）の進士である呉溥は、永楽年間、国子学司業をつとめたおり、「前輩の程文」だけを暗唱して科挙の合格をねらう学生の安易な態度を厳しく批判して改めさせた、と楊士奇撰述の「墓誌銘」は記している（同巻二四「国子司業呉先生墓誌銘」）。

科挙が継続的に実施されるなかで、手本となる程文に手垢がつくことは避けられない。そこで受験生は、他者との差別化をはかるべく、古本を棄てて新たな模範答案集を追いかけた。宣徳十年（一四三五）の順天郷試に合格し、翌正統元年に会元となった劉定之は、先人の参考書は数本存在するが、「自分はそれらが自作でなく暗記が困難であり、またかりに暗記できたとしても、ほかの受験生に附和雷同して試験官から見飽きたとされることを気に病んだ（予病其非己出而難強記、設或能記、亦雷同以取主司之厭。『劉文定公呆斎先生策略』D1/集34「自序」）」と述べる。かれはその修学時代、「策略」と題する模擬的問答集を自作し、撰述の意図を、その後このように記したのである。

過去問に対する入念な分析が、来たるべき試験への有効な対策を生む。馬諒（南直隷全椒人、宣徳八年進士）が編んだ『選類程文策場便覧』は、景泰七年（一四五六）執筆の陳宜による序文をともなって刊行された[14]。景泰二年（一四五一）に進士登第を果たした楊守陳の父親である楊自懲は、受験勉強中の息子に対し、「古学」は習得が困難だが「時学」は容易だとしたうえで、「五経四書大全」は「講説之師」であり「歴科三試程文」は「筆削之師」であると諭した（楊守陳『楊文懿公文集』F/五17巻五「送徐生昇序」）。歴代の程文を中心に編纂された受験参考書の需要は、当時たしかに上昇していた。

さて程文代作の問題である。明代中期の丘濬（一四一九―九五）は、この問題について、「正統・景泰年間以前、刊刻された程文は、いずれも受験生の自作であり、試験官はいささか加筆しただけであった。だが昨今は、多くが試験官の代作であり、極端なものになると、受験生自身の言葉が一言も含まれない。科挙を設置した本旨とはまったく異なっている（正統景泰以前、所刻程文、皆士子親筆、有司稍加潤色耳、近日多是考官代作、甚至挙子無一言於其間、殊非設科之本意。『大学衍義補』A1/712巻九「治国平天下之要」「清入仕之路」）」と証言する。成化二十三年（一四八七）完成のかれの編著『大学衍義補』の一段であり、実際、成化十年（一四七四）には、程文代作を禁止する命令が公布されていた。だがこの禁令は効果がなく、弘治七年（一四九四）、嘉靖六年（一五二七）、万暦十三年（一五八五）、と同様の指令がくだされた[15]。ところが試録所収の程文はと言えば、いずれの時期も、その作者として合格者名を掲げているのである。

科目のなかでも第二場の論や表、および第三場の策に限られるものの、明人は、その問題文や答案を自身の文集に収録した。厖大な人数の科挙受験者に較べれば現存する関連文献の分量は僅少だが、それらの文献は、第一に代作の実態を例示する証左であり、また、明代における思想の展開と科挙制度との密接な関連性を証言する貴重な史料でもある。

明人の文集には、おそらく通時代的慣習として、試録の前後両序や科場第三場において出題された策問が収録される。『胡文穆公文集』（D1/集28）巻一一「秋闈小録後序（永楽元年）」、同巻一八「永楽元年順天府郷試策題五首」から、『雪堂先生文集』（北京図書館古籍珍本叢刊112）巻一三「陝西郷試録叙（崇禎十二年）・第一問（問対）・第三問（問対）までのとおりである。しかし程文に相当する文章を載せる文集は、一部の例外を除き[16]、弘治正徳の際以降に活躍した人士のものに限定されると思う。

「程論」との注記を附した文章としては、銭福による「聖学以正心為要　程論」（『銭太史鶴灘稿』D1/集46巻六）がある。銭福は南直隷華亭の人であり、弘治三年（一四九〇）の会元にして状元、この文章は、明末の張朝端が撰述した『皇明貢挙考』（C/828巻五）の記事にしたがい、会試第二場の「論」に対する答案だと判断できる。この時の試録には、程論が二題、掲載された。

考官作成の程論であることが明確な文章としては、たとえば呉儼（南直隷宜興県人）による「為臣不易　正徳丁卯（二年）順天郷試程式」（『呉文粛摘稿』A1/1259巻三）がある。成化二十三年進士登第の呉儼は、正徳二年（一五〇七）順天郷試において主考官をつとめた。当該の試録には、「為臣不易」を題名とする二編の程論が掲載され、呉儼の文章はその前者に一致する。ただし試録は、その作者名を第一位合格の張行甫とする。

程表や程策についていえば、顧鼎臣による「正徳丙子（十一）順天程表」「程策」（『顧文清公文草』D1/集56巻四）がある。顧鼎臣は弘治十八年の状元にして、正徳十一年順天郷試の主考官である。これらの程文は、いずれも試録所収のそれらに合致する。その「程策」は五題の策問のなかの第二および第四問への答案に相当し、顧鼎臣の文集はその策問も掲載する。

注目すべきは、受験生でもまた試験官でもない人士の文集にも、科挙の程文が収録される点である。たとえば陝西朝邑の人である韓邦奇の文集には、「正徳八年山西郷試」と題する策問と対策が四組、掲載される（『苑洛集』A1/1269巻九）。それらは現存する試録所収の問題および模範答案とほとんど重なる文章であり、この郷試における第三場策問の第二問以降の問題とその程策に相当する。ただしこの時かれは平陽府通判であり、郷試では外簾の受巻官として科挙の事務を担当していた。その後かれは嘉靖七年順天府郷試の主考官に就くと、その時の策問と程策を三組、みずからの文集に収めている。

福建晋江の人である蔡克廉の文集にも、[17]「聖人人倫之至　己酉広東程論」、「経綸天下之太極論　江西壬子程論」、「射問　己酉広東程文」、「楽問　己酉広東程文」と題される文章が載る（国会図書館蔵マイクロフィルム『可泉先生文集』巻一三）。己酉は嘉靖二十八年、壬子は同三十一年であり、かれは二十八年当時、広東提学副使であって、三十一年には江西右布政使に就いた。後者の職にあった時は、提調官として郷試に関わったわけだが、提学官は、そうした外簾官ですらない。

明朝の各省郷試は、かなり早い段階から主要外簾官によってその全体が牛耳られていた。外簾官による作題や程文の作成もまた、考官による程文の代作と同様、この傾向のもとでおこなわれた違法行為である。外簾官のなかでも監臨官をつとめた巡按御史は科場において絶大な権限を有し、かつまたその地に赴任した提学官に対しても権力をふるったという。管志道（一五三六―一六〇八）が、それを批判する文章のなかで、「巡按御史は監試官として貢院に入ると、必ず外部（の提学官）に「策論一題」を執筆するよう要求し、それを試録に収めた（按臣監試入簾、必外索其策論一道、入試録中。張萱『西園聞見録』C/1169巻四四「提学」）」と記したとおりである。

以上、試録所収の程文には、受験生自作の文章ではないものが多く含まれ、しかも代作を請け負った人士は、内簾の考官から外簾の執事官、さらには提学官と個別各様であった。もとより、その筆者が誰であろうとも、それぞれの程文に同時代の歴史が何らかのかたちで投影されていることは疑いない。ただしここで問題としたいのは、個人の文集にまで収録されるにいたった文章としての、程文の性格である。それらが文集に収められた理由は、文集の編者がそこに不朽の価値を見出したからであろう。それ故これらの文章には、それがかりに受動的な動機で執筆されたとしても、執筆者の個性を反映するであろう独自の表現や見識などが盛り込まれているように思う。そしてさらに、たとえ文集には採録されなかったとしても、試録に掲載された程文のなかには、すでに進士登第を遂げた人士が、ひそかにその想いを託して書いた文章もまた存在していると推察される。

科挙の論題は、その多くが三大全所掲の文章から出題され、また策問は、「経史時務」に関する質問をおこなうよう規定されている。つまり、明代の程文にはそもそも思想や学術に関わる内容が含まれるわけだが、その内容だけはなく執筆の動機や背景をも含めて、程文は、思想史研究上の魅力ある素材だとみなすことができる。程文が代作されたその現場には、程文それ自体の錯綜した執筆情況に象徴される如く、思想の歴史が抱えるその時どきの課題が集約されている、とも言うことができるわけである。

とはいえ程文は、それが程文である以上、王朝公認の模範答案という前提条件から外れることはない。故に程文をめぐる複雑な事情も、所詮、模範答案という一定の枠組みのもとの複雑さでしかない。ところが明代末葉、程文の模範性それ自体に疑念が抱かれるという事態が発生していた。隆慶元年（一五六七）の浙江郷試に合格し、万暦二年（一五七四）第三甲進士となった陳与郊（浙江海寧県人）の文集である『隅園集』（D1/集160）には、その第六巻に「甲戌（万暦二年）会墨」が、第七巻に「丁卯（隆慶元年）郷墨」が、第九巻に「人君守成業而致盛治　甲戌会墨」・「立朝以正直忠厚為本　丁卯郷墨」が載る。前二巻の文章は策問に対する答案すなわち対策でありそれぞれ、「徳沢法度・文質代変・爵禄名誉・班馬異同・用人理財」、「心法・作史・国議・道脈・時務」といった具合に、文章の内容をまとめた題目が注記される。また後一巻の文章は、論題に対する答案である。かれの文集には郷試と会試における自作の答案が収録されていたわけである。

顧炎武は、考官による程文の代作を指摘したうえで、「かくしてさらに応挙の人士が作成した文章を区別して、それを墨巻と呼んだ（遂又分士子所作之文、別謂之墨巻。前出『日知録』「程文」）」と追記した。受験生は墨筆で答案を書く。故にその答案は、科挙開始時より以来、「墨巻」以外の何物でもない。ではなぜ顧炎武は、「墨巻」に特定の意味をもたせたのか。考官代作の程文が執筆者の文集に収録される事例は、弘治年間以降、一定して確認される。一方、陳与郊の如く墨巻を文集に収録する事例の出現は、おそらく嘉靖以前にはさかのぼらない。受験生自作の答案に対する評価が、程文のそれと頡頏するまでに上昇していたと考えたい。それにともない墨巻への意味づけにも変化が生じていた。顧炎武は、万暦中期には一般化したと覚しいこの拮抗状態を、いわばかれの時代の常識と捉え、程文と墨巻とを対置させたわけである。

程文の模範性に対する信頼の低下と墨巻の価値の上昇とは、相関関係にある。墨巻の流通が、模範性に関する人びとの認識を多様化させたともみなせる。程文が、科目ごとに一ないし二題しか試録に掲載されないのに対して、墨巻は、最大限、受験生の数だけ存在しうるからである。模範的答案の執筆者は、かくて科挙合格者という資格すらも有する必要がなくなっていた。

情勢のかかる変化には、営利を目的とした出版物の影響も絡んでいた。万暦から天啓・崇禎へと時代がくだるにつれて、程文だけではなく墨巻をもあわせて編輯した受験参考書が、従前にも増して多く刊行されていた。(18) だが時ここにいたっても、明朝は考官による程文の代作を禁じている。(19) 王朝としての建前が如何に重要であったかは察知されるものの、試験問題や模範答案のその標準の発信源は、当時、全国各地に発生し始めた学習結社に移っていた。結社構成員の価値判断が、ほとんどそのまま、科場の基準と化していた。そしてその結社が作り出した流行の、その追随者たちによって、黄宗羲が慨嘆したような模倣の風潮が醸成されることになる。

明代の程文や墨巻は、その時どきの政治的社会的情況を敏感に反映する柔軟な媒体であった。たとえば明代中期には郷試考官選任をめぐる葛藤の所産となり、その後は進士登第後の知識人も参加した模範性を提示する舞台と化し、明末の段階では国家教学の絶対性を揺るがしかねない社会問題の象徴ともなった。かくも多面的な科挙関連文献の歴史的動態は、しかも常に、思想的な課題を巻き込んだかたちで立ち現れていた。この点にこそ、明代思想史の、ほかの時代のそれと異なる独自性が存すると思われるのであり、そこで想起されるのが、理学を明学の精華と見た黄宗羲の認識なのである。

三　明代思想史研究と「心外無事」の論理

かつて佐野公治氏は、明代中期における陽明学の登場から明末清初期のいわゆる経世致用の学へ、という思想史上の展開を支える内的論理にその眼差しを注ぎ、以下のような仮説を提示された。

（宋明の学者は）個人道徳と政治との連続を前提にして、政治・社会的問題の窮極的解決方法を、性理学の範疇内で追及した。……政治的社会的諸条件の変化による新しい事態の発生にも、「性理」学的理論の発展・展開というかたちで対応しようとする。だが「性理」学の発展が、完結するならば、新しい社会状態を思想の側から克服しようとするときには、すでに性理学の範疇では不可能である。こうして清初においては陽明学の成果が継承される一方、より治国平天下の実際的方策に関心が向いたのではないか。(20)

佐野氏は、心学を奉じた明代の思想家に対し政治的社会的関心を欠落させているのではないかと疑う見方に異を唱え、かれらにあって、その「政治把握・社会把握は「性理」論的色彩をもっていた」ことを強調される。氏の関心は、明末清初期における思想の展開を、政治的社会的な外在的条件を主因とした転換と捉える見解に対し、内在や外在という視座の枠組みを超えたより包括的な立場から、その実態に迫ろうとする点に存する。「性理」学がその「発展」の果てに「完結」するのか否か、今その点は問わない。ここでは佐野氏の提言、明人にとって「性理」学は諸学を包括し、基礎づける学問であったという見解のみを掘り下げてみたい。

かつて筆者は、十三、四世紀中国の「心学」について概観したのちに、「永楽帝が称揚した修己治人のその両面を言い表す学問としての心学が、知識人一般のなかに如何に浸透しまた変容したか、といった問題の考察は、十五世紀中国の思想世界、すなわち王守仁が登場する以前の知識人社会における歴史的文脈のなかでおこなわれるべき事柄であるに相違ない」といった展望を記した。[21]かかる展望を具体化する目算は、当時毛筋ほども立っていなかったのだが、ここに言う「歴史的文脈」を探るうえで注目すべき露頭が奈辺に存するのかを、佐野氏はすでに示されていたと思う。

明朝における科挙試験の科目構成は、修己と治人という双極的理念を体現する。永楽帝の言う心学もまた、当然この理念を前提として構想されていたはずである。ただし帝王の心学は、元末明初の知識人である宋濂の心学、すなわち六経や道仏両教、さらにはいわゆる「文学」をも視野に取り込んだ壮麗な思想に較べれば、その内包は圧縮され、また規範化されてもいる。永楽帝にとって心学とは、朱熹に私淑した南宋末期の真徳秀（一一七三―一二三五）がその『心経』賛語に、「舜禹の授受せる十有六言、万世の心学、此れ其の淵源なり」と記したその「心学」を受け継ぐ観念であり、それ故その実質に即するならば、性情を統べる「心」と言うよりも天賦の「性」を基盤とする学問、と表現した方がむしろ近いかもしれない。だがそれでもその観念を「心」学と語る点に、明初心学の精神、すなわち世界の一切存在に対しみずからがその主体性を賭けて存立の責任を負おうとした矜持の一端はうかがえる。そしてその精神との関連から想到されるのが、明代初期の学者曹端（一三七六―一四三四）による以下の如き回顧の言葉である。

曹端は、宣徳三年（一四二八）に撰述した『存疑録』の序文において、かねてより自分は「理学」に「潜心」してきたが、「知命の年、五十歳にたどりついて、「方《はじ》」めて、この世の中に「性」の外部に存在しうる物などなく、「性」が存在しないところはないということを「聞」いた。「性即理」なのである。その理の別名を、太極と言い、太乙、至誠、至善、大徳、大中と言うのであり、（ひとびとはそれぞれの）理解にしたがって名前をつけるから、（その表現は）同じではないが、道としては、ただひとつだけだ」と述べるのである（『曹端集』巻七・二四九頁「曹月川先生録粋」）。

かれの脳裏には、周敦頤による『太極図説』の一節「無極之真、二五之精、妙合而凝」に対する朱熹の注解の、その冒頭の一文「夫れ天下に性外の物なく、而して性は在らざること無し」が浮かんでいたのだろう。だが「太乙」以下の名称をも包摂するかれの「性」概念は、朱熹が想定したそれに較べるならば膨張しており、その点では永楽帝による心学の「心」に、むしろ近い。とくに注目されるのは、かれが、長年「理学」に専心しながらも、この時はじめて「天下に性外の物なし」という言説を「聞」いた、と記すその感覚である。こうした回顧の後段に、かれが「帝王の心法」との文字をも挟み込む如く、曹端は、明初知識人の意識の底流にひそむ心学の精神を、この或る瞬間に実感することができたのではないだろうか。

上述の薛瑄は、その活躍の時期を曹端にやや遅らせる朱子学者だが、かれにも曹端と同様の発言がある。『性理大全書』を閲読して書きためた文章を、かれは『読書録』と題する冊子にまとめていた。その一節に曰わく、「ある日ふと思った（原文「一日偶思」）。「性」とはただ心のなかに具わっているものだけがそうなのではなく、耳や目、鼻や口とか、手足が動いたり休んだりするあらゆる（身体活動のその）理もすべて性であり、さらに、ただそれら身体活動の理だけがそうなのでなく、天地万物の理がすべて性なのだ。だから先人は、「天下に性外の物なし、而して性は在らざる無し」と言ったのである」（『薛瑄全集』一〇二三頁『読書録』巻一）。

薛瑄が、「性」の内実を、感覚・運動器官の基本的機能や森羅万象のそれぞれに相即的な「理」と捉えることに、とくに創見はない。いわゆる理一分殊の考え方に依拠した見解であり、三大全に由来する「成説」を尊重する薛瑄にあって、創見などむしろ有害であったわけだが、かれはなぜ、かかる理解のうえに、「天下に性外の物なし」との言説を重ねたのか。森羅万象の、外在するかに見える衆理のそのすべてを、みずからの理想とする自己に収斂させずにはいられない衝動が、この時、かれを突き動かしていたように思う。体系的な秩序世界の現前を、自己実現の範疇において捉え尽くそうとするわけであり、かれのこの発言にも、明代初期の心学の精神が脈打っているとみなせる。そして薛瑄もまた、曹端に似て、「一《ある》日偶たま思い」その精神に覚醒した。

　これらの出来事は、心学の伝統をその精神の底に伏在させる明人の心理機制が露呈したものであるように思う。曹薛両者の「政治把握・社会把握は「性理」論的色彩をもっていた」わけであり、ただしかれらとても、それを体感するためには、何らかの契機が必要であった。その契機とは何か。おそらくは現実の社会に対する危機感、「性外無物」であるはずの「性」が、自己疎外された外物と化して眼前に立ち塞がり、一体状態に亀裂を生じさせているとの切迫した憂慮が、それであったと思われる。

　明代中期、王守仁は、かつてその門下において学んでいた王道に対し、その格物理解をただすべく書簡を送り、こう述べた。

> 　そもそも事物においては理とされ、事物に対処する際には義とされ、本性においては善とされるように、指し示す対象（の違いごと）によって表現はことなるが、その実質はいずれも（それらの対象と関わる）わたしの心である。心外に物なく、心外に事なく、心外に理なく、心外に義なく、心外に善なしである。わたしの心が事物に対応する際に、理そのもので、人の作為が混入していない状態、それを善と言う。（善は）事物の側にあって、一定の姿として追求されるべきものではないのである。事物への（然るべき）対処を義とす

る。それは（まさに）わたしの心が、対象が（対象の在り方として）宜しいとしたものである。義とは（心の関わらない）外部にあって、襲取すべきものではないのである。格物の格とはこれを格《ただ》すのであり、致知の致とはこれを致すことであって、（貴兄の如く）外的な事物それ自体に至善を求める、と固く唱えるのでは、（対象を心から）離して（双方を）二分することになる。（夫在物為理、処物為義、在性為善、因所指而異其名、実皆吾之心也。心外無物、心外無事、心外無理、心外無義、心外無善、吾心之処事物、純乎理而無人偽之雑、謂之善、非在事物有定所之可求也、処物為義、是吾心之得其宜也、義非在外可襲而取也、格者格此也、致者致此也、必曰事事物物上求個至善、是離而二之也。『王陽明全集』巻四・一七四頁「与王純甫二　癸酉」）

外的事象の「理」、そうした事象に応じる際の「義」、内的本体としての「善」の、そのすべてが「吾が心」だとは、如何なる意味であるのか。この心は、生身の実践主体であると同時に、その個別性を超克して対象と一体化した全体者でもあるだろう。その生身の存在は、対象の正面に屹立しつつも、恣意的な作為を超えた「宜」しき相互関係を対象と取り結ぶなかで、個別の場の「理」を実現し、「善」き主体として現前することを目指す実践者である。その生身のままに全体者として生きることを希求するのであり、王守仁は、人がかかる存在として生きることを、格物致知の実践だと捉えた。

かれもまた、「性外無物」と説く曹端や薛瑄と同じく、自他相互を分裂させて捉える認識の克服を企図している。ただし一体状態への志向においては同様であっても、生身の存在である自分自身への信頼は、明代前半の朱子学者と較べて格段に強まっている。かれと同時代の湛若水が、かれの格物説に対し、「腔子裏」の「心」、身体的限定性を帯びる生身の「心」に偏向する理解だと捉えたその感覚は（『甘泉先生文録類選』巻一八「答楊少默」）、必ずしも的外れではない。それは、一体状態を実現しようとする責任意識の昂揚、もしくは自己の本心に対する自信の過剰がもたらした思想傾向の徴表にほかならない。つまり王守仁は、当時の現状を、自他の断絶が深刻な状態におちいっていると感じればこそ、そのような激情を抱かずにはいられなかった。かれの眼には、「心外」における「物」の横溢が映っていた。

王門のいわゆる左派は、師が抱いたこの自信の側面をさらに推し進め、「無善無悪」説を思想の核心にすえながら、自他相即の世界を創出するその自分自身の、代替不可能なかけがえのなさを強調する立場へとなだれ込んだ。他方、そのような「無善無悪」説を標的とした批判活動も展開され、万暦の後半にはその活動が社会的な力をもった。いわゆる東林派人士による活動がそれであり、その領袖のひとりである高攀龍（一五六二―一六二六）にも、「わが本性に「外部」はない。故に天地や古今の（という広大なものから）から、くだっては動植物や器物、音律の微細な事柄にいたるまで、格物の対象とならないものはない（吾性無外、故夫天地古今之賾、下至羽鱗走植器数声律之微、無所不当格。『高子遺書』A1/1292 巻九上「塾訓韻律序」）」との主張がある。この発言に続けて、かれは以下のように言う。

そもそも学問は心に会得することを求めるだけだ。自分の心に得られなければ（格物の対象としての）物なるものは物でしかない。自分の心に得るところがあれば、物なるものも自分の知だ。物がそれ自体のまま物であれば、もとより物は本性と関わらない。しかし物が（実践主体に）融合して知となれば、本性は物に煩わされることがない。こうするだけだ。（夫学欲其得之心而已、無所得諸其心、則物也者物也、有所得諸其心、則物也者知也、物自為物、故物不関於性、物融為知、則性不累於物、如此而已矣。）

明代前期の人士による類似の言辞に回帰したかの如き発言である。だが高攀龍の時代、「物」は、かつて以上に外「物」のままにその存在を主張していた。そうした現状を、高攀龍とはまた別の観点から捉えた人物が、方大鎮（一五六二―一六三一）である。かれは東林派の活動には同調したものの、「心外無物」の思考に対しては不満を漏らしていた。かれの孫である方以智（一六一一―七一）が編んだ『薬地炮荘』（D1/子257 総論中五葉表）所引の「野同確辨」に見える発言である。

およそ事物の中枢を「極」と言う。……渾沌として広大な一気であって、それがそうである根拠としての理が、そこに存する。性急な発言では解明しにくい。どうして個別相に即した議論が無意味であろうか。理は、事象があらわれる時と場所とによって顕在化し、心によって認識されるが、実際には心と理とはともに立ちあらわれる。認識すれば具体化できる。心と無関係に事物は存在せず、事物と無関係に心は存在しない、との命題は概括的な総論だ。聖人は人びとともに、その上手な具体化の方法を明らかにするだけである。（凡物之枢本曰極、……混闢一気而所以然之理、在其中焉、急口難明、何妨質論、理因事物時位而顕、因心而知、其実心与理来、知則能用、心外無法、法外無心、此冒總也、聖人与民明其善用而已。）

方以智もまた、その祖父と同様の立場から、「心を別にして物はなく物を別にして心はない、とは概括的な議論でしかない。もし天地のあいだの真実の様態が解明されないのならば、物はわたしを惑わすであろうし、物に分析を加えたり物を（虚妄として）斥ける（ように、心を前提にして物に関わる）のも、結局わたしを惑わす（舍心無物、舍物無心、其冒耳、苟不明両間実際、則物既惑我、而析物掃物者又惑我。『物理小識』A1/867「総論」）」と主張した。ふたりの方氏は、「心」「事」の相即的関係という思考を否定するのではない。しかし心事相即という論理の包括性に寄りかかるだけではもはや現実に即した自己実現の追究は難しい、という意識を抱くようになっていたのである。

眼前に展開する諸事象には自律した原理が存する。そうした「物」それ自体の原理を解明することが、ひいては真正なる心事相即の境涯の現前に結びつく、とかれらは考えた。[22] しかし一方の高攀龍は、それでも敢えて、「物」をわが心に回収しようとした。溢れかえる「物」の洪水に溺れ、そのために自己の「性」を損なわせている人びとを、「吾が性に外なし」との命題によって救済しようとしたわけである。

明代初期以降、人びとの胸臆にしばしば浮かびあがった「性外無物」「心外無事」の精神は、万暦後半にいたり、一方においてはその意義が再確認されるとともに、他方そこにはほころびが存すると見る人士も登場した。この一連の精神史を、明代性理学の展開と捉えることはできないだろうか。

明学の展開において、理学はやはり特権的地位にあったと考えたい。ただしその理学とは、黄宗羲が挙業と二律背反的に持ちあげて諸思想の上位に君臨させた「聖学」の如きものではなく、学問をおこなう人士の心性と「事物」との正負両面価値的な関係性のもと、葛藤をはらみながら生み出された思想的営為の集成にほかならない。そうした関係がやがて破綻し、「物」が自律的存在の地位を獲得できたのかどうか、その当否に検証を加える余裕はないのだが、少なくとも明人の精神のなかに、「心性」との相即的関係を前提として「事物」を語る傾向が存していたこと、しかもその傾向は、決して静態的なものではなく、「心」「事」それぞれの質と量との変化に対応する動態的なものであったことは、仮説として提示しうると思うのである。

小島毅氏は、その著書『中国近世における礼の言説』の終章「明学の再検討」において、従来、「「明学」研究で議論されるのは、（主として明代後半の）思想家たちの「気」や「心」をめぐる言説であり、または彼らの階級的・社会的立場であった」と述べ、「それだけでは欠陥があると考え」る立場から、明代の「礼治システム」に分析を加えられた。(23)そうした分野の個別研究は、たしかに有意義である。そう認めたうえで興味深く感じるのは、小島氏による以下の発言、「(十二世紀から十六世紀にいたる時期の儒者の)どの流派も目標を「礼治システム」の実現に置く点では一致していた。「気」や「心」をどう性格づけるかの哲学的議論も、ある意味ではそのために行われていた。真理の探究は、完全なる社会を実現する手段だった」、である。この言説は、丁度、佐野氏の立場とは対照的な位置から、しかし佐野氏が扱ったのと同一の全体的事象について描写しているように思う。

要するに、「心」や「気」にしても、あるいは「礼治システム」にしても、いずれも重要ではあれ明学の一側面でしかないのであろう。そう捉えたうえで筆者は、佐野氏の提言に拠るとしたい。黄宗羲が「理学」に特権を与えたその直観と、本邦におけるこの研究分野への功績とに敬意を表するとともに、それらの豊穣な成果を受け継いで後世に伝えるためにも、性理学に重きを置く視点に固執したいのである。

四　本書の構成

本書は導論と全七章の本論とにより構成される。三部に分けた本論に関しては各部ごとに考察の内容をまとめるようこころがけた。Ⅰでは科挙受験の参考書とその模範答案の史的変遷について分析を加える。永楽三大全のなかで、四書五経の大全が科挙初場の試験における標準テキストとなったことは見易い事実だが、『性理大全書』の位置づけに関しては、上述した「科挙成式」からだけでは明確にはわからない。科挙第三場の策問には、「性学策」と分類しうる個別の問題群が存する。その関連文献を通覧すると、科挙の出題にあたり『性理大全書』に由来する言説が用いられている現象を確認することができる。「性学策」には、宋代のいわゆる道学者による性理学的言説や、そうした言説が前提とする四書五経の当該文章が活用されるのであり、明人は、それらの正当性を保証する根拠として、この書物に信頼を置いたわけである。

第一章では、明代社会における『性理大全書』普及の歴史をあとづける。[24] 同書に対する各種増注版が現存している情況を活用し、手始めにそうしたテキストの出現とその変容について書誌学的な検討をおこない、ついでこの一連の現象が帯びる歴史性について、韓邦奇の事例をてがかりに推察を加える。勅撰の大全という思考の枠組みのもと、受験生を含む科挙関係者がどのような学術活動を展開していたのか、その具体的様相の一端を解明するとともに、明人の思惟に与えた性理学的知識の影響について、概括的な考察をおこなう。

第二章では、試験問題の一分野である「性学策」とそれに対する「程策」つまり模範解答の歴史を検討する。[25] 明人は、当初、元人がまとめた「性学策」に関する一連の認識を継承しつつも、三大全の修学を契機に、かなり早い段階から「性学策」に対する模範解答の標準スタイルを作り上げた。だがそうしたスタイルの普及は解答の形骸化を招き、かくして明代中期の科挙関係者は、この問題を克服すべく、一方では大全書の知識を超えた博識を、他方では「自得」の文字化をめぐる思索を受験生に要求するとともに、みずからの理解を程策に書き記しもした。そうした行為を、かれらは程文の代作という科場の慣習を利用しておこなったのだが、とくに正徳・嘉靖期においては、考官以外の人士が運動の中核を担った。その活動は、「自得」の理論的可能性を追究するかたわら、同時代の思想的課題に対応するという、時代の要求にいわば正面からこたえる性格のものであった。しかしその後、「自得」の言語化に対する困難さが自覚される一方、程文の規範性は相対化され、それに呼応して墨巻の価値が上昇することになる。

如上の考察は、明代の科挙制度が、思想的再生産のシステムとして機能していたことを具体的に示すものである。もとより、システムを機能させる主体の言動は、そのシステムの外側に存在する要因とも絡み合いながらあらわされるものであり、科挙制度にすべての事象の発生を起因させるわけではない。とはいえその内外の界限を見極めるため、もしくは内部の機構を解明するためにも、現段階においては、科挙システムそれ自体の実証的な検討が必要であろう。次章以降は、そうした意識のもとで構想される。

Ⅱでは、各省郷試をめぐる諸事情と提学官という職掌への即自的および対他的認識とにつき、その演変を考察する。(26)明朝における各省郷試は、内簾の考官に対する主要外簾官の干渉を生み出しかねない人員構成のもとで実施された。そうした基本的構図のなかに、宣徳期の解額設定や、正統期における督学制度の創置という政策が重なると、まず会試の副榜挙人という資格に人びとの注目が集まり、また考官を儒学教官に限定する議論も浮上した。(27)

第三章ではかかる事情の分析から始め、ついで儒学教官林光が郷試考官に就いた事例を取りあげる。明代中期、地域的学問的繋がりを有した人士が協働して郷試の業務に関わった具体例の紹介にほかならないわけだが、ここでは、林光が白沙思想を受け継ぐ学者のひとりであったことにも触れておきたい。主考官選定の方法はその後も一定せず、そのなかで正徳・嘉靖期以降には進士教職が考官として重用され、他方、内外両簾の官員による協働という現象が継起するとともに、程文執筆の場面においては提学官までもが郷試に関わった。そしてこれらの活動に対しては、湛若水や王守仁の門人が積極的に関与した。

第四章では、そのような提学官を生み出すまでに展開した明朝の督学制度について、この職掌に対する人びとの認識を通時代的に考察しながら、制度の沿革に関しても言及する。(28)地域の学政を監督するうえで、提学官には寛容な教導と厳格な賞罰との程良いバランスが求められた。ただしその釣り合いに関しては、個人の感覚はもとより、時代や地域によっても差異が生じていた。そのなかで提学官は、周囲の思想情況からの影響をも受けつつ、現場での試行錯誤を繰り返して自己認識を深め、その過程において各省郷試に対する関与の度合いを高めてゆく。そして嘉靖期、湛門や王門では、その職務に精励する行為を、門下における思想活動の重要な表現形態のひとつとみなすにいたる。

以上の二章が論じた事象の幾つかは、これまでの明朝科挙制度研究において看過されてきたものであり、ここでの考察は、その「新たな」知見の掘りおこしという意味を帯びる。しかしそれとは別に強調したい事柄は、佐野公治氏が言われる明人における「政治把握・社会把握」の性理学的色彩が、科挙制度ないし督学制度において顕著であり多様でもあった、というこの一点である。

嘉靖という時代は、如上、科挙と性理学との緊密な関係が著しく亢進した一時期である。Ⅲは、そうした時代における両者の具体的な関わり方について、その思想史的な背景をも含めて検討する(29)。

陳献章晩年の弟子であり王守仁と世代を同じくする湛若水は、白沙思想をかれなりに受け継いでみずからの思想を形成するとともに、その思想の社会的有効性を世間に認知させるべく、「二業合一」との口号を案出し、その普及活動をおこなった。第五章は、まず、湛若水の思想全体における「二業合一」論の位置や意義について、白沙思想の内容や課題との継承関係や王守仁との論争に言及しながら考察し、その後、湛門人士蔣信の師説理解や、王畿・季本・唐順之・胡直などによる「二業合一」論批判を概観する。

湛若水の「二業合一」論にしたがえば、挙業に関する事柄のそのすべてが、実践者本人の徳性のあらわれであり、かつまた挙業に従事している情況下では、そうした実践内容以外に当人の本性と呼びうるものは存在しない。

換言すれば、この実践者は、挙業の現場において「心外無事、事外無心」の境涯を体現させているわけである。ただしその批判者が言うとおり、挙業は人間がおこなう諸業の一部分でしかなく、挙業に対する過大評価はそれへの従属を結果しかねない。しかし一方で、そうした批判者に対しても、真に「心事相即」の境涯を現出し得ているのか否か、嫌疑がかかることになる。

王守仁の学説は、かれの晩年である嘉靖二年（一五二三）の会試において否定的な扱いを受けた。陽明思想が、科挙の理念を提供する程朱学と相容れない側面をもっていたことがその一因であり、それもあって王門においては、挙業への従事を否定的に捉える意見が優勢であったとされる。だが王守仁本人は、いわば自己の良知の判断にゆだねる立場を採りつつも、試録のもつ思想の宣伝効果を認めるなど科挙への研究を深めてもいた。かくして王門人士のなかにも、程文の作成や、提学官としての活動をとおして、科挙の現場と密接に関わった人士が登場することになる。

第六章では、王門の俊秀として評価された欧陽徳の思想形成過程をたどりながら、晩年のかれの成熟した思想が嘉靖二十九年実施の会試程論および程策に盛り込まれていることを論証する。第七章では、晩年の欧陽徳に師事するとともに、広西と江西において提学官をつとめた王宗沐の思想活動を追跡し、嘉靖三十七年実施の江西郷試、策問第二問の作題と程策の執筆にかれが関与していた可能性を推察する。それとともに、第六・第七の両章では、本書の主題とはいささか離れることになるが、欧陽徳や王宗沐という人物が、師友との交流をつうじて王学の精神に覚醒し、かつ思想的に自立し続けるそうした姿をも描出する。

旧中国において一三〇〇年ものあいだ継続的に実施された科挙試験は、たんに官吏登用のための限定的な制度として存在したのみならず、政治全般はもとより社会、文化、思想といった人間生活の諸領域に対しても、それらを構造的に規定する機能を有していた、と現代のわれわれは語ることができる。(30)それ故、本書の考察に対しても、かかるシステムとしての科挙が果たした歴史的機能の思想的側面に関する分析、ただしその対象は明代の知識人士大夫に特定され、またその成否についても未知数のもの、と位置づけることが可能であるだろう。

とはいえ明人の思想的文献を読みながら感じるのは、如上の「分節」とは無縁なかれら士大夫が、科挙試験というほとんど運命的に課せられた制度のもと、その制度に翻弄されつつも、抵抗や妥協、改革や調停を繰り返すそのいとなみの、「業」とも称しうるような人間としての普遍性ないし恒常性であることを、ここに附記しておく。

(1)「挙業盛而聖学亡、挙業之士亦知其非聖学也、第以仕宦之途寄跡焉爾、而世之庸妄者、遂執其成説以裁量古今之学術、有一語不与之相合者、愕眙而視曰、此離経也、此背訓也、於是六経之伝註、歴代之治乱、人物之臧否、莫不各有一定之説」。

(2)「明太祖起布衣、定天下、当干戈搶攘之時、所至徴召耆儒、……煥乎成一代之宏規、雖天亶英姿、而諸儒之功不為無助也、制科取士、一以経義為先、網羅碩学、嗣世承平、文教特盛、大臣以文学登用者、林立朝右、而英宗之世、河東薛瑄以醇儒預機政、雖弗究於用、其清修篤学、海内宗焉、呉与弼以名儒被薦、天子修幣聘之殊礼、前席延見、想望風采、而誉隆於実、詬誶叢滋、自是積重甲科、儒風少替、白沙而後、曠典欠如」。

(3)『明史』が完成するにいたるまでの紆余曲折は、黄雲眉「明史編纂考略」(初出一九三一年。のち『史学雑稿訂存』斉魯書社、一九八〇年)参照。ちなみに康熙十八年の「制科」と史館人士の仕事との具体的な関係を示す記録は、李集撰・李富孫等続撰『鶴徴録』(嘉慶二年李富孫序刊)に、『明史』編纂の全般的事情を知るための基礎史料は、劉承幹撰『明史例案』（中華民国四年序刊）に収録される。

（4）『明仁宗実録』（巻三下・一一三頁）永楽二十二年十月乙卯。

（5）『明太宗実録』（巻一五八・一八〇三頁）永楽十二年十一月甲寅：上諭……曰、五経四書、皆聖賢精義要道、其伝注之外、諸儒議論、有発明余蘊者、爾等采其切当之言、増附于下、其周程張朱諸君子性理之言、如太極通書西銘正蒙之類、皆六経之羽翼、然各自為書、未有統会、爾等亦別類聚成編、二書務極精備、庶幾以垂後世。

（6）葉盛『菉竹堂稿』DI/集35巻七「書国朝初科試録後」：会試第一場四書疑一道、尚循元之旧、聞之国初三科皆然。

（7）檀上寛『明朝専制支配の史的構造』（汲古書院、一九九五年）第一章参照。

（8）『明仁宗実録』（巻九下・二八九頁）洪熙元年四月庚戌：（兪廷輔言）竊以為進賢之路、莫重於科挙、近年賓興之士、率記誦虚文為出身之階、求其実才、十無二三、蓋有年才二十者、雖称聡敏、然未嘗究心修己治人之道、一旦僥幸、挂名科目、而使之臨政、往往束手無為、職事廃堕、民受其弊。楊士奇『東里続集』巻三四「国子司業呉先生墓誌銘」参照。

（9）程文代作の概要は、鶴成久章「明代の「登科録」について」（『福岡教育大学紀要』五四第一分冊、二〇〇五年）参照。

（10）Benjamin A. Elman "A Cultural History of Civil Examination in Late Imperial China" Berkeley and Los Angels: University of Califolnia Press. 2000。鶴成氏は、本書の各処で紹介する論考のほか、「『礼記』を選んだ人達の事情」（『福岡教育大学紀要』五〇、二〇〇一年）や「明代科挙のおける「四書義」の出題について」（『九州中国学会報』四一、二〇〇三年）など、多数の論考を公刊されている。これらの業績以外にも諸氏による有益な論著が提出されているのだが、ここでは郭培貴『明代科挙史事編年考証』（科学出版社、二〇〇八年）をあげるに止める。この書物は、歴代の『明実録』に掲載される科挙関連の記事を丹念に拾い上げ、その他の史料を付き合わせながら明代科挙の沿革をまとめた労作である。また、その長い「前言」は、一九九〇年代以降に興隆し始めた明代科挙研究に分類整理を加えた文章であり、きわめて参考になる。

（11）試録を影印した大型叢書以外にも、科挙関連の文献に関する出版が相継いだ。楊学為総主編『中国考試史文献集成』全九巻（高等教育出版社、二〇〇三年。その第五巻が、王天有主編明代巻）や陳文新主編『歴代科挙文献整理与研究叢刊』全二二冊（武漢大学出版社、二〇〇九年。たとえばその第一五・一六冊は『四書大全校注』である）がその代表格である。

（12）宮紀子『モンゴル時代の出版文化』（名古屋大学出版会、二〇〇六年）第8章「「対策」の対策—科挙と出版—」参照。

（13）楊士奇『東里続集』巻一七「元程文四集」、同前「元延祐初科会試程文」。それらには、四書疑と易疑に関する八科分、江浙・江西・胡広での至正二年郷試とその翌年の会試・廷試が載る。

（14）東洋文庫所蔵の景照本に拠る。

（15）王圻『続文献通考』巻四五選挙考「郷試沿革」、万暦『明会典』巻七七「科挙通例」。

（16）朱升『朱楓林集』巻六・九一頁「策」：六経源流（浙江省試：問対）・四書同異（浙江省試：問対）。朱升は安徽休寧の人で元順帝至正四年の挙人、八年に「江浙行省進士第二名」で池州路儒学教授を授かり、朱元璋治下にも儒官に就く（同一八四頁「朱升事迹編年」参照）。劉定之『呆斎前稿』D1/集34巻一一「郷試録」・巻一三「会試録」。「郷試録」はかれが江西郷試に合格した宣徳十年のものであり、四書義・経義（易）・論・表・判語五題・策五題・附程蕃批語・梁新批語より成る。「会試録」は会試合格の正統元年のものであり、四書義（附孫某批語・陳循批語・王直批語）・経義（易、附批語）・論（附批語）・表・判語五題・策五題（附批語）より成る。この「会試録」は、公的に刊行された『正統元年会試録』とは異なる書物である。つまり劉定之は、かれ自身の答案を「会試録」と称した。

（17）本書において、蔡克廉の文集は国会図書館が所蔵する台湾国家図書館蔵刻本のマイクロフィルム版を使用する。

（18）沈俊平『挙業津梁—明中葉以後坊刻制挙用書的生産与流通』（学生書局、二〇〇九年）は、明代後半において、いわゆる挙業書が盛んに編纂、出版されたことを、豊富な実例を挙げて紹介する。

（19）『明熹宗実録』（巻五六・二五四七頁）天啓五年二月庚辰：上伝以後試録三場程式、俱用士子文字、不許考試官代作。

ただし崇禎元年正月、礼部は会試に関する「十事」を上奏して認可され、そのなかには、試録の執筆を「主司」に委ねる提案も含まれていた（『崇禎長編』巻五・一二三〇頁）。
(20) 佐野公治「清初思想研究の現状と問題点」（『中京大教養論叢』七、一九六六年）。
(21) 三浦『中国心学の稜線』研文出版、二〇〇三年、三三二頁。
(22) かれらの主張の詳細とその背景に関しては、三浦「明善・観我・野同―明末における桐城方氏の家学とその継承―」（『東洋史研究』六四―二、二〇〇五年）を参照していただきたい。
(23) 小島毅『中国近世における礼の言説』東京大学出版会、一九九六年。
(24) 本章は、三浦「明代中期の「性理大全」―東北大学図書館蔵本の書誌学的意義に寄せて―」（『集刊東洋学』一〇九、二〇一三年）の増訂版であり、北大本など諸書に対する調査分析を追加し、全体の論旨を整えたものだが、国外諸機関所蔵の文献が未調査であるなど、いわゆる悉皆調査まではほど遠い。また後半に示した『正蒙』や『律呂新書』に対する明人の注釈活動に関する考察は、それ自体がひとつの重要な研究課題だが、現在、それに専念する余裕はない。専門的知識を必須とする後者の書物の問題に関して、近年、田中有紀氏が精力的に研究を進めている。
(25) 本章は、三浦「明代科挙「性学策」史稿」（『集刊東洋学』一〇三、二〇一〇年）に、「模倣と自得」と題する口頭発表（第五七回国際東方学者会議東京会議シンポジウムⅡ「学問のかたち―中国思想史の基層」二〇一二年五月二五日）において紹介した史料などを重ねて著した、初出論文の大幅な改訂版である。初出の時期と較べての研究環境の大きな違いとして、各種影印本の利用が可能になったことを挙げたい。その恩恵のもと新たに得られた知見に拠って、旧稿での様々な推察を、より実証的なものに改めることができた。しかし関連史料の読解は今後も続けておこなう必要がある。
(26) Ⅱの各章は、左記三篇の拙稿をもとにしつつも、新たに見出した文献による知見をもあわせて書き直した文章であり、旧稿に較べて構成や内容に大幅な変更がある。初出の論文において犯した多くの過誤をただすとともに、考官選任方法の全体の流れに関する捉え方にも修訂をおこなった。「副榜挙人と進士教職―明代における地方学官と郷試考官の一特徴―」(『集刊東洋学』一〇六、二〇一一年)、「人法兼任の微意―明代中後期の科挙および督学制度と思想史」(小南一郎編『学問のかたち―もう一つの中国思想史』汲古書院、二〇一四年)、「郷試考官林光与明代中期的副榜合格者」(天一閣博物館編『科挙与科挙文献国際学術研討会』上海書店出版社、二〇一一年)。

(27) 汪維真『明代郷試解額制度研究』(社会科学文献出版社、二〇〇九年)は明朝郷試における合格定員の設定に関する沿革を精査するが、『天一閣蔵明代科挙録選刊・郷試録』を「参考」にすることはできなかったようである。徐永文『明代地方儒学研究』(中国社会科学出版社、二〇一二年)は試録の一切を用いないにもかかわらず、しかしそのほかの史料に対する綿密な調査に拠った苦心作であり、本書の関心とも重なる考察が見える。一方、郭培貴『明代学校科挙与任官制度研究』(中国大百科全書出版社、二〇一四年)は試録の叢書が利用可能になってからのきわめて詳細な専門書ではあるが、本書の視点と結び合う箇所は多くない。

(28) 制度の概要およびその沿革に関しては、五十嵐正一「明代における提学官の制度について」(初出一九六四年、のち改題のうえ『中国近世教育史の研究』国書刊行会、一九七九年)が述べる。

(29) Ⅲの各章は、左記拙稿三篇を本書の体裁に合わせて直すとともに、初出時には紙幅の都合上、紹介できなかった事柄を書き加え、事実誤認の箇所を改めた補訂版である。「湛若水の「二業合一」論とその思想史的位置」(『集刊東洋学』一一二、二〇一五年)、「王門欧陽徳とその会試程文」(吉田公平教授退休記念論集刊行会編『哲学資源としての中国思想』研文出版、二〇一三年)、「明朝の提学官王宗沐と王門の高弟たち」(『日本中国学会報』六六、二〇一四年)。

(30) 科挙制度に対するこのような捉え方に言及する研究は多く存在する。ここではベンジャミン・エルマン著、秦玲子訳「再生産装置としての明清の科挙」(『思想』八一〇、一九九一年一二月)を、邦文で読める初期的代表作としてあげる。

Ⅰ　大全と程策

第一章　『性理大全書』の書誌学的考察

緒　言

　永楽帝が編纂を命じたいわゆる三大全のなかで、『性理大全書』を対象とした研究は、五経それぞれの『大全』および『四書大全』の研究が豊かな成果を生み出している現状と比較するならば、[1]意外と思えるほど立ちおくれた状態にある。無論そうしたなかでも以下に紹介する吾妻重二氏の貴重な論考は存するのだが、では、この情況は如何にすれば打開できるのだろうか。明代中期、『性理大全書』の増注版と総称しうる書物が多数、編まれている。かかる現象の分析が、この書物の受容情況を検討する際の関鍵になると予想される。本章では、該書の版本に関する文献調査にもとづき、まずは諸本の体裁や内容をあらまし比較分析する。そのうえで、これらの書物が出現した理由をめぐり、編者の意識に迫るかたちで考察をおこなうとしたい。

『性理大全書』（以下、大全書と略記する）全七十巻の構成は、たとえば『欽定四庫全書総目』（以下『総目』と略記する。巻九三・七九〇頁「子部儒家類三」）の解題を用いて説明するならば、「宋儒之説、凡そ一百二十家」が採用され、そのなかで巻帙をなすまとまった書物は「周子太極図説一巻、通書二巻、張子西銘一巻、正蒙二巻、邵子皇極経世書七巻、朱子易学啓蒙四巻、家礼四巻、蔡元定律呂新書二巻、蔡沈洪範皇極内篇二巻」の以上「二十六巻であり、二十七巻より以下」は、「羣言」を集めて「十三目」に分類したもの、すなわち理気、鬼神、性理、道統、聖賢、諸儒、学、諸子、歴代、君道、治道、詩、文、の諸項目がそれである。

『総目』が記す「二十六」および「二十七」という巻数は、それぞれ「二十五」「二十六」の誤記だが、ともかく「性理之言」の体系化という永楽帝の要請にこたえるべく、胡広ら儒臣は知恵を絞った。書物の前半部分に周敦頤の『太極図説』などを並べ、後半には、宋学の主要概念ごとに道学者の言葉をまとめたのである。前代の諸書の再編輯が要求された以上、三大全のそれぞれに藍本とも言うべき書物が存するのは当然であり、この大全書についても、儒臣たちはそうした前提的成果を大いに活用しながら仕事を進めた。(2)

大全書の前半に収録される道学書の選択や配列に関しては、元朝後期江西の儒者である黄瑞節が編んだ『朱子成書』に倣った。かかる襲用の関係は、明代中期の黄佐（一四九〇―一五六六）も言及するとおり(3)、或る時期までは知識人の常識に類する事柄であった。しかし後世それは忘却され、近年、吾妻重二氏がこの知見を掘り起こした。(4)『朱子成書』は朱熹の諸注釈書を集めた不分巻の書物であり、諸書の名称を順に挙げれば、「太極図」、「通書」、「西銘」、「正蒙」、「易学啓蒙」、「家礼」、「律呂新書」、「皇極経世指要」、「周易参同契」、「陰符経」である。儒臣たちは、『朱子成書』から、宋代のいわゆる道学者による本文はもとより、朱熹による注釈部分に関しても、その多くを借用した。

つづく大全書の後半、巻二六「理気」から巻七〇「詩文」までについて、吾妻氏は、「朱子成書にはない部分であり、『朱子語類』の分類を基本にして諸説を引用増補したものである」と述べる。(5)そのうえで、「かつて四庫提要は、性理大全の底本は南宋の熊節編、熊剛大注『性理群書句解』だとしていたが、それは正しくないといわなければならない」と断じた。たしかに四庫館臣は、「性理群書句解二十三巻」の解題に、「諸儒の語録を採録するうえではいずれも近思録に依拠して増広し、諸儒の文章を採録するに際してはこの書物（性理群書句解）にもとづいて増広した。（大全書の）性理という名称もまた、この書物という先例に依拠したようだ」と記していた（『総目』巻九二・七八七頁「子部儒家類二」）。館臣のかかる見解が糾されるべきではあることはそのとおりだが、しかし『性理群書句解』と大全書との関係はなかなかに複雑であり、この点については後段で詳しく述べる。

一　注釈書の誕生とその成長——集覧から補註・集釈へ

（一）注釈書の出現——性理群書集覧

宣徳二年（一四二七）七月、三大全編纂の責任者のひとりであった福建建安の楊栄（一三七一—一四四〇）は、同郷の葉添徳による要請に応じて「題性理四書大全書序」(6)を著した。その一文には、「わが郷里建陽の葉添徳氏は、その家学として旧来、文学を尊び学問を好んで博雅であった。学習の過程において官学でこの書物を目にし、そこで抄録し、版木に刻んでその伝誦を拡げようとした。かくして書簡を京師に送り、わたしに一文を草するよう要請してきた（予郷郡建陽葉添徳氏、家素崇文而好学博雅、間於庠序、得覩此書、遂求抄録、鋟諸梓以広其伝、乃以書来京師、請予言識之）」と記される。楊栄は、葉氏を由緒ある知識人として描き、一文の後段でもかれを「民間の傑然たる者」と絶賛するのだが、実のところ葉添徳は、建陽書賈の出版関係者として、三大全に対する需要の増大を察知し、同書の刊刻を画策したのだろう。明朝の高官である楊栄の序文を巻頭に掲げたならば、自刊の書物に対する社会的信用はいや増すに相違ない、との計算をかれはおこなった。無論、楊栄もそれを承知の執筆である。

内府本に拠る坊刻本は、宣徳年間以降も陸続と上梓された。『明代版刻綜録』（江蘇広陵古籍刻印社、一九八三年、第一巻三三葉）は「景泰乙亥（六年、一四五五）仲冬書林魏氏仁実堂重刊」との牌記を持った書物を著録する。また『（稿本）中国古籍善本書目』（斉魯書社、二〇〇三年、子部儒家・八〇〇頁）は複数の大全書を載せ、そのなかでは「弘治五年（一四九二）梅隠精舎刻本」や「弘治八年魏氏仁実堂刻本」といった大全書が、現存する早い時期の刊本である。

魏氏仁実堂は、景泰元年（一四五〇）、元人王幼学が編纂した『資治通鑑綱目集覧』を刊行してもおり、(7)『総目』（巻九六・八一一頁「子部儒家類存目二」）は、大全書に対する或る注釈書が、同書に倣って編まれたことを紹介する。「性理群書集覧七十巻」について、以下の如く解題するなかの言及である。

撰者の姓名は記されず、ただ瓊山玉峯道人集覧と題するだけだが、かれが誰かは分からない。この書物は、永楽の大全のなかの人名・地名・年号・訓詁といった事柄を取りあげ、王幼学による資治通鑑綱目集覧の例に倣って、それぞれ注釈をほどこした。増註と称されるものがあり、それは別に附録とも標題されるが、その浅薄さは甚だしい。……思うに無学の者の所産であろう。書物の巻尾には大徳辛未刊行という文字があるが、荒唐無稽である。この書物はもとより性理大全に注釈するものであれば、どうして大徳年間に、これに先行する刊本がありえようか。案ずるに辛未は明代の正徳六年であり、これは詐欺をおこなおうとする者が、その版式が麻沙の古本に近似していたから、「正」の文字を削り（そこに「大」字を）補い、元刻本だと偽装したのである。（不著撰人名氏、但題瓊山玉峯道人集覧、不知為誰、其書取永楽大全中人名地名年号訓詁之類、依王幼学通鑑綱目集覧之例、各為註釈、有増註者、即別標為附録、然浅陋殊甚、……蓋出不学者所為、巻尾有大徳辛未刊行字、

尤為舛謬、是書本註性理大全、安得大徳中先有刊本、考辛未為明正徳六年、此售偽者、以版式近麻沙旧本、故削補正字、偽冒元刻也。）

四庫全書存目叢書が影印本を作成するうえで採用したこの書物のテキストは、首都図書館蔵明刻本『性理群書大全』（D1／子 8-9）七十巻である。ただしこの影印本には木記等の刊行時期を示す箇所がない。原本にもそれが欠けたために、同叢書は「明刻本」と称したのであろうか。その巻首には、「性理群書集覧引用姓氏総目」、「性理群書集覧目録」、「御製性理大全書序」、「進書表」が順に載る。本文第一巻の題署は、第一行が「性理群書大全巻之一」であり、次行以下にその撰者名が「後学瓊山玉峯道人集覧、後学青田養浩遁叟訂定、後学雲間林泉処士校正」と刻される。『総目』も言うとおり、かれらの素性は不明である。なお巻頭題に関して、第二巻以降は大半が「性理群書」もしくは「性理群書集覧」と記しており、「大全」という二文字の使用はない。(8)

同書所載の「集覧」は、『総目』の言う如く人名や地名等の解説が中心であり、思想的な注釈は少ない。たとえば第一巻の第一番目に載る「集覧」は、周敦頤の諱につき、後世の人びとがその「旧名」を忌避したことの説明であり、それは、朱熹による「後避英宗旧名、改周惇頤」との記述への解説にほかならない。その文章が「宋鑑を按ずるに、英宗、名は宗実」と始まるとおり、「集覧」は、「宋鑑」や「元鑑」、「（大明）一統志」などの史書を知識源とした注釈であり、『資治通鑑綱目集覧』に倣ったかの如く表記することで、その信頼性を高めようとしたのかもしれない。巻首「引用姓氏」の「先儒姓氏」にも、史書に拠った各人の略歴が附加される。大全書の「先儒姓氏」には各人の字や号などが記されるだけあり、右の如き丁寧な紹介は、「集覧」段階での加増だと推察される。

『性理群書集覧』には、首都図書館蔵本以外にも幾つかのテキストが存するようである。『明代版刻綜録』（第一巻三〇葉）が採る『性理群書集覧』には、その「巻十七後」（疑「七十」誤）に「書林劉氏日新堂刊」との木記があるという。『綜録』はこのテキストを正徳六年（一五一一）刊とするが、その根拠は明示されない。上記『総目』の推定にしたがった可能性がある。そのほか、清末の丁丙は、その『善本書室蔵書志』（光緒二十七年刊）巻一五に、所見の集覧には出版事情に関する情報が記されていることを、「各巻の末尾に「後学東甌雙清軒徐天章繕写」とか「謄録」との一条がある。小型のいわゆる巾箱本として刊刻されたのは、まず麻沙の民間書賈の仕事であろう」と述べる。だが、上記存目叢書影印本にそうした「一条」はない。また『総目』が言う「増注」ないし「附録」といった箇所も存しないことから、首都図書館蔵本は、『性理群書集覧』のなかでもその初期的テキスト（の第一巻巻頭題を一部改竄したもの?）であったと推察される。

もしこの仮説が妥当だとするならば、四庫館臣が手にしたテキストは、「附録」を加増した後発の『集覧』であったように思われる。『総目』が推定する「正徳六年」とは、そうした後修本の刊行年次であった。このような推察をことさらおこなう理由は、国立公文書館内閣文庫所蔵の正徳十一年（一五一六）刊『性理大全書』が、このいわゆる後修本のつぎに出現したタイプのテキストであり、『性理群書集覧』は、弘治正徳の際以降、短期間のうちにその形態を変化させた書物ではなかったか、と想像するからである。

（二）注釈の増加現象――補註と標題

『内閣文庫漢籍分類目録』（一九五六年刊）は、この書物の題名を「性理大全書」と記す。第一巻の題署にそう記されているからであり、目録作成の基準にしたがう表記法である。巻首に「御製性理大全書序」、「進書表」、

「性理大全書先儒姓氏・今奉勅纂修（姓氏）」、「性理大全書目録」を載せる。ただしこの「目録」の末尾には「性理群書集覧総目巻畢」との文字が刻され、版心題も「性理集覧」である。巻頭題に関しても、多くの巻が「性理群書集覧」や「性理群書補註集覧」とする。一方、巻頭や巻尾に「性理大全書」と刻される箇所は、もとの版木にあったであろう「群書集覧」等の文字を削り、新たな文字を埋め直したものに相違ない。たとえば第一巻巻末の題名は、「性理」の二文字に続けて、五ないし六文字分の箇所に、「大全書」の三文字が、間延びした様相で不自然に印刷されるのである。同書に「後学瓊山玉峯道人集覧」などの題署はなく、第一巻は、題名の次行にすぐ「太極図」との文字が記される。巻末に刊記があり、そこには「正徳癸酉歳（八年）同文書院梨」と刻されるものの、御製序の末尾に「正徳丙子歳（十一年）重刊」との文字が載ることから、丙子歳を刊行年とする。以下このテキストを内閣文庫正徳本と呼ぶ。

該書の第一巻末尾には、「附録」の二文字とともに「太極図」に対する六行分の双行註が載る。「附録」という文字の次行には「余杭周徳恭彙補」との一文が刻され、そのつぎに「太極図」「補註」とあって注釈が始まる。「周徳恭」とは、その諱を礼とする人物である。嘉慶『余杭県志』巻二七「儒学伝」は、「万暦県志」に拠る記事として周礼の略歴を紹介し[9]、その字は徳恭、号は静軒と記す。後述する新三槐本『新刊性理大全』巻八には、「周静軒補註」と明記される注釈も残っている。右の県志はまた、周礼は博学であったが郷試には合格せず著述をその生業として、「通鑑外紀論断・朱子綱目折衷・続編綱目発明」など史学に関わる科挙受験参考書を編み、それらは弘治年間、礼部に進呈されて刊行が認められたとも述べる。たしかにかれは、弘治十一年八月、『続資治通鑑綱目発明』二十七巻を上進していた[10]。

上記「補註」は、「太極図」とは「天地陰陽之理」を解き明かすものだと始まり、その理は「先天後天冲漠無朕之道」にほかならないと説く。ついで該図の由来とその概要に関する短い解説を置き、「この書物を読めば、先儒の気配りが周到であり、後世の人士にとって性理の学問に入るための関鍵であることが分かるだろう。この書物を編輯して太極図を篇首に掲げたのは、その意図がこの点にあるからである。学ぶ者は熟読し繰り返し味わうべきだ。そうすれば太極図の主旨もその大半が領解できるだろう（読是書者、則知先儒用心之至、而後世入性理之学之枢紐也。輯是書、而以是図冠之篇首、其意有在焉。学者当熟読而玩索之、則太極之旨、思過半矣）」と結ぶ。内容的に新味はなく解説も簡略だが、ここに言う「この書」とは大全書を指すであろうから、「補註」の立場は、該書の意図を平明に敷衍するものであったと捉えられる。

内閣文庫正徳本は、第一巻以外にも「補註」を附す。第三巻末所掲「顔子所好何学論」の一条もそのひとつである。大全書の「顔子所好何学論」はその作者を正しく「（程）伊川」とするが、同本を含む性理群書補註集覧系本が「明道先生作」と誤刻する点には留意したい。「補註」はそのほか、巻五「正蒙」、巻一一・一二「皇極経世書・観物外篇」、巻二二「律呂新書」の各巻各条にも附く。「正蒙」の「補註」は、「沈毅齋（諱貴珤）」、「葉氏（諱采）」、「熊氏剛大」、「童氏発微」などの言葉を引用する。前三者は南宋の人士であり、それぞれ『正蒙疑解』、『近思録集解』、『性理群書句解』の撰者である。「童氏発微」については、朱熹の門人であった童伯羽の『性理発微』を指すのかもしれないが、明人童品の『正蒙発微』である可能性もある。童品は、浙江蘭渓の人であり弘治九年（一四九六）の進士だが、ただし五十歳を越えてようやく登第した儒者である（嘉慶『蘭谿県志』巻一三上「儒林伝」）。つまりその生年は正統年間にさかのぼる。一〇年に満たない官僚生活ののち引退し、「家居十九年」であったという。『春秋経伝辨疑』一巻も著しており、『総目』（巻二八・二三〇頁「経部春秋類三」）は同書の成立時期に関連して、成化十四年（一四七八）十一月の自序があり、弘治十五年（一五〇二）二月の跋文が附いて、そこに「この年、品《わたし》は儒学の学生として、陸震、字は汝亨の家で教授するかたわら、この一帙を作成した。今をさかのぼること二十五年」云々と記されていたことを証言する。郷試合格以前の該書執筆であった。

「観物外篇」の「補註」は、『性理群書句解』巻一六「観物外篇」の文章を主に用いるが、「張氏衍義」や「鮑氏発微」からの引用もまれにある。前者は張行成撰『皇極経世観物外篇衍義』九巻（A1/804）、後者は鮑雲龍撰『天原発微』五巻（A1/806）を指す。張行成は南宋乾道二年に『易経』を上進した人物であり、『永楽大典』所載の「衍義」は「完本」であったとされる（『総目』巻一〇八・九一六頁「術数類一」）。鮑雲龍は宋末元初を生きた安徽歙県の儒者であり、その『天原発微』は元朝元貞年間に刊行され、明朝天順五年（一四六一）には、その末裔である鮑寧が同書に自作の「辨正」や「問答節要」二巻をあわせて重刊した（同前。『千頃堂書目』巻一一「儒家類」）。第一一巻所掲の或る「補註」には、「解は啓蒙蔡氏大註、及び朱子小註に見ゆ」との一句が記される。その「解」とは大全書の該当箇所を指す。

内閣文庫正徳本は、『性理群書集覧』に由来する「集覧」と「補註」とをあわせもつ大全書の増注版である。「性理群書補註集覧」と称するのが、その内容に見合った書名だと考える。上記にいわゆる『集覧』の後修本に極めて近いテキストだからである。「補註」の撰者は不明だが、周礼という学者が関係していたことは確実である。弘治正徳の際に活躍したその撰者は、宋末以来、定評のある各種の性理書を用いつつ、時には同時代の書物をも参考にしながら、大全書に対し解説を加えた。そして民間の書肆は、その仕事の有用性を敏感に察知し、すでに存在した『集覧』にその「補註」を附して、世間に売り出した。

北海道大学文学部図書室は、『性理群書集覧大全』七十巻を収蔵する。その刊行年に関しては、御製序の末尾に「正徳壬申歳（七年、一五一二）重刊」と示されるのが唯一の情報である。巻末の数葉はすでに欠落している。

大全書巻七〇所収の「克己銘」および四題の「賦」が、欠落しているのである。大尾における木記の有無も、当然、確認不可能だが、以下、このテキストを北大正徳本と呼ぶ。版心題は「性理大全」や「性理集覧」のほか「標題大全」や「標題集釈」であって、巻頭巻末の題名は多種多様である。版心題の記載どおり、眉批として欄外に「標題」を載せるのが同本の特徴であり、また先行する『集覧』との大きな相違でもある。標題は本文から一、二句を抜粋したものであり、それらは主として、科挙の論題や策問として過去に使用された箇所である。科挙の蓄積と受験勉強の過熱化とのもとで、こうした形式のテキストが生み出された。

本文は、一行の文字数や文字の形状において、内閣文庫正徳本と酷似する。たとえばその内匡郭を較べれば、北大本は一九、三×一二、八糎、内閣文庫本は一九、六×一二、七糎である。またその「集覧」や「補註」も内閣本と重なるが、「補註」はその数を増やしており、また内閣本にはなかった「集釈」が新たに追加される。これらの変化と、内閣本の巻末木記に「正徳癸酉歳（八年）」と記されることとを踏まえると、北大本が刊行された実際の時期は、御製序の末尾に記される「正徳壬申歳（七年）」よりもくだりそうである。

「補註」の加増箇所は、巻一八から二一までの「家礼」と巻二四「洪範皇極内篇」の各篇各条、および巻三一「性理三・気質之性」所引「臨川呉氏」語等、巻七〇「詩・文」である。「家礼」に対する「補註」は、「丘氏濬曰」として、丘濬が編纂した『家礼儀節』の文章を引用する。同書の自序は、成化十年（一四七四）の奥付をもつ。北大本巻二四「洪範皇極内篇」の「補註」は、基本的に典拠を示さず原文の解説に終始するが、「鮑氏天原発微曰」との引用を含む一条がかろうじて存する。成書部分以外の「補註」に関しては、後述する。

「集釈」は、巻一「太極図説」、巻二「通書」、巻五・六「正蒙」、巻七〇「詩・文」に載る。なお内閣文庫正徳本が掲載する周礼「彙補」の「補註」を、北大正徳本は、周礼の名を用いず「集釈」と表記して引用する。「集釈」は、その全体にわたり「熊氏曰」として『性理群書句解』の文章を用いる。[11] たとえば第一巻「太極図附録」「総論」冒頭の「朱子」語には、『句解』巻八「無極辨」の文章が「集釈」として載る。巻二「通書」本文のなかには、「解は第一巻象賛及び事状に見ゆ」とする「集釈」もあるが、その「象賛」や「事状」は『句解』巻一のそれらを指す。また巻三「通書後録」「養心亭説」に附された「集釈」も、『句解』巻八の文章である。

以上の調査結果をまとめるならば、大全書の注釈書である『性理群書集覧』には、成立当初の「集覧」だけが載るテキストの存在が想定され、その成立時期は正徳以前にさかのぼる可能性もあるが、いずれにしても正徳年間、「集覧」に「補註」を加えたテキスト群が出現し、それが一部で性理大全書を標榜、他方、そうした標榜はおこなわず、しかしそれに「標題」や「集釈」を増益した新たなテキストもまた登場した、と概観できそうである。

嘉靖二十年（一五四一）、台州府太平県学教諭の許珍は、大全書が収録する『律呂新書』を考究するうえで、「初学」者には「不便なる所」があると判断し、「大全三註集覧補註、及び古今名儒の解せし所の者」を採用して、同書の解説としたと述べる。[12] そうして完成させたのがその『律呂新書分註図筭』十三巻であり、嘉靖年間、大全書の学習者にとって「集覧補註」は、身近な参考書であった。そうした一般の支持に後押しされることで、大全書に対する注釈加増の傾向は、嘉靖中期、そのピークを迎えることになる。

二　増注版の安定化——新刊性理大全

東北大学附属図書館は、その大尾に「嘉靖戊申（二十七年、一四五八）歳孟春王氏新三槐刊行」との木記を載せた『新刊性理大全』七十巻を収蔵する（内匡郭一七、二×一二、三糎）。該書の巻首には、「御製性理大全書序」、

「進書表」、「先儒姓氏」が順に並び、「先儒姓氏」には諸儒の略歴が、『性理群書集覧』と同じ形式・内容で附記される。ついで「奉勅纂脩」、「性理大全目録」が載り、「新刊性理大全第一巻」と冠する本文が始まる。各巻の欄外上部には、北大正徳本と同様「標題」がつくものの、その数量は北大本より多い。本文は、「集覧」や「補註」に加えて、数種類の注釈を新たに置く。このテキストを東北大新三槐本と呼び、以下、同書掲載の諸注について、そのおおまかな傾向と内容の一部を、巻ごとに紹介する。

大全巻一「太極図」：「太極図」および四行分の『図説』のつぎに、『性理群書句解』からその巻一一「太極図」の文章を、「群書句解」「集考」と記して挿入する。『図説』に対する朱註の後にも「群書」と題する注釈が附く。巻末の「太極図附録」「総論」には「集覧」、「補註」、「集釈」に加えて、「集考」と題する注釈を置く。北大正徳本にはない注釈である。

大全巻二・三「通書」：各篇の篇題に対し「集考」と称する注釈を置く。『性理群書句解』巻一七「通書」に附された篇題註に等しい。巻三末尾「顔子所好何学論」を「明道先生作」とする点は、先行諸本の過誤を踏襲する。

大全巻四「西銘」：「通書」と同じく、篇題下に「集考」を置く。『性理群書句解』巻三「西銘」に拠る注記である。本文の注釈は「集覧」のみである。

大全巻五・六「正蒙」：各篇の篇題下に、無署名の注釈が附く。『性理群書句解』巻一二・一三「正蒙」に拠る注記である。本文には「集解」が附く。浙江鄞県の人であり正徳六年科挙榜眼の余本（一四八〇―一五三〇、号南湖）に『正蒙集解』と題する注釈書があるとされ、東北大本は、この書物の注釈を援用した可能性もある。嘉靖元年（一五二二）の自序を冠する余本の『皇極経世観物外篇釈義』（C/1048）に対し、嘉靖四十四年、杜思は序文を寄せ、「余南湖先生は性理の学問に精通し、正蒙、皇極経世、律呂新書についていずれも注釈があり、正蒙集解は、民間の書坊がだいぶ前に刊行した」と述べる。

大全巻七から一三「皇極経世書」：「観物外篇」に対し「集覧」と「補註」とが載る。北大正徳本と同様である。

大全巻一四から一七「易学啓蒙」：特記事項なし。

大全巻一八から二一「家礼」：「集覧」と「補註」が載る。「補註」の分量は、北大本に較べて極端に少ない。

大全巻二二・二三「律呂新書」：「集覧」と「補註」のほかに「解註」と題する注釈が附く。これは鄧文憲撰『律呂解註』（D1/経184）の文章である。「律呂解註二巻」に対し、『総目』（巻三九・三三五頁「経部楽類存目」）は、鄧文憲は広東新会の人であり福建晋江県学の教諭をつとめ、「万暦癸未」にこの書物を完成させた、と記す。しかし「万暦」は誤りであり、いま存目叢書所収の影印本は、嘉靖癸未（二年、一五二三）撰述の自序や、同年執筆の王宣による後序を載せ、その撰者名を「晋江教諭古岡鄧文憲」とする。鄧文憲は正徳十四年広東郷試の挙人、会試には合格せず教職に就き、その後、江西建昌府知府にまで陞進した人物である。

大全巻二四・二五「洪範皇極内篇」：北大正徳本と同様、巻二四「洪範皇極内篇」の各篇各条に対し「補註」が附く。

大全巻二六「理気」から巻六九「治道四」まで：「集覧」による注釈が多いものの、北大正徳本と同様、「補註」もまた散見される。注釈の対象箇所は、『性理群書句解』にその本文を載せる文章が中心となる。正確には、宣徳九年（一四三四）の刊本がある明人呉訥（一三七二—一四五七、字敏徳、号思菴、江蘇常熟人）の補註版『性理群書』[11]に載る文章、と言わねばならない。呉訥に関しては後述するとして、その対象箇所をまず例示すれば、巻三三「定性書」、巻三五「仁説」、巻三七「誠」（程子易伝「無妄之謂誠」）、巻三八・三九「道統」（周子以下）、巻四三「小学」（程子語「聖人純亦不已」）、巻五四（明道「脩辞立誠」条）、巻五五「科挙之学」（程子語）、巻五六「論文」（欧陽子語）、巻六七「謚法」（司馬氏答程子書）などである。「補註」は、『性理群書』に対する熊剛大の『句解』と呉訥の『補註』とを前後に並べて掲載する。

大全巻七〇「詩」「文」・「集覧」のほか、「補註」と「集釈」が附く。そもそも大全書の同巻が収める詩文は、『性理群書』がその巻一から巻八に採録する「賛」や「銘」「箴」、律詩や絶句などであり、邵子（邵雍）「観物詩」や朱子「感興二十首」などには、大全書の双行註すなわち「小註」として、『性理群書句解』の文章もまた附記される。ただし永楽の儒臣たちは、大全書を編む際に『句解』の過半を落とした節録をおこなっており、その割愛された注釈を「集釈」は復活させた。一方「補註」は、上記呉訥の『補註』に拠る注釈である。そもそも呉訥は、『補註』を編纂するにあたり、原著所載の各成書を削除し、さらに『性理群書句解』全体の構成を変えている。そうした編纂方針を、かれは同書の凡例第二条にこう述べる。

一、河図洛書と先天図は朱子が精密に考察しており、それらは（朱子の）易学啓蒙の冒頭に載る。太極・通書・西銘は、朱子が克明に分析してもはや不足はない。張子の正蒙、邵子の皇極経世には朱子と蔡西山（諱元定）に論著がある。廬陵の黄瑞節、字観楽はそうした各篇を注釈とともにまとめて編輯し、朱子成書という書物に定めた。その本は世間に流布している。いまこの編著（群書句解）は、河図以下の書物に対し、句ごとに解釈を附し、諸先生の詩文のつぎにそれを載せている。しかし朱子がすでに注釈をほどこしている以上、どうしてさらに注釈する余地があろうか。故にそれらはどれも（わたしの本には）収載しない。学ぶ者は朱子成書を手にとってそれを読めば、おのずとわかるだろう。（一、河図洛書・先天図、朱子考釈精密、載于啓蒙之首、太極・通書・西銘、朱子闡明解剥、已無余蘊、張子正蒙・邵子皇極経世、朱子与蔡西山、亦嘗論著、廬陵黄観

楽通輯各篇幷註文、定為朱子成書、伝行于世、今此編又自河図而下、著為句解、載於諸先生詩文之後、然朱子已註、尚奚容註哉、故皆不敢収載、学者取成書読之、則自得之矣。）

成書に関しては『朱子成書』に一括して載る朱熹の詳注が存在する以上、『句解』の如き解説など贅疣に等しい、というわけである。呉訥による原著の改編について、楊士奇は、同書に贈った序文のなかで、呉訥の本は「熊端操氏の編輯に対し、まま損益があり、熊剛大の句釈に対し、訂正意見をいささか示しているが、いずれも的を射たものがある。義理の根源や、講学の方法も、その大要が具わっている（端操所輯、間有損益、於剛大所釈、頗見更定、各有攸當焉、而於義理之原、講学之方、大要具矣。『東里続集』巻一四「性理羣書補註序」）」と評価する。「端操」とは『性理群書』の撰者熊節の字である。呉訥は、『性理群書』から成書以外にも幾つかの詩文を「損」している。他方、「増」やした詩文の意義については、いずれも「理義之要」を明らかにした、と書物の「凡例」に述べる。そして同書目録の各項目の下に「新増」の二文字を添え、原著との相違を明確にした。なお蛇足ながら附言するならば、大全書前半の「補註」と後半のそれとは、呉訥が『性理群書』から成書を除いている以上、名称は同一だがその由来を異にする注釈である。

大全書巻七〇の「詩」に続く「文」は、「賛」に分類される文章から始まる。北大正徳本は「賛」と記した行のつぎの行に「補註」を置き、そこに朱熹の『易学啓蒙』に載るいわゆる「五賛」への呉訥『補註』を附す。しかし東北大新三槐本は、「文賛」の二文字の下に双行註を附け、そこに同じ文章を載せる。「補註」とは記さないのである。なおこの箇所に見える呉訥の按語は、『性理群書』が「五賛」から三篇しか採用せず、しかもその掲載順が、典拠の『易学啓蒙』とは異なる点を批判する内容の文章である。「五賛」各本文に対しても「集釈」と

「補註」とが載る。巻尾に近い「遂初堂賦」は張栻（号南軒）の作品であり、『性理群書句解』もその作者を「南軒」と明記する。しかし東北大新三槐本は、それを「臨川呉氏」と刻す。ただしそこに附く「集釈」と「補註」は、呉訥『補註』が載せる南軒「遂初堂賦」の注釈を、そのとおりに引用する。

以上、東北大新三槐本は、先行する『標題集覧補註』にもとづきながらも、そこに「集考」、「集解」、「解註」など多彩な注釈を増益させた新刻のテキストである。北大正徳本を底本として、直接にこのような書物が編まれた可能性は、おそらく低い。『（稿本）中国古籍善本書目』は、嘉靖十三年刊王氏三槐堂『新刊性理大全』を採録しており、このテキストが、新三槐本の粉本であるのかもしれない。

一方、内閣文庫は、嘉靖三十九年刊『新刊性理大全』をも収蔵する（内匡郭一七×一二、三糎）。このテキストは、御製序の末尾に「嘉靖十九年葉氏広勤堂校正重刊」との文字を記し、一方、巻末の蓮牌木記には「嘉靖庚申（三十九年）孟秋進賢堂梓新刊」と刻むものである。東北大新三槐本とその版式や注釈を酷似させるテキストである。「家礼」に対する「補註」が少ない点も、東北大本と同様である。ただし内閣文庫進賢堂本は、東北大新三槐本に載る「解註」を組み込んでいない。

ところが興味深いのは、東京大学東洋文化研究所が所蔵する嘉靖三十九年進賢堂刻本には、その「解註」が存する点である。東大進賢堂本は、御製序末尾に「嘉靖庚申年□氏□□□校正重刊」との文字を刻む。「庚申」はおそらく後からの補刻であり、□は、書坊名が削られたままの、空格の箇所である。一方、山形県米沢市図書館は、嘉靖三十一年刊行の『新刊性理大全』を所蔵する。御製序末尾に「嘉靖壬子（三十一）年余氏双桂堂校正重刊」と刻み、大尾に「嘉靖壬子孟秋双桂書堂新刊」との蓮牌木記を置く。これもまた、その版式や注釈が東北大新三槐本に酷似する。「律呂新書」に対する「解註」も取り入れている。ただし米沢市双桂堂本の場合、巻尾題の形式は、一部、進賢堂本のそれに類する。たとえば「二十三」を「廿三」と刻するのである。また大全書巻七〇所収朱熹「白鹿洞賦」に対する「補注」から一箇所の注釈を削除しており、それはふたつの進賢堂本も同様である。

　これらの調査結果からは、内閣文庫進賢堂本から東大進賢堂本へという継承関係と、その中間における双桂堂本の影響、ならびに双桂堂本に対する新三槐本の影響を推察することが可能である。さらに、内閣文庫進賢堂本が広勤堂本の「重刊」本であり、また新三槐堂本が三槐堂本に拠った可能性があることからは、この二系統を生み出した共通の祖本の存在も想定しうる。その祖本は、当然、既知の諸本より北大正徳本に近いものである。

　そのほか、九州大学碩水文庫所蔵の『新刊性理大全』は、大尾に「皇明嘉靖癸丑（三十二年）仲夏熊氏一峯堂重校刊」との木記を有する（内匡郭一七、三×一二、三糎）。形式も内容も内閣文庫進賢堂本に似たテキストであり、「律呂新書」に対する「解註」は収めないが、「家礼」に対する「補註」は、進賢堂本とは異なり、数多く収載する。北大正徳本の「家礼」「補註」を復活させたわけであり、上に想定した「共通の祖本」から派生した別種のテキストだと考えられる。『新刊性理大全』の諸本を系列化するならば、暫定的ながらも左記のようなものが作成できる。

北大本→共通祖本Ａ（？）→三槐堂本（嘉靖十三年）→新三槐堂本（嘉靖二十七年）：①型
　　　　　　　　　　　　　　　　　　　　　　→双桂書堂本（嘉靖三十一年）：①主②従型
　　　　　　　　　　　　　　　　　　　　　　→東大進賢堂本（嘉靖三十九年）：②主①従型
　　　　　　　　　Ａ→広勤堂本（嘉靖十九年）→内閣文庫進賢堂本（嘉靖三十九年）：②型
　　　　　　　　　Ａ→　　　　　　　　　　　→一峯堂本（嘉靖三十二年）：①主Ａ従型

嘉靖中期以降、建陽を中心とした民間の書坊は、直近に敢行された各種増注版大全書を参照しながら、競い合うかの如くそれぞれに増注版を梓行した(14)。それらは右の系統図に幾つかの「型」を示したとおりだが、ただしその注釈内容に大きな相違はなく、正徳期における急激にして多様な増注化の趨勢はもはや終熄したとみなせる。正徳本と嘉靖本とのあいだにある歴然とした区別も、右の諸本にはうかがえない。注釈の加増はピークを過ぎて固定化へと向かっていたわけである。

万暦以降の注釈書も、基本的に『新刊性理大全』の全体構成を逸脱するものではない。この時期、人びとの関心は、注釈の加増よりもそれに依拠した節録本の作成か、もしくは新たな大全書の策定へと遷移していた。ただしそれらの書物に対する調査は今後の課題とし、ここでは、如上の増注版がいずれも「新刊性理大全」と題する点にのみ注目したい。かかる書物の普及を一大原因として、明末のみならず現今にいたるまでも、『性理大全書』を呼ぶ際には「書」の一文字が省略され、「性理大全」との名称が通行するようになったと推察される。そしてまた、清代中期において、増注版の大全書を永楽の大全書と取り違える錯覚が社会の共通認識となっていたと仮定するならば、四庫館臣の推断、すなわち『性理大全書』とは『性理群書句解』などの文章を適宜引用して「広げられた編纂物だとした判断にも、情状酌量の余地が生まれるわけである。

三　大全書受容の学術史的背景

(一) 成書に対する関心の拡大

大全書の頒布から約一〇〇年後、その注釈書である『性理群書集覧』が誕生すると、それ以降、五、六〇年のうちに、「補註」や「集釈」といった新たな注釈や「標題」つきのテキストも登場し、それらを統合するかたちで各種『新刊性理大全』が出現した。それらの注釈に『性理群書句解』由来の文章が多いことは上述のとおりである。無論この書物は、大全書の底本と言うほどの著作ではなく、その詩文や句解の一部が大全書に吸収されただけではあるが、大全書の成立後、それまでとは異なる利用価値をもつにいたった。

そもそも元朝において、『性理群書句解』は初学者が参照すべき性理書の一冊として版を重ねていた[15]。かかる一般的教科書としての役割が、大全書の成立後は、その特定的な解説書として、とくに官学の教官や学生たちに歓迎された。かかる欲求が中国各地に湧き起こっていたようであり、そうした広汎な情熱が、大全書の増注版が出現する原動力のひとつになったと推察される。以下、増注版が編まれ、普及するにいたったその学術的背景について、初歩的な考察をおこなう。まずは大全書に対する解説書の位置づけについて、明代の前期と中期とのあいだに存する或る相違点を指摘したい。

明代前期の儒者曹端に『西銘述解』という編著がある。この書物の編纂事情を、かれは、『西銘』を読むには朱註で十分「だが、初学者にはその説明が理解できない者もおり、わたしは本文を分かち注釈をつけながら解説した。或る人がそれを便利だと思い書物にするよう要請した（然初学者或未得其説、端為分経布註以解之、或者便之而請書焉。『曹端集』巻三・一一八頁『西銘述解』前序）」と述べる。宣徳初期、霍州儒学学正の地位にあった時期の言葉である。この書物以外にも、かれは『太極図述解』や『通書述解』といった書物を編んだ。それらはいずれも、大全書が載せる同書への朱註つまり「大註」と、双行の小註とに対する節録であり、その形式は『性理群書句解』の模倣だとみなせる。曹端は、本文を一、二句ごとに短く分け、句ごとに注釈をほどこした。こうした句解の形式が、前代以来、初学者への教授方法として一般化していたのだろう。曹端は、その方法を踏襲しながら、儒学教官としての責務を果たすべく大全書の解説をおこなった。

一方、東北大新三槐本が採用した鄧文憲の『律呂解註』は、上述のとおり、かれが福建晋江県学教諭の任にあった当時刊行された注釈書である。県学の学生でもあったかれの門生が、その出版を請け負った。嘉靖二年（一五二三）執筆の自序によれば、『律呂新書』には注釈書も存したが、「初学」の士は注釈の理解にすら難儀していた。「気数之学」がとりわけ「微妙」であったのが、その原因だと言う。そこで鄧文憲は、注釈が依拠した知識の源流をたずねて「苦心考索」したその成果を、諸生に講じた。学生は注釈に対するかれの解説を歓迎した。あわせてかれらは、「その抄録だけでは衆人に周知させることが難しい。版木に刻んで出版されることを求める」と申し出た。かくして教諭鄧文憲の講義ノートが、書物へとその形状を変えることになった。

鄧文憲もまた、曹端と同様、教官としての責務を誠実に遂行する人物であった。ただし両者の置かれた情況に関しては相違点が存する。印刷物の普及がその第一点である。学生たちは、科挙受験の準備をするうえで、参考書の読書が教官に親事して学習する方法の代替となりうることを、実現可能な事柄として認識し始めていた。第二点は、大全書の前半、いわゆる成書部分に対する関心の拡張である。

大全書の劈頭四巻を占める「太極図説」、「通書」、「西銘」は、宋末の段階で「朱子三書」とも称され、当時すでに安定した評価を確立させていた[16]。それらに続く「正蒙」や「皇極経世書」も、元代以来、この三書に近い影響力を持っており[17]、それ故に、大全書でも、「皇極経世書」は「正蒙」につぐ地位が許された。『朱子成書』にあって、同書は「家礼」と「律呂新書」のつぎに置かれていたが、その順序が逆転したわけである。大全書の成立頒布以後、「朱子三書」への尊崇はさらに高まった。曹端はそうした時代環境のなかにあった。

ただしその後、明代の士人は、この三書以外の成書に対しても関心を向けるようになった。宣徳八年実施の会試において、第二場の論題は『通書』順化篇に言う「聖人以仁育万民」であり、策題第三問は『太極図（説）』と『西銘』について質問し、第四問は『律呂新書』に依拠する出題であった。論題に関しては、正統七年会試、景泰元年応天郷試、景泰四年福建郷試、成化元年山東郷試はいずれも『正蒙』からの出題であり、策問では、正統十三年会試が『律呂新書』を題材とした(18)。

されば学生たちは、『正蒙』以下の成書に対しても、『群書句解』の如き簡明な解説書を欲したに相違ない。しかしながら思わぬ障壁が立ちはだかっていた。明代において同書が再刊されたか否かは確認が難しい。ただし『（稿本）中国古籍善本書目』（子部儒家・七九八頁）には、同書の宋元刊本しか掲載されていない。一方、呉訥の『補註』は、宣徳九年（一四三四）の初刻に引き続き、成化十五年（一四八〇）に重刻されている。つまり、『補註』を歓迎する姿勢がはからずも障害となり、原著の方が入手困難になっていた可能性があるわけである。

明代中期の黄佐（一四九〇―一五六六）は、元刻本の前後両集四十四巻を所蔵していた。ただしその蔵書に跋文を附して、「いまこの書物はその前後の部分が欠落している。補完しようと願っているが、それに専念するには時間が足りない（今前後残欠、尚冀補完、而精力不暇及。静嘉堂文庫蔵『泰泉集』巻四四「性理羣書跋」）」と歎くとおり、原著の探索には時間がかかりそうであった。『補註』が原著から成書部分を削除したことは、すでに述べたとおりである。されば当時、『正蒙』や『皇極経世書』などの成書を、『句解』のような注釈つきの形式で目睹し得た人士もまた、限定的であったと推察される。

なお黄佐が、大全書との比較のもと『句解』を評価して、「知識の博捜から集約にいたる順序がととのっている（有博約之序）」と述べた点からは、大全書を基準に見立ててそれ以外の参考書への評価をおこなう認識が、当時においても維持されていたことを示す。要するに、かかる成書への解説書を欲する気運は上昇していた。

正統から景泰にいたる時期、張元禎（一四三七―一五〇六）の父親「松亭翁」は、福建の友人から「唐四庫」の書物は福建に伝存するとの言葉を聞き、その息子を教育すべく、張元禎を連れて江西南昌から建陽に赴いた(19)。当時、知識人が読むべき書物は、かかる出版の中心地に偏在していた。そしてそうした地域の書肆を出版元として、受験参考書が出版されだした。

内閣文庫正徳本の「補註」や北大正徳本の「集釈」、すなわち『性理群書句解』を活用した注釈にも、鄧文憲の『律呂解註』と同様、前提となる講義ノートが存在したと想像される。所在のかたよる書物の知識を利用し得た教官が、そうしたノートの作成者であっただろう。しかし問題は、建陽の書坊が、それらのノートを、何故、大全書の注釈に組み込んだのかである。単行本として刊行する選択肢も存在したはずである(20)。一般に営利を目的とする民間の書肆の真意を解明することは、それ故にかえって難しいが、この課題について、或る事例と関連づけながら考察するとしたい。

（二）韓邦奇の注釈活動と大全書

陝西朝邑の人である韓邦奇（一四七九―一五五五、号苑洛）は、弘治年間、科挙の五経義では『書経』を選択する予定で受験の準備をおこなうとともに、あわせて『蔡伝発明』、『禹貢詳略』、『律呂直解』といった書物を著した。周囲の人びとは、それらの高い水準に驚嘆したという（馮従吾『関学編』巻四・四八頁「苑洛韓先生」）。かれはまた、弘治十六年（一五〇三）の自序を附す『啓蒙意見』や、『正蒙』の難解な点に解説をほどこす『正蒙解結』を編んでもいた。大全書の冒頭三著は脇に置き、それらに続く成書三点を重点的に学習していたわけである。

韓邦奇は、受験勉強の必要がなくなってからも、これらの書物との関係を維持し続けた。弘治十七年秋の陝西郷試に第二名で合格し、正徳三年（一五〇八）、進士登第を果たすのだが、その後、『正蒙』に対する「蘭江張子廷式発微」を読み、また友人の何景明（一四八三―一五二一、号大復）から劉璣（号近山）の『正蒙会稿』（C937）を示されて、同書の内容に脱帽、自身と張廷式双方の正蒙注を凌駕すると見たのである（『苑洛集』巻一「正蒙会稿序」）[21]。そして嘉靖十一年（一五三二）、かれは劉璣に対して同書の序文を贈り、新たな注釈書の刊行を慶賀した。

一方、かれが学生時代に著した『律呂直解』は、正徳四年（一五〇九）以降、中国各地で翻刻されていた。かれみずから、「僉憲西蜀王公」が濮州で、「尚書崑山周公」が巡按御史であった時期に平陽で、「都憲蒲田方公」が布政使だった時期に杭州で、「州幕洪洞岳君溥」が同州で、それぞれ刊刻したと記すとおりである（同前「律呂直解序」）。何景明による「律呂直解序」の執筆は、正徳七年九月のことである。同八年、韓邦奇は平陽府通判の役職にあり、同年秋の山西郷試に際しては受巻官を命じられた。そして当時の習慣にしたがい、考官に代わってこの試験の策問を作成し、模範答案もまた著した。かれの文集に載る合計四題の策題と対策とが、この時の郷試の策問第二問から第五問までとその程策であることは、本書の導論においてすでに紹介した。その第二問は、かれが得意とした「律呂之学」に関する問題であった。

策問は通常、幾つかの小問によって構成され、受験生はそれに対し「条答」すなわち一条ごとに回答する。ただしその対策の冒頭には、全体の趣旨を踏まえた総論的文章が置かれるのが普通であり、韓邦奇の文集に載る第二問への「対策」と試録所載の当該程策（作者名は郷試第三名合格の王応奎である）とを較べると、条答部分はほぼ一致するが、総論の文章はまったく異なるものである。第三問以下の程策の場合、文集所収の「対策」とほとんど同一の文章であることから推すならば、文集巻九が収める第二問の「対策」のその総論は、韓邦奇自身の見解が強く表明された一段であったとみなせよう。そこには「そもそも根源の音を体得して律管の数値を決めるのは、

（天理に到達できる）「上達」者の絶妙さ、聖人の神奇である。律管の数値を考察して根源の音を追求するのは、（個別の事象について学問を積む）「下学」の実践、学者の行為である。上達は（学者にとって）頓悟できるものではないが、下学はそれでも段階を踏んでたどり着ける。（方法は異なっても）目標への到達という点では同一である（夫得元声而制器数、上達之妙、聖人之神也、察器数而求元声、下学之功、学者之事也、上達不可以頓悟、下学亦可以馴致、及其成功則一也）」と述べられる。韓邦奇の学問観が率直に示された一段である。

『律呂直解』の出版に続き、かれは『洪範皇極内篇』の解説書である『洪範図解』（D1/子57）の撰述にも取り組んだ。同書の自序は正徳十年（一五一五）の執筆であり、同十六年に、朝邑県知県であった王道（一四七六―一五二九、号空侗）が序文を附して刊行した。嘉靖七年（一五二八）秋、翰林院修撰の地位にあった韓邦奇は、順天府郷試の主考官をつとめた。この時の策問第二・三・五問の策問と程策とが、やはりかれの文集巻九に採られる。その第二問に、かれは『易学啓蒙』と『洪範皇極内篇』とに関する問題を出した。程策所掲の「理とは数の神奇な主宰であり、数は理のかたちある姿である。理に依拠しなければ数は生まれないし、数というかたちでなければ理ははっきりとしない。数を無視して理を語るのは「虚無」に陥った学問であり、理を無視して数を語るのは「技術」一辺倒の輩である。故にわが道は、理と数とをともに合わせて語るのである（理者数之神宰也、数者理之形象也、非理則数不生、非数則理不著、舎数而言理者虚無之学也、舎理而言数者技術之流也、故吾道者、合理与数而言之也）」との文章は、個別的存在と真理とに関するかれ自身の認識を反映するものである。

さて、山西布政使の任にあった楊維聡は、山西左参議として赴任してきた韓邦奇と相謀り、嘉靖十五年（一五三六）、韓邦奇の編著を中心とした叢書である『性理諸家解』三十四巻を官刻した。[22]「皇極経世書十巻」、「康節先生観物篇解六巻」、「皇極玄玄集六巻」、「洪範図解一巻」、「啓蒙意見四巻」の四著から成る構成である。上梓に際し、高叔嗣（一五〇二―三八、号蘇門）は序文を贈り、そのなかで大全書に載る成書につき、「太極図・通書・西銘には、読解のための朱注があるが、正蒙以下の論著には省かれている。皇極経世書には邵家の自注があるが、本著の主旨からは外れており、それを闡明する者はまれである。思うに楚東祝氏の解釈がその正鵠を射ている」との見解を示した。かれは大全書所収の成書を「六経に比」するものと評価し、いわゆる朱子三書以外の論著にも、朱註に匹敵するような注釈が必要だと考えていた。序文はさらに、「近年、近山劉氏が正蒙会稿を作り、苑洛韓邦奇氏が啓蒙意見・律呂直解・洪範図解を作り、どれもみな（朱註の欠ける成書の主旨を）明らかにした。（成書を著した張載以下の）右の諸家を裨益する書物だが、世間では稀覯本に属する」と述べ、上記叢書の刊刻を慶賀した。

嘉靖十九年、韓邦奇の三著だけをまとめた『性理三解』七巻が刊行された。刊行者は河津県令樊得仁である。かれはまた上記の王道が知県をつとめた朝邑の人でもあった（『明代版刻綜録』第六巻二六葉）。嘉靖四十一年には、同じ三著に対して休寧県儒学訓導の韓万鍾が新たに注釈を加え、同県の知県張敏徳が、それを『新編性理三書図解』（D1／子58）九巻として出版した。

韓邦奇が纂述した如上注釈書の刊行事情を、建陽の書坊による増注版大全書のそれと比較したい。韓邦奇は、まずは自分自身が、そのあとは後進が、いわゆる成書を研鑽する際の資助として諸注を編んだ。こうした動機は、各地の儒学教官による講義ノート作成のそれと揆を一にするものである。ただし韓邦奇の著作は、撰者名を明記し、また原著の形態を尊重するかたちで官刻された。一方、講義ノートの場合には、大全書の各処にその各条が分散されたうえで、玉峯道人といった架空の撰者名を附けられたり、「集覧」や「補註」などその撰者が特定できないような括りのもとで上梓された。民間の書肆はなぜそのような作為をおこなったのだろうか。

勅撰の書物である大全書に対し、当時、私人が註解を施して出版することは、おそらく不敬にわたる行為だったように思う。受験参考書の坊刻や販売に関しては、その一切が禁止されてもいた(23)。『性理群書集覧』の如き書物を刊刻しただけでも、あるいは禁忌に触れたかもしれないが、ただし民間の書肆は、その書物に「性理大全書」という文字を使用しなかった。かれらは慎重に事業を始めた。そしてこの注釈書が処分の対象とはならないことを見極めると、この危うさを逆に利用してつぎの一手を繰り出した。

地方儒学の教官は、提学官ないしその地の知州や知県の配下に属する存在である。それ故に、かれらの講義ノートは、基本的に官刻本として出版されるべき原稿だったはずである。だが無署名であれば話は別であろう。かくして書肆は、地方教官と共謀し、大全書に対してノートの各条を大幅に取り入れる増注版を作成した。ただしその際には、教官の置かれた情況を考慮し、かつまた自身が不敬の罪で詰問される愚をも回避すべく、題署には「性理大全」とのみ掲げ、それを売りに出した。広汎に存在する科挙受験者の購買欲求に対し、このようなかたちで応じたと推察されるわけである。

小　結

嘉靖中期、南京や蘇州など江南地域において、営利出版はまだ草創期にあり、この職種では福建の建陽だけが繁栄を誇っていたという(24)。つまり官方による監視も建陽に集中していたわけであり、されば建陽の書坊は、官憲への対応をなおさら入念に考案した。『新刊性理大全』を上梓するかたわら、地方官衙との共存を画策してもいたのである。『明代版刻綜録』（第二巻一八葉）に、「嘉靖三十一年建陽書林余允錫自新斎刊」との記事を附して掲載される「新刊憲臺釐正性理大全七十巻」が、その痕跡である。

「自新斎」とは嘉靖から明末にいたるまで、建陽において一、二を争っていた書坊であり、「憲臺」とは地方長官の雅称である。同書は、本邦では東京都立中央図書館に収蔵され、その第七十巻末葉所掲の木記に「嘉靖壬子歳仲夏余氏自新斎梓行」との文字を刻む[25]。「壬子歳」が嘉靖では三十一年にあたる。書物の内容は「集覧」、「集釈」、「補注」等を含む『新刊性理大全』そのものだが、一方で一行の文字数といったその版式に関しては、該書のそれを変更してもいる（内匡郭二三、二×一三、九糎）。

米沢市図書館蔵の嘉靖三十一年余氏双桂堂『新刊性理大全』に注目したい。このテキストは、その第二十四巻だけが、巻頭題を「新刊憲臺釐正性理大全巻之二十四」と称し、その本文も『憲臺釐正性理大全』に拠るのである。余氏双桂堂は、『新刊性理大全』を刊行するに際し、第二十四巻の版木だけを欠いていたようである。しかしその部分の補刻は、容易におこなえた。建陽の余氏は、『新刊性理大全』の坊刻にいそしむ一方、その水面下では、「憲臺釐正」と銘打つ書物の出版をも着々と準備していたわけである。

こうしたテキストの出現を、官民間の界限が曖昧化し始めたその兆候と捉えたい。嘉靖二十二年（一五四三）、南直隷監察御史楊宜が永楽の大全書を翻刻した[26]。同三十八年（一五五九）、巡按福建監察御史樊献科もまた、建寧府知府程秀民とはからって同書の翻刻をおこなった。東北大学附属図書館はその一本を収める（内匡郭二〇、九×一四、一糎）。いずれの官刻本も、坊刻本を「舛訛滋甚」や「字画差訛」とおとしめる題詞を附した書物であり、民間の増注版を駆逐しようとする官方の意気込みがうかがえる。

だがこの南京翻刻本は、万暦二十五年（一五九七）、周氏博古斎蔵板師古斎刊刻『性理大全書』として坊刻された。東大東洋文化研究所蔵の該本には、毎巻末に「新安呉勉学重校」との一文が刻される（内匡郭二〇、七×一三、八糎）。博古斎は広東羊城の書坊であり、同書の封面には「太史李九我先生纂訂性理大全」と記される。「李九我」とは福建晋江の人にして万暦十一年会元・榜眼の李廷機であり、万暦二十五年当時は、少詹事兼侍読学士として正史編纂の副総裁に就いていた。そして同三十一年、このテキストを翻刻するかたちで、『新刻九我李太史校正大方性理全書』が刊行された。このテキストも、東大東洋文化研究所に一本が収蔵される（内匡郭二〇、〇×一三、九糎）。

官方の権威の相対化傾向のなかでも、権威それ自体はまだ利用価値を保っていたわけであるが、これと同じ構図は、大全書の前半を占める成書部分への、人びとの対応にもうかがえる。同書所収の成書は明人にとって基本的に尊崇の対象であり、科挙試験におけるそれらからの出題は、成書を尊崇する通念の再生産を促した。だが嘉靖年間、成書に対する解釈にも幅が生まれており、それはとりわけ、朱子三書ほどの伝統をもたない『正蒙』や『律呂新書』において顕著な傾向を示していた。

大全書の成書部分以外、すなわち程朱学の心性論や学問観を述べた箇所に関しては、科場の外部における批判活動の方が、活潑でありまたおそらくは先行していた。ただし次章に紹介する如く、内部での批判的言辞も徐々に蓄積されており、その果てに、大全書の改訂が議論の俎上に載るにいたった。万暦中期、いわゆる「無善無悪」説に左袒した周汝登（号海門、一五四七—一六二九、万暦五年進士）が、その弟子に対し「理学はまことに本朝にいたって大いに明らかになった」と語りかけ、さらに、王朝の教学とは異なる内容の書物が多数登場している昨今の情況を踏まえて、こう提案したのである。

> 永楽の経書大全はすべてもとのままにして敢えて論議せず、しかしそのうえで大全のほかに、名儒を招集

し、漢唐宋の遺文を探し出すとともに本朝諸儒による（斯学を）闡発した書物を採用し、編輯訂正することで、（大全とは）別に一書を作成し、大全の羽翼とする。（其経書大全、一切仍旧不敢議、更惟於大全之外、会集名儒、捜括漢唐宋之遺文、及采取本朝諸儒之所発揮、編輯訂正、另為一書、以羽翼大全。『東越証学録』巻四「越中会語」）

勅撰の書物を別格の存在として奉戴しつつも、それとは異なる知的枠組みを新たに構築しようという発言である。周汝登のこの提案は、四書五経の大全に対置されるべき新基準策定の要求だと思われるが、大全書に対する捉え方も大差なかったであろう。そもそも科挙第三場、策問における「性学策」の分野では、大全書の権威を尊重するという大前提のもと、受験生に対し、大全書を超える博識と先賢に匹敵するような自得とを求める傾向が早くから存しており、新たな大全書を編纂しうる土壌はすでに形成されていたはずだからである。

（1）五経それぞれの大全に関しては、林慶彰「《五経大全》之修纂及其相関問題探究」（初出一九九一年、のち『明代経学研究論集』文史哲出版社、一九九四年）に端を発する台湾の学者による諸研究があり、それらに関しては鶴成久章「『四庫全書総目提要』「永楽三大全」の研究」（『福岡教育大学紀要』五六、二〇〇七年）が解説をおこなう。『四書大全』に関する書誌学的・思想史学的研究としては、佐野公治氏による『四書学史の研究』（創文社、一九八八年）所収の論攷がある。

（2）『朱子成書』に関しては、注4にあげる吾妻論文、参照。ここでは中華再造善本（北京図書館書籍出版社、二〇〇五年）影印の元至正元年日新堂刻本による。

（3）黄佐『泰泉集』（静嘉堂文庫蔵六〇巻本）巻四四「朱子成書後」：性理大全収入其前八書、而小註尽在。

（4）吾妻重二「「性理大全」の成立と「朱子成書」」（初出二〇〇六年、のち『宋代思想の研究』、関西大学出版部、二〇〇九年）。吾妻には、大全書にも収録される『朱子家礼』についての実証的研究として「『家礼』の刊刻と版本──『性理大全』まで」（『関西大学文学論集』四八─三、一九九九年）もある。

（5）大全書後半に関する理解は、『宋明理学史』（人民出版社、一九八七年）下巻第一章、も同様である。

（6）この文章は各種の四書大全巻頭に掲載される。ここでは東北大図書館蔵『周会魁校正四書大全』所掲の文章を用いた。

（7）王幼学やその「集覧」に関わる出版事項は、中砂明徳『中国近世の福建人──士大夫と出版人──』（名古屋大学出版会、二〇一二年）第二部第三章に詳しい。

（8）存目叢書本における少数の例外箇所に関しては、原本の調査が必要である。

（9）周礼は、高津孝「按鑑考」（『鹿大史学』三九、一九九二年）が言うとおり、「明代の白話歴史小説にとって重要な人物であり」、弘治から正徳に至る時期の「出版界に於て一種の売れっ子であった」。劉修業『古典小説戯曲叢考』（作家出版社、一九五八年）参照。

（10）前掲高津論文、参照。

（11）ここでは内閣文庫所蔵の朝鮮版『新刊音点性理群書句解前後両集』を用いる。その前集は和刻され、寛文八年（一六六八）版が近世漢籍叢刊思想三編（中文出版社、一九七七年）の一冊として収録される。

（12）『律呂新書分註図筭』（D1/経182）巻首の許珍「自序」。葉良佩の序文も参照。

（13）内閣文庫は江戸写本『性理群書補註』十四巻を蔵する。

（14）中国国内には、以下すべて未見だが、嘉靖十七年黄氏集義堂、二十六年鄭氏崇文堂、三十年張氏新賢堂、三十一年葉氏広勤堂、（余氏）双桂書堂、三十五年張氏新賢堂、隆慶二年張氏静山斎、万暦二十五年金陵積秀堂、三十六年建邑（劉氏）安正堂劉蓮台などの刻本がある。

（15）呉訥はその『補註』の序文に「竊思熊氏此書、家蔵人誦、幾二百載」と記す。

（16）程敏政撰『新安文献志』（A1/1375）巻二三所収、朱涘「題朱子三書」：四書広大精微与天地並、道之不明千載、

周子図之書之、張子銘之、我先文公曰通書与太極図相表裏、又曰太極図於西銘都相貫穿、然則四書之後有三書焉、三書者一書也。朱浚は朱子の嫡長孫である朱鑑の子、宋末の進士で王朝に殉じた。

(17)　至正八年（一三四八）、浙西廉訪副使徐思譲が、永嘉括蒼の郡学において、三著に「正蒙」を加え「性理四書」との名称で刊行した（蘇天爵『滋渓文稿』巻六・八七頁「性理四書序」）。また、元末に編纂された挙業書である『類編歴挙三場文選』は、延祐七年（一三二〇）江西郷試の策問として「問河図洛書・太極図・皇極経世書」と概括される問題とその模範解答とを載せる。

(18)　『皇明貢挙考』各巻記載の会試論題、およびそれぞれの「郷試録」に拠る。

(19)　『東白張先生文集』（D2/75）巻二四所収、張元楷撰「行状」・李東陽撰「墓誌銘」。

(20)　朱門熊禾の「後人」と称する建陽の熊宗立に、天順二年（一四五八）七月の自序をもつ『（性理内篇）洪範九疇数解』（D1/子57）という書物がある。『洪範皇極内篇』の注釈であり、成化八年（一四七二）、提学官として福建に赴任した游明（一四一三―七二、江西豊城人）が刊行した。游明は該書に序文を著し、「洪範内篇」は大全書に「配載」されているが、「然其旨要深幽、未易講明」であり、そこで熊宗立による注解を「諸生」の「講習」に役立てた、と述べる。

(21)　『正蒙会稿』の巻頭に載る韓邦奇序は、「発微」の撰者を「蘭江章式之」とする。

(22)　『性理諸家解』は内閣文庫蔵本を使用する。

(23)　井上進「明末の出版統制とその後」（『東洋史研究報告』三二、二〇〇八年）。関連する記事は、『明孝宗実録』（二八二五頁）巻一五七弘治十二年十二月乙巳。『明武宗実録』（二六三〇頁）巻一三二正徳十年十二月乙亥、参照。

(24)　井上進『中国出版文化史』（名古屋大学出版会、二〇〇二年）本編第十四章「書籍業界の新紀元」による。

(25)　同書は宮城県立図書館や名古屋大学図書館も収蔵するが、巻尾の二葉を欠くという憾みがある。なお『東京都立日比谷図書館蔵特別買上文庫目録諸家漢籍』（一九七一年）は、同書の書誌情報を「明嘉靖四〇刊（余氏自新堂）」と記す。

（26）　台湾中央研究院傅斯年図書館蔵本（未見）。同図書館蔵本との関係は未詳だが、北京愛如生数字化技術研究中心作成の拇指数拠庫「胡広九経大全」が使用した大全書もまた、嘉靖二十二年官刻本である。

第二章　明代科挙「性学策」史——程策の展開を中心に

緒　言

朱熹に私淑した真徳秀が南宋端平元年（一二三四）に上呈した『大学衍義』の第五巻「格物致知之要」「天理人心之善」には、万世にわたる「性学」の淵源を開いたのは殷の湯王からだと述べる一段がある。(1) また、受験参考書として元明両朝に版を重ね、ただし『欽定四庫全書総目』（巻一三五・一一五一頁「子部類書類一」）が、「専ら科挙の為に」編まれたが「考証家」の資助となる故事もそこには記されると評した『源流至論』、元朝延祐四年（一三一七）の刻本で言えば『新箋決科古今源流至論』前後続別四集の続集第一巻にも、(2) 周敦頤の「太極図」や張載の「西銘」のつぎに「性学」と「心学」の二項目が置かれ、それらの内容が例示的に解説される。この書物の序文が書かれたのが嘉熙元年（一二三七）であることからすれば、「性学」概念は、当時、道学尊重に傾きだした科挙の領域を発信源として、周張二子の主著などとともに習得すべき知識の一分野としての地位を急速に固めつつあった、とみなせるだろう。(3) そして明朝宣徳二年（一四二七）、該書はその重刊に際して全四集の順序を変え、続集を前集に昇格させるのであり、(4) 明代前期、如上の諸範疇に対する注目の度合いは、従前にもまして高まっていたと推察される。

「性学」範疇を構成する諸要素に関しては、『大学衍義』や『源流至論』の挙例の如く、殷の湯王から孔孟以降、宋儒にいたる各種の性説、なかんづく性即理説に裏付けられた性善説がその中核をなす。ただし宮紀子氏がかつて考察を加えられた挙業書である、『太平金鏡策』巻首附載の『答策秘訣』が、(5)『秘訣』を刊行した建安日進堂の劉錦文による元末至正九年（一三四九）七月執筆の跋文を載せ、その本文において元朝科挙の策題を全十二類に分けるなか、(6)その第四番目に「性学」との項目を立てて当該類型の設問に対する解答の要点を教示し、なおかつそこに「道統」と「諸儒伝授」との細目を設ける如く、歴代性説周辺の学問およびそれらの継承関係をもあわせて「性学」とする認識も存在する。つまり「性学」概念は広狭さまざまであり、明朝人士による理解も各様であった。(7)そこで本章では、狭義の「性学」理解を中心としつつも、その周辺領域の学問も含めて、「性学」と呼んでおきたい。

さて、『性理大全書』に集成された宋元諸儒の心性論や実践理解に関する学習を科挙受験の際の「入力」作業に比定するならば、「性学」をめぐる策問や対策は、その「出力」の場面における主要な一部に相当するだろう。もとよりかかる「出力」の結果には、科挙の現場における攻防両サイドの熾烈な駆け引きも絡んでいるであろうし、そもそも作題者や受験生の能力ないし個性に応じてその内容は千差万別ではあるのだが、それでも「入力」の側に一定の歴史的展開が確認されるのと同様、「出力」の歴史にも何らかの脈絡を見出すことは可能だと思う。ただし策問や対策とは称するものの、本章が用いる文献のなかで対策が一般受験生の答案であることはほとんどなく、主たる分析対象は、策問の模範答案を意味する程策に限られる。

本書の導論に述べたとおり、科挙の現場では、受験生自筆の模範答案を程文として公開するという「設科の本意」は、つとに歪められ、考官以下、試験を実施する側の官員が、その代作を請け負うようになっていた。本章は、そうした事情を背景とするなかで執筆された程策を読み解きながら、策問の一部門である「性学策」の歴史を追跡する。考察に際しては、大方が理解する明代思想史、すなわち「朱子学の国教化」にはじまり、「小波瀾を生じながらも、総じて長い単調な安定期を経」て、陳献章や王守仁、湛若水が登場して「漸く新運打開の方向が見出され」、その後、心学を奉じる「思想家群が輩出するに至った」という思想の展開[8]、を念頭に置く。この一般に認知される明代思想史と、「性学策」の歴史とのあいだには如何なる関連性が見出せるのか、あるいはこの標準的な思想史理解から見たときに違和感を覚えるような事象がそこには存在しなかったのか。こうした点を自問しつつ分析を進めたい。

一　標準の形成と「成説」の尊重

（一）　明代初期的模範答案

南宋後半、寧宗期の官僚であった岳珂は、科挙の現場を憂慮する意見書を上呈し、そのなかに以下の如く観察の内容をまとめた。「決科」の書つまり科挙において勝利を奪取しうる受験参考書が、福建建陽の書肆によって「日ごとに輯《あ》み月ごとに刊《きざ》」まれている昨今、そうした書物を受験場に持ち込む「有司を眩ます」行為や、参考書を丸暗記し「是に似た」答案を書いて「有司を欺く」態度が、現場では「故常」と化している（四部叢刊本『愧郯録』巻九「場屋編類之書」）。南宋朝治下における科挙制度の安定は、一方で受験産業の隆盛を導くとともに、受験技術の巧妙化をも進行させていたわけである。王朝倒潰後も、民間の書肆やその周辺人士による挙業書編纂の情熱は消滅せず、宮紀子氏が詳細に調査分析されたとおり、出版業全体が活況を呈するなか、科挙関連の文献もまた質量ともにすぐれた書物として編纂され、その版を重ねた。冒頭に紹介した『源流至論』の流通も、かかる澎湃とした潮流のそのひとすじとして捉えうる。

　ところが元儒呉澄の孫である呉当は、四書五経の解釈には朱熹が定めた「成説」があり、科挙の受験者もそれに依拠して「惑」いがないが、「性命天道」に関する出題の場合は、受験生各自が「身心の実」に照らすことによる確証を得ていないが故に、その答案は無残なまでに矛盾だらけだと語った。「性学」関連の問題は、参考書の流通にもかかわらず難問と受けとめられたわけであり、呉当は、ただしそうした受験生でも「諸家の書」を博捜せずに済む便利な書物として、張九韶が編纂した『理学類編』(中国子学名著集成所収)を推奨した。元末至正二十六年(一三六六)の該本成書時期に寄せた序文中の讃辞である。

　「性学」や「心学」といった部門の問題に答えるうえで、明代の受験生は、先儒の心性体験に由来する文献上の知識を学習するとともに、その知識をみずからの体験に重ねて文章を作成する、という二重の条件を満たす必要があった。こうした条件は、明一代をとおして基本的に変わらないのだが、しかしそこに、過去問の蓄積とその超越という科場独自の力学が絡んだ結果、明代の「性学策」は、回数を重ねるごとにその個性的な論調を強めることになる。まずは策問と程策の初期的状態から確認しておきたい。

　永楽十八年(一四二〇)浙江郷試の策問第五問は、その前半において、『書経』湯誥の「(惟れ皇上帝、衷を下民に降し、)恒あるの性に若《したが》い」との文句から説き起こし、『周易』繋辞伝の孔子の言葉「之を継ぐものは善、之を成すものは性」や孟子の性善説が登場するにいたって本性概念は深遠かつ明晰になったと述べ、これら聖賢による本性理解と、「大儒」荀卿の性悪説、「名儒」揚雄の善悪混然説、「道を知る」韓愈の性三品説とが食い違う点について、その理由をたずねた。また後半では、洪武帝『大誥』の「五教育民之安」、永楽帝『為善陰隲』前後序の「天人一理」「脩徳行善」といった言葉をあげ、それらと聖賢の性説との異同を質問した。

この策問に対し、試録には第二名合格の蘇起による程策が載る。その文章は策問の言葉を復誦しながら、「湯誥」や孔孟の発言は「みな性の本然」を示すものだと述べ、一方、荀卿以下の理解は「性の本より善なるを知らず」とのみ結論し、後半の質問にも問題文をそのまま引き写したうえで、最後に、「分けて之を言えば」それぞれに異なるが「合して之を言えば」同一だとの総括を置く。

結論を導く論理的な説明が省かれた簡略な答案である。だが試験官は、その「批語」において、答案の作者を「尤も理学に精」しい人物だと称える。一方、永楽十二年（一四一四）福建郷試の策問第三問に対する程策は、浙江のこの答案とは対照的に詳細であり、両「性学策」の比較によって、当時における模範答案への考え方が、幾分なりとも明らかになると思われる。

福建郷試の当該策問は、『大学』と『中庸』における心性論の説き方の差異を質問した。前者は心を説くが性を説かず、後者は性を説くが心を説かない。ただし朱熹はその「大学章句序」で「仁義礼智の性」などに言及する一方、心については語らず、逆に「中庸章句序」では「人心」「道心」などを論ずる一方、性については語らない。策問はそう説明したうえで、これら異なる表現形態のその「微旨」を答えよ、と要求した。

そこで程策は、まず『大学』の撰者曾子は為学の実践が人間にもとづくから心を説き、『中庸』の撰者子思は斯道の根源が天から発出するから性を説いたとして、両著の主旨の相違に分岐の理由を見た。さらに、朱熹は、心の側面からのみ『大学』を読んだのでは「偏枯」なる一面性に陥る欠点から免れず、性の側面からのみ『中庸』を読んだのでは「瑟柱」に膠する固陋さを解くことができないと判断し、それらの問題を克服すべく序文を著したと続け、加えて、張載の発言を踏まえ、虚と気を合わせて性という名称が、性と知覚を合わせて心という名称が生じる以上、両者は「初《もと》より岐《わ》けて之を二」つにできるものではないと説き、程頤による「心也、性也、一理也」の言葉によってこの主張を締めくった。

答案に対する批語がその作者を誉めて「飽学の士」と称したとおり、この程策は、心性論に関する基本的知識をもとに、それを過不足ない表現で答えたものである。すでにこの点で上記浙江の程策とは異なるのだが、ただしこれら二件の試験の相違について注目したい事柄は、策問や対策の背景をなす前提的知識への対応である。

そもそも各策問に対する解答の仕方は、宋元時代の性理学書やそれに依拠する受験参考書に、その大筋が記されている。朱熹の弟子陳淳は、のちに元儒呉澄から、「記誦詞章の俗学」と大差ない学問をおこなう人物だと酷評されるのだが、かれの『北渓先生性理字義』には、諸儒の性説を分析して理と気との区別に対する認識の有無が性説の正誤を生み出す原因であることを詳説する一段や、孟子性善説の由来を『周易』繋辞伝の孔子語「継善」に求めつつしかし両者の違いに関しても言及する一節などがある。浙江郷試の策問は、そうした知識を前提として出題されたはずである。だが蘇起による程策は、それに触れなくとも模範的とみなされた。

一方、心性論に対する学庸二書の説き方の差異に関しては、元朝の受験参考書である袁俊翁『四書疑節』（A1/203 至治元年自序）や蕭鎰『四書待問』（C/159 泰定元年自序）に言及があり、福建郷試の程策は、『四書待問』巻一「大学言心不言性、中庸言性不言心」条に記される模擬解答のそれに近い内容をもつ。とりわけ程策が引用した程頤の言葉は、朱熹『孟子集注』（巻一三尽心章句上）に、「心也、性也、天也、一理也」云々として引用される言葉であり、蕭鎰は、そこから当該問題の主題ではない「天也」を除外して模擬的正答とした。また、この程策末尾の心性に関する言及は、同じく『孟子集注』当該条に引用される張載の言葉であり、他方「岐けて之を二」という記載は、元刻本『源流至論』別集巻四「理学異同」に、程頤の言葉である心性天の「三者は一理也」を引きつつ、「混じて之を一にする者は自得の学なり、岐けて之を二にする者は学ぶ者の為に之を言うなり」とする箇所が、おそらくは念頭に置かれた表現である。程策の作者は、自身が習得した受験の知識を、答案のなかで存分に披瀝したとみなせよう。

永楽の前半期、性学策に限ってのことかもしれないが、模範解答に関する認識にはバラツキがあったと考えたい。そうした差異の原因が、個人に由来するのか地域的なものであるのか、あるいは制度の運用初期にともなう一過性のものであるのは一概に判断できないのだが、しかし基準相互のこの懸隔は、その後、縮小される方向に進んだ。三大全の普及が、標準的程策の形成を推進したわけである。

(二)大全書と挙業書の関係

正統十年(一四四五)会試策問第二問は、永楽十八年浙江郷試の上記策問にもまして詳細に、歴代の性論を問う。まず『書経』湯誥における「恒性」の「降衷」と『中庸』の「天命」との違いを求め、『周易』繋辞伝の「継性」と孟子の性善との同異へと続け、荀子・揚雄・韓愈から「近世の儒者」までの性説に言及し、「性に未だ善悪あらずと謂うもの」「性に善悪なしと謂うもの」それぞれの当否、およびそれらを「折衷」する要点とをたずねる。策問はさらに五常や七情についての質問へと展開するのだがそれは割愛し、前半の質問に対する程策の該当箇所を見るならば、そこには如上の条問への条答が整然とならぶ。『書経』湯誥と『中庸』の相違に関しては、朱熹『中庸章句』の解説に依拠して「降」は人間に限定され「命」は「物を兼ねる」と答え、繋辞伝と孟子性善説との関係については、上記陳淳の文章を引用してその説明とし、諸儒の性説も「性の本然」とそれが「気質」に拘束された状態との区別を基準に分析しつつ、質問に言う「近世の儒者」も、その前者を「眉山蘇氏」、後者を「五峰胡氏」と明示するのである。

朱熹の解説はもとより『四書大全』に収められ、陳淳の文章も『性理大全書』（巻二）に採用される。程策の作者は試録に拠れば会試第八名の張翰（山東安丘県人）であり、同考官謝璉の批語が、かれを日頃から勉強している者と評するとおり、模範的優等生であったに相違ない。ただし当時、そうした受験生が衆多ではない情況を、謝璉は同じ批語において、「性理の学」に答える人士は多いが、その過半の受験生が「此を挙げれば彼を遺《わす》る」るように、十全な解答にはなかなか出会えない、と慨嘆した。三大全の頒布から約三十年、その知識の社会的普及は、質や量に個人差が存する不完全な状態ではありながらも進行していた。一方試験官は、そうしたなかにあって、質量ともに高い水準の答案を模範的と考えた。

三大全の普及にともなって程策は一定の水準に収斂した。しかもそれは高めに傾斜したとみなせるのであり、模範答案のかかる傾向は、受験生の学習態度にも変化をもたらすことになった。景泰四年（一四五三）福建郷試の策問第二問は、「理数の学」からの出題である。その小問の幾つかをあげれば、「太極図」と「易通」との「相表裏」する関係、太極と無極や太一、太易などとの異同、『西銘』と『正蒙』をめぐり程子が『西銘』を「理一にして分殊」と捉えた見解、『正蒙』の「太虚気化の論」が周子の著書や『西銘』と「同一の理」であるか否か、邵雍の「先天図」や『皇極経世』について、そこに示される「数」の概要と太極の理との異同などである。

主考官のひとりである聶大年が、程策の批語に当該策問の出題意図を、「士子の本領の学を観んと欲す」と記すとおり、この策問は、『性理大全書』前半の成書部分に対する理解の程度を確かめる意図のものである。ところがその程策は、大全書からというよりも、むしろ『源流至論』の各篇である「太極論」や「西銘」、「先天易」

に記された文章の多くを書き写した。程策の作者は第十三名合格の卓天錫であり、かれは翌景泰五年会試において第四名の登第を果たしてもいる。かれが、南宋の科挙受験者の如く「是に似」た答案を提出し「有司を欺」いたと言うのではないが、かれにとって大全書の学習は、出題の傾向や範囲を見極める手段でもあり、そうして予想した設問に関しては、模擬的正答が直截に示される受験参考書の方を活用した可能性がある。(9)

三大全と挙業書とが受験勉強の場において補完関係を形成するなか、さらにそこにはいわゆる過去問が蓄積され、それが新たな参考書の材料ともなった。劉定之（一四〇九―六九）がその修学時代に編纂した『策略』の第二巻には、学庸間の相違に関する設問が載り、その設問に対する模擬的解答として、永楽十二年福建郷試の当該程策に近似した説明が示される。心と性とはもとより「二物」ではなく、『大学』は心だけを説くが性もその裏面に含まれることは朱熹「大学章句序」だけが詳論し、『中庸』と「中庸章句序」との関係も同様だ、とするのである。先人の遺産から同時代の新知識にいたるそのすべてが、挙業的価値観のなかに飲み込まれようとしていた。この滔滔たる趨勢が受験生を襲っていたその当時、薛瑄（一三八九―一四六四）は会試主考官への就任を命じられた。そしてかれは、年来の思索を社会に還元する好機としてこの試験を捉え、会試の現場で或る挑戦をおこなった。

（三）会試主考官薛瑄の挑戦

薛瑄は、天順元年（一四五七）会試の策問第一問の冒頭に、「天下の理は一なり」と掲げたうえで、五経はその教説を異にするが、その「理」はまことに同一かと問い、さらに四書や『太極図説』、『通書』、『西銘』の「理」についても同様にたずね、ついで、朱熹は、『孟子』七篇は性善説によって貫通され、どれも理の説明だと言うが、聖賢の典籍をまとめて「一理」とみなそうとするならば、「その「義」を覆い尽くすことのできる一言があるのではないか（亦有一言可以尽蓋其義歟）」と質問した。

一方、程策は、聖賢が後世にのこした書物は異なるものの、「聖賢伝心の理を原《たず》」ねればそれは同一だとして、たとえば『周易』の「陰陽」は「元亨利貞」に分化するが、それらはまさに「天命として吾が心に賦与された仁義礼智」であり、『書経』の「道心」は「吾が心の天性」だなどと記し、さらに「大学の明徳や論語の仁は、吾が心が具備する理ではなかろうか。孟子の性善や中庸の中和は、吾が心の性ではなかろうか。周子の太極はまさに中正仁義の性だ」、と個別に解答したうえで、諸書は「性の一言」によって覆い尽くせると断じ、張載による「性は万物の一原」との言葉を出題者に献呈するとして、全文を結んだ。

薛瑄はこの程策に対し、「聖賢の書物はもともと一理であり、この対策はそれを明らかにすることができた。まことに学問を備えた人士だ」との批語を附す。そのとおりではあるが、しかし試録はその作者名を記さない。他方それ以外の残る程策四題には、どれにも作者名が載る。『皇明貢挙考』（巻一）「挙人程文」項に、「（程文は）どの篇も合格者の姓名と考官の批語を記す」と注記される点から見ても、無記名は異例であろう。上記の程策は薛瑄による自作部分が多くを占めるものではなかったのか。ただしかれは、程策に受験者の姓名を冠するような偽装を避けるべく、科場の慣例を意図的に破ったと推察される。

閻禹錫（一四二六―七六）による薛瑄「行状」に言うとおり、(10) 薛瑄の主著である『読書録』は『性理大全書』の読書ノートであり、その書物には、上記程策と同一口調の文章が掲載される。「すべての理についてその名称は数多いが、（その本質は）一性にすぎない」、「性という一言は、衆多の理を包括するに十分だ」、「朱子は、孟子七篇はどれも性善の一言の範囲を越えることはないと言うが、ひそかに思うに孟子だけがそうなのはあるまい。学ぶ者が黙然と知識を積み思考を博くゆきわたらせるならば、諸経の（多様な）文言とはいえ、この理の範囲を越えることがない（と知れるだろう）」との発言が、連続して並ぶのである（『薛瑄全集』一〇五四頁『読書録』巻二）。

薛瑄は、聖賢の如何なる言説も心中の理としての「一性」に収斂すると考えた。本書の導論でも紹介したかれの「性外無事」の思想が、ここでは聖賢の「成説」を主題として変奏されたとみなせよう。聖賢の「成説」とは、かれらの体認の所産にほかならない。それ故、それらを書物に記された客観的知識としてのみ捉える読書法は、聖賢による体認を外的な「物」として疎外する態度であって、かかる「物」を自己の本性と錯覚させるような問題を生じさせかねない。薛瑄は、当時の受験生ひいては一般の士人が、そのようにしか書物を読まず、その結果、各自の本性を矮小化して捉えるが如き現状を批判している。毎日の読書に代表される日常的実践とは、自己の本性が具備する全体性を個別の相において確認する悟得の機会である。かれは、その過程で体得されるはずの個別の道理に、自己の本性が持つ絶対的な豊かさを回復させる端緒を見出していたわけである。

この試験の策問第四問において、薛瑄は、格物窮理によって明らかにすべき事柄として全一〇条にわたる質問を列挙した。この程策の作者は会試第四名の彭彦充であり、薛瑄は、程策への批語として、「この出題は個別の設問がきわめて多いものの、（いずれにも）「先儒の成説」が具備されている。ただし学ぶ者はその多くがそれを講究していない」と記した。「成説」讃美の嫌いはあるとしても、かれはその没主体的な学習を求めたわけではない。かれにとって「成説」の講究とは、書物の知識を自己の「心の理」へと昇華させる行為にほかならない。大全書の学習が不十分では自己の全体が見通せないし、知識を丸暗記するだけでは、そもそも自己実現に結びつかない。かれは、会試の策問や程策を利用することによって大全書の読み方を指南した。当時の受験生に対し、博識の獲得にともなう自己覚醒を期待したわけであり、その覚醒された自己こそが、各自の「心の理」でもある

「一性」なのであった。

天順元年会試に関しては、その結果が公表されるや否や、「録文は謬誤、（受験生の）去取は情にしたがう」との非難が湧き起こったという（尹直『謇斎瑣綴録』D1/子239巻三）。薛瑄の出題に対しても疑念が呈され、その「性理は包括し難し」と批判された。この批判が策問へのそれであるか、もしくは経書義のいずれかについてであるかは判然としないものの、自己の思想を直接、科挙に反映させようとしたかれの意図は、一般には受け入れにくいものであったとみなせよう。しかし逆に、こうした風評の存在が、会試「性学策」に託した薛瑄の堅牢な目的意識を証し立てる。そしてさらに、当時一般の趨勢にあらがうかれの主張は、思想的環境の変化にともない、新たなよそおいでの復活をその後とげることになる。

二　博学と自得の両立

（一）出題範囲の拡張

成化元年（一四六五）山東郷試の策題第四問は、『理学類編』の細目を「歴陳」させるとともに、太極、陰陽、五行などに関する同書の議論を解説させる問題である。一方、解元敖山による程策は、同書の五類すべてと各類の細目とを示し、かつ太極以下の議論を要領よくまとめた答案である。主考官呉啓は、程策への批語において、この「理学の一問」は受験者の「心体の明を観」るものであり、要求をみたす解答は「甚だ少な」かったが、しかしこの対策だけは、表現と内容ともに十分で読む者を「躍然」とさせたと記した。

張九韶が撰した『理学類編』八巻には元末至正二十六年（一三六六）十二月の跋文が附された「京兆趙君師常」

による洪武十七年の江西官刻本がある。ただしそれ以降の刊刻は『(稿本)中国古籍善本書目』(子部儒家・八〇〇頁)に拠れば成化七年のことであり、山東の一般受験生にとっては、「歴陳」の要求に応じることすら容易ではなかっただろう。ましてや対策に「心体」の明哲さを示すことなど至難の業である。敖山による程策ですらも、考生における「窮理の学を観」たいという策問の言葉をただ引き写し、格物窮理の重要性を再確認するにとどまった。受験者に対する薛瑄の要求、すなわち博学に加え、その習得した知識をみずからの「心の理」へと昇華させることなどは、当時においては高邁な理想でしかなかった。一方、博識を問う出題に関しては、上記策問にもうかがえるとおり、或る傾向が生まれていた。

成化十一年(一四七五)会試策題の第二問は、冒頭に、「性」はまことに言葉にしがたいとの一句を掲げ、歴代の「大儒」である「荀卿氏・董仲舒氏・揚雄氏・韓愈氏・欧陽氏・司馬氏・蘇氏兄弟・胡氏父子」もみな「性」が理解できておらず、しかし昨今は「三尺の童子」も本性が善であることを知っていると述べ、童子の認識は「真知」であるのか、むしろ附和雷同ではないのかと問いかけて、さらに、諸儒の得失と本性が善である根拠を、みずからに「折衷」して答えよ、とたずねた(北京図書館古籍珍本叢刊所収『成化十一年会試録』)。

程策の作者は会元王鏊である。徐溥と丘濬とが主考官をつとめたが、ここでは同考官傅瀚の批語を引用する。「荀揚韓三子による性についての発言は、多数の人士が知っている。欧陽・蘇・胡の発言は「孟子註」に見え、それも或る程度は知る人がいる。董子と司馬の説は「史」(漢書本伝)と「法言註」に見えるもので、この答案(の作者)だけが習得していた。思うに博学の士である」。「孟子註」とは朱熹のそれであり、『四書大全』所載の発言は、本来は受験生の必修事項であろう。一方、司馬光には揚雄『法言』の註釈書があり、程策もまたその言葉を引用して「法言の註疏」と評価する。当時、南宋末に編纂され明初に建安で再刊された纂図互註本の『法言』

が存在していたが、批語に言うとおり、博学の人士以外そうした書物を学習する者はいなかったようである。

丘濬は、当時の科挙における初場の出題傾向を批判して、「試験官は、受験生が知らない事柄を意図的に用いてかれらを苦しめ、そうして自身の能力を顕示しようとする（典文者、設心欲窘挙子以所不知、用顕己能。『大学衍義補』巻九）」と述べた。試験問題全般がそうした色彩を帯びていたと思われるが、「法言註」程度では、まだ奇問とは言えないのだろう。しかしそれでも一般の挙子にとっては十分に難問であった。上記『理学類編』の細目にしてもそうだが、三大全の知識を暗誦しただけでは解答しきれない出題が、成化年間には登場していた。

一方、「折衷」の要請に対する程策の回答は、以下のようなものであった。まず諸儒の所説には欠点があるものの附和雷同者とは天地ほどの差があるとしてかれらを持ち上げ、逆に童子の理解は「聞見之知」であって「徳性之知」ではなく、自己の「身心性情」において実際に「体認存養」されていないものだと抑えたうえで、孟子の性善説に関しては性の「本然」を説明するものと位置づけつつ、しかし「気質」への着目も必要だと付け加えて、程子による「性だけを論じて気に言及しないならば不備であり、気だけを論じて性に言及しないならば不明だ」との発言を引用し、古今の性論はこの言葉で説き尽くされるとした。この程子言は「性学策」に応じる際の定番であり、そもそも上述した正統十年の程策にも利用されていたものである。人間存在を把握するうえで、本来性と現実性との双方に対する配慮が不可欠であることを簡潔に述べた表現として、それはたしかに重宝な言葉ではあった。

丘濬は、当時広東で講学活動を展開していた陳献章やその盟友である荘昶（一四三七—九九）らの人士を批判して、「近頃の士人は、挙業以外にみだりに学派を別立し、みずからを道学者と称する（近世士子、乃有輒於挙業之外、別立門戸、而自謂為道学者。『重編瓊台藁』A/1248巻八「大学私試策問三首」）」と述べていた。荘昶は南京行人司の官に就いたのち、両親の喪に服すべく帰郷、成化十二年（一四七六）にその喪が明けたにもかかわらず出仕を拒み続けていた。この態度に対し丘濬は、「祖訓」における「不仕の刑」にあたると捉え、「天下の人士を率いて朝廷に背く」者だと非難していたのである（『明儒学案』巻四五・一〇七八頁）。

その同じ時期、荘昶のもとを陳献章が訪ねて「心学に論及」すると、荘昶は、六経や四書を「善く」読むとは、書物としてのそれらを読むのではなく「吾心の六経」、「吾心の四書」を読むことだとの認識を相手に示し、その当否をたずねた（『定山集』A1/1254 巻八「大梁書院記」。同巻六「近思録序」参照）。陳献章は当然それを認可しただろう。かれ自身、会試下第の後に発憤して「ことごとく天下古今の典籍を窮」めたが、景泰六年（一四五五）ごろ、「自得」を重視するのが正しい学問だとの認識にいたり、「自得」ののちに典籍によって知識を富ませたならば、その典籍の言葉は自分の言葉とみなせるが、そうでなければ典籍と自分自身とは別々の存在だ、と嘆じる履歴をもっていた。張詡撰述の「白沙先生行状」に載る言動である（『陳献章集』附録二・八六八頁）。

かれらは聖賢の書物を否定してはいない。その読み方に注文をつけただけである。陳献章による悟得と、会試録の程策における薛瑄のこころみとは、ほとんど重なる時期の出来事である。また、書物の知識を得る実践と自己実現との関係についても、両者の認識には共通性が看取される。無論、「成説」を聖賢による体認の所産として讃美する薛瑄と、典籍との付き合い方に慎重な陳献章とのあいだに、博識の位置づけに関する認識の相違があることは確かであり、その差異は、かれらの次世代においてより鮮明になる。ただしそうして拡幅された差異とは、当時の性学策における博識の要求と、それに呼応する道学書の出版という時代の趨勢のもとで誇張された副次的現象にすぎなかったのではないだろうか。

（二）道学書の重刻

薛瑄の弟子である閻禹錫が、国子監丞に就いていた天順年間、二程の「遺言」を探索し、「其の言をことごとく集め」てそれに「二程全書」と名づけて版木を作成すると（李賢『古穰集』A1/1244 巻八「二程全書序」）[11]、その後この書物は、やはり薛瑄に私淑した段堅（一四一九―八四、景泰五年進士、甘粛蘭州人）により、成化十二年（一四七六）に刊行された。丘濬もまた成化十年に「程子全書序」（『重編瓊台藁』巻九）を著すのだが、このテキストは、張元禎が、自身所有の「旧本」を同郷の友人であり広東提学官であった涂棐に託して校訂のうえ刊行させたものであり、丘濬は、「伝注」や「他書」に錯出する程子の「微言奥論」がこの書物に集成されたことを慶賀する。

張元禎は江西南昌の人であり、その少年期以来、程朱学関連の書籍に親しんでおり、天順四年（一四六〇）の進士登第を経て、成化年間は帰郷し「性理の学に潜心」していた（『東白張先生文集』附録、張元楷撰「行状」および王鏊撰「神道碑銘」）。またそれと同じ時期、四川巡撫の張瓚も「河南程氏遺書」の重刊を企図し、それに対して黄潤玉が校勘を取り仕切り、あわせて序文を寄せた（『南山黄先生家伝集』巻三一「重刊河南程氏遺書序」）[12]。黄潤玉は浙江鄞県の人であるが順天郷試に合格し、教職から提学官へと陞進した学者であり、李時勉や薛瑄など自身が認めた人物以外とは交際しなかったと伝えられる（『献徴録』巻八八・一〇四葉楊守陳撰「南山黄公潤玉墓碣銘」）。

『朱子大全』百巻（目録二巻・続集十巻・別集十巻）にも天順四年（一四六〇）賀沈・胡緝刻本がある（『（稿本）中国古籍善本書目』集部・一二七九頁）。この本との関連性は未詳だが福建の官刻本を重刻した嘉靖十一年（一五三二）本の、その重刻本の文集第百巻の末尾には、成化十九年（一四八三）二月執筆の黄仲昭（一四三五―一五〇八）による「書後」が載る（『未軒文集』A1/1254 巻四「書晦菴朱先生文集後」）。それに拠れば、成化改元当時、朱熹の文集には南京国子監所蔵の「浙本」と「閩藩」所蔵のテキストとが伝えられていたが、後者は摩耗が激しく「読者」は不便を感じていた。成化四年、かれは南京に赴任し、そこで「偶《たま》たま閩本を得」、それを「浙本」と対校させ、テキストの整理を個人的に進めていた。同十八年、官刻の機会が訪れたため、かれは私的な校本に「精しく讎訂を加え」、文集としてようやく「遺憾」がなくなった。その後の江西提学官時代には、張元禎の協力を得て『四書或問』、『中庸輯要』、『資治通鑑綱目』、『伊洛淵源録』を刊刻し、文集による知識を補充するであろう各種の書物の普及に努めた。[13] 弘治三年（一四九〇）から九年にいたる時期の仕事である。

張元禎も、成化九年（一四七三）十月に「朱子語類大全後序」を著しているが、その「語類」とは、陳煒が校訂をおこない同年の秋に完成させたテキストである。[14] ちなみに『象山先生文集』二十八巻（外集四巻）にも成化年間の陸和・陳復等刻本が存在し（『(稿本)中国古籍善本書目』集部・一二八三頁）、許衡『魯斎遺書』に成化十年の刻本が、劉因『静修先生文集』にも成化十五年刻本がある。

ところで、陳献章が上述の張元禎とも学問的交流をもっていたことには留意したいのだが、しかしかれの高弟である張詡（一四五六―一五一五）は、[15]「学庸或問」に引き続く「論孟或問」の刊行に際し、「ひそかに天下後世の為に喜ぶ」と述べると同時にそれを「憂」いもした。学ぶ者には「深く悟りて自得」することが求められ、それが果たせれば『論語』や『孟子』すらなくとも構わない。ましてや『或問』ならば尚更だ。しかしそうでないのならば、人はただ「知識が多いだけで大智は昏迷、聡明が立ち起こって太樸が散逸」してしまう（『東所先生文集』D1/集43巻二「論孟或問序」）。『老子』の文言を彷彿とさせる言い分だが、その背景にあるのは当時の風潮である。張詡は、読書の意味について一般論を語るその文脈のなかに、同時代の人士による書物の読み方への不満を盛りこんだ。

上述の黄仲昭は、初学者による暗記の手助けになると判断して、以下のような作業をおこなっていた。当時、坊刻の「学庸二書」には『或問』が附刻されず、そのため江西の学生には『或問』を誦習する習慣が形成されていなかった。そこでかれは、『中庸輯略』に言及する『或問』の文章を細分し、そのなかから該書の主旨を解説する文章を取り出して一節ごと章句の本文に附記するという編纂をおこない、それを家塾で刊刻した(16)。復刻された道学の原典に依拠して私的な受験参考書を編んだ、という構図である。道学書重刊の趨勢が、新たな挙業書を生みだす原動力ともなっていた。

天順から成化にいたる時期、道学書の原典を探索し、かつその重刊に意を注ぐ人びとが登場していた。ただしかれらのそうした熱意は、当時の科挙至上主義によって膨張させられた嫌いがある。弘治十一年（一四九八）湖広郷試の策問第三問は、朱熹と呂祖謙が編纂した北宋諸儒の言行録である『近思録』を取りあげ、まずその書名を明かすことなく、ふたりの編者による編纂の動機と該書の概要を記し、つぎにこの書物に載る実践上の議論や個人の挿話などを短く記したうえで、詳しい説明を求めた。程策は、無論、その書名を明記し、策問の要求にも細かく応じたうえで、それらの解答をあわせれば同書の「規模」の大きさや実践の順序、学問の中心課題とその細目の詳しさとが分かると記し、ここから「入門し」て周張二程「四子の全書を求め」、幅広い知識を取りまとめて根源に立ち戻るならば、聖学の美麗な「宗廟」や豊富な「百官」もいずれ目睹できるだろう、これが『近思録』纂集の「微意」だ、とまとめた。

この程策は、入門書の学習が「全書」研鑽の導入部分に位置し、かつその該博な知識を自己に収斂させるための端緒ともなることを主張するものである。大全書すらも入門書の如くに扱われていたかもしれない。それ故、大全書を越える知識もまた問われたわけだが、その越える方向性は、当然、無限定ではない。先賢の「全書」に取り組むことが、その先に設定された目標なのである。原著の探索や重刊は、個別に見れば純粋な向学心に支えられた行為ではある。ただしその全体的な方向性という点では、受験において博識を求める当時の趨勢に寄り添うものであった。そしてその結果、道学者の原典もまた挙業書を編むための素材のひとつとして位置づけられたわけである。

（三）自得表現の模索

聖賢の書物ですら受験知識の供給源に過ぎないとするのならば、張詡による批判にも道理を認めることができるだろう。ただし、かれと同じく陳献章の門下すなわち江門の人士である林光は、江門に対する丘濬からの問責を意識したかの如く、科挙との関係を緊密に保ちながらその学問活動を展開した。かれは成化二十二年福建郷試の主考官として出題をおこない、その策問第二問に、受験生による「為己の学を観る」質問を連ねた（『南川冰蘖全集』巻三「福建郷試策問」）。たとえば、宋儒は漢唐の儒者を批判して「真に見る」者がいないと説くものの、一方、昨今の学ぶ者は、わずかでも文義に通じるとたちまち性命や道徳を口にするわけだが、なぜ昔は難しく今は容易になったのかとか、周敦頤が程氏兄弟に探究させた「仲尼・顔子の楽し」んだ境涯について、その内容を「今日また講究することで知り得るか」といった質問を置いたのである。受験生の「今」をただしたとみなせよう。

この時の郷試録は現存せず、程策の内容は知りえない。ただし林光は、弘治二年（一四八九）湖広郷試の主考官をつとめてもおり、この二度目の機会も前回同様の認識で臨んでいたことが、この時の郷試録から推察可能である。策問第二問において、かれは「太極図説・易通二書」、程子「定性」、張子「西銘」の主旨をたずね、さらに朱熹の師友である李侗・張栻、両人の学問内容を質問した。出題の典故は、『性理大全書』巻四〇・四一の両巻に載るかれらの言葉である。ただし林光の意図は、それを答案になぞらせるのではなく、受験生の「自得の学を観る」点に存していた。諸書の要点を追求することで「自得」という効果があったか否かを説明させたのである。福建郷試の策問と同傾向の出題であることが了解されるだろう。

林光にとって「自得」とは如何なる在り方を意味したのか。かれは、第三名合格の周偉による程策に対し、「この答案は「自得の妙」を発揮することができた」との批語を附した。ただし程策には、「一なれば則ち無欲」との言葉を『通書』の要点として抜き出すものの、日頃この言葉を「佩服」しているが「自得については、敢えて言及しない」とか、自分は真理の根源を追求して「未だ得ず」、山頂に登ろうとして「未だ能わざる」状態だとの抑制的な表現が見えるだけである。これらは、答案に通有の、考官に対する自己卑下であるのかもしれない。しかしかりにこの程策が考官林光による代作であったとするならば、現時点における不十分さの自覚とは、かれの学問傾向から推して、まさしくかれにおける「自得の妙」であったと考えられる。

「自得」の境涯を肯定的に表現することは難しい。その執筆者が現状に満足して向上心を棄てた自了漢と異なることを証明することは、ほとんど不可能であろう。前述の荘昶には、どれほど精妙な講学でも「已に有言の境に落ちる点で第二義的だとする見解がある（『定山集』巻八「宿州儒学会講記」）。この点から推すならば、林光の程策は、「自得」表現の陥穽を見すえつつ、陥落の直前で踏みとどまるものであった、と言えるかもしれない。

一方、博識の有無に関しては、白黒がはっきりつく。丘濬の慨嘆ではないが、そうした意図の「性学策」も当然、出題された。弘治十二年（一四九九）会試策問の第三問は、問題漏洩の疑惑がある策題である[17]。策問は、宋元の儒者に対する「伯夷」・「展季」・「禅」に依拠する疑いのある者・「老」に依拠する疑いのある者、との比定がそれぞれ如何なる人物へのものかをたずね、比定の妥当性を質問した。「展季」とは春秋時代の賢者柳下恵である。

羅欽忠による程策は、上記四名の人物を、張載・楊時・陸九淵・許衡と明記する。前二者に関する評価の内容は『性理大全書』巻三九・四〇に載る。問題は後半の二者である。試験の主考官は李東陽と程敏政であり、策問全五題は程敏政の出題であることが確認できる(18)。程敏政には弘治二年（一四八九）の自序を附す『道一編』六巻という編纂物がある。その主旨は、朱熹と陸九淵、両者は当初その思想を異にしていたが、晩年にいたり相互に不足を補い思想傾向を一致させたというものである(19)。程敏政個人からすれば、この策題には、陸九淵に対する世間の批判が誤解でしかないことを主張する意図があった。ただし当該の程策は、程敏政の立場に迎合せず、むしろ通説にしたがった(20)。曰わく、「象山はその晩年、若い頃の「粗心浮気」をみずから咎め、窮理の実践に意を注いだ。故に朱子の側に、短所を除去して長所を集めるとの発言がある」。

こうした説明の典拠は、陸九淵の『文集』（巻二六）に載る「祭呂伯恭」文や、朱熹の『文集』（巻五四）に載る「答項平父」書である。この朱熹の書簡は『道一編』（巻五）にも収録され、程策の作者がこの書物を見ていた可能性はある(21)。だが大全書に陸九淵関連のこうした情報は記されず、元儒許衡に関する知見も同様である。それを知るには、許衡にややおくれる劉因の「退齋記」（『静修先生文集』巻一八）ないしそれに基づく文章を読む必要があった(22)。そしてたしかに、陸九淵や許衡、劉因の文集は、上述のとおり当時重刊されていた。

くだって嘉靖元年（一五二二）、応天郷試策問の第四問は、朱熹の「雑学辨」を取りあげる(23)。この論著には、蘇軾の『易伝』や張九成の『中庸説』等、先人の著書に対する朱熹の批判が載る。ただし策問はその題名を明言せず、その批判対象だけを記して受験生にその「大指」の説明を求めた。「雑学辨」は朱熹の『文集』（巻七一）に収載されるものの、大全書には採用されていない。かかる出自の設問に対し、華鑰による程策は、「雑学辨」の文章を正確に引用して答案とした。程策への批語に、「この策問（が拠った典故）は、科場全体をとおして知る者が稀少である。ただこの対策だけが「考拠」があり「折衷」があった」と言う。「雑学辨」の叙述に忠実な要点の整理方法は、たしかに「考拠」があると称せるだろう。

では如何なる点に「折衷」は見出せるのか。「性学策」の伝統において、それは「自得」の領域に属する境涯である。程策はその末尾に、「儒によって異端の学説をなす者は、（道学が明らかになった現在）どうして生き残れるだろうか」と記した。この結語がみずからに「折衷」して導き出した言葉だとするならば、程策の作者は、明朝の教学理念と完全に一体化した人士である。優秀な模範答案にも見えるが、すでに林光のような「自得」の表現も提出されているなか、こうした「折衷」の仕方はあまりにも教科書的だと言わざるをえない。

体制教学への批判が拡がり始めた情況下、「考拠」という関門を乗り越えつつ、如何にして教条主義的な「折衷」からの超脱という難問に立ち向かうか。模範解答の作者は知恵を絞った。かくして嘉靖期以降の「性学策」は、実験的とも形容しうるほど、その論調を尖鋭化させることになる。

三　理論的可能性の探究

（一）先行する湛門人士

晩明の文壇ないし出版界において名を馳せた艾南英（一五八三―一六四六、江西東郷人）に拠れば、「嘉靖隆慶の当時、陽明の書物が世間に盛行していたが、人びとによる科挙の勉強では、まだなお程朱学が「謹守」されており、聖人の学問にあえて禅学を混入させる者はおらず、故に（その文章は）大半が理に合致していた」（『重刻天傭子全集』巻一「歴科四書程墨選序」)。[24]この一文は、一部改変のうえ『日知録』(巻一八)「挙業」にも引用され、当時の実態を語る言説のひとつとして認知されることになるのだが、「性学策」に関して言うならば、程朱学の定説を必ずしも「謹守」してはいない文章、ないし陽明思想に由来する学問的主張は、すでに嘉靖中期の策問や程策にも見出せる。定型的論述の踏襲を嫌うとともに、過去の対策を超える解答が追究されるという科挙試験独自の論理のもと、とくにこの策問が解答者の「折衷」を欲する性質のものであったことが、かかる傾向を生み出す要因であった。無論、そこにはこの傾向を推し進める当事者が存在するわけであり、湛門や王門の一部人士による科挙への積極的な関与という現象が、かくして注目される。かれらの主張が「性学策」にどう反映していたのか、以下、この点の分析を軸にしながら検討をすすめたい。

嘉靖元年(一五二二)山西郷試策問第二問は、「性」と「学」に関する六経の言及内容を答えさせる質問に始まり、以下、孔子の「性相近」説、『中庸』の天命、孟子性善説の相互の異同をたずねるなどの個別問題を置き、昨今の初学者はたやすく「性」に言及するが、本性理解の必ずしも十分ではない古代の「君子」による異端排斥の功績には及ばないとして、その理由を述べさせたうえで、以上の問題は「会通之旨を究め、似是之非を弁じ、存養之功を著わし、体用之実を明らかにしようと欲するものだ」との解説を附し、受験生に対して自身の学問の内実を詳しく論じさせた。

かかる策問に対し、解元楊謨(嘉靖二十年進士)による程策は、聖賢所論の「性学」とは、「性」は善、「学」は敬だとの認識をはずれるものではない、との前置きから始め、『論語集註大全』や『性理大全書』の文言を駆使して条答したのち、末尾の一段にいたり「性学」を以下の如く総括した。古代、本性の議論は理気や動静を区別せずにおこなわれたが、本性の内実を明らかにすべく程子が「論性」「論気」云々と言い、体用を弁別して容易に入門できるよう周子が主静を説いた。とはいえそれらは、いずれも「已むを得ざる」議論であり、理気の「不離」、動静の「不二」こそが大原則であって、「性は本来、善だとはいえ、しかし学問は必ず、その気質の親「近」な側面についてその「偏」頗な箇所を除き、学問は静を主とするとはいえ、しかし（性は）必ず、念慮がきざす微細な状態を謹み、事柄が明瞭にあらわれた状態を省察する」よりほかないのだ。

この解答は、程朱学の枠内に収まる本性および実践の理解ではあるものの、論述の視座を、他者と「気質」を異にする自分自身の、しかも実践の当事者以外には察知できない「微細」な地点に定立させ、そこから理解内容を整理しており、こうした点に作者の見識を読み取ることができる。主考官劉大清（福建莆田人、江西崇仁県儒学教諭）が、この対策だけが「程朱未発の蘊」を明らかにし得たと批語に記したのも、かかる見識を評価したからだと推察する。程子による「論性」「論気」発言の引用は「性学策」のいわば伝統である。ただし現実の自己にまなざしを注ぐ右の解答の仕方は、前代における一部人士の傾向を強調して受け継ぐものであろう。程策の趨勢に変化が生じていた。そしてこれ以降の「性学策」は、現実の自己に立脚するというこの視点を徹底させ、各人独自の思想表現のなかに、程策が示すべき規範性を描出しようとするのである。

嘉靖十九年（一五四〇）四川郷試策問第四問は、孔孟の異なる性説から説き起こし、張載による「気質の性」論の意義や、孟子性善説と周敦頤の「剛柔善悪」説および程顥の「善悪皆天理」説との整合性を問い、最後に、「陳言」に拘泥するようでは「深造自得の学」ではないと断じて当該の策問を結ぶ。張載の性説はその『正蒙』誠明篇に「天地の性」と一対のものとして示され、周敦頤はその『通書』（師第七）に「性は剛柔善悪中のみ」と述べ、程顥は「天下の善悪はみな天理」と言いながらもその「悪」とは本来の悪ではなく「過不及」だと説明した。『性理大全書』に記載される周知の事項を前提とした穏当な策問だと言える。ところが一転して程策には、作者個人の主張が大胆に記される。以下、その内容の特徴的な一段を引用する。

そもそも天地の性なるものは、動きながらもその動きから自由、静まりながらもその静けさからも自由、動と静とが渾一状態で当初より別物ではない。だから中庸に「無声無臭」、（正蒙太和篇に）「块然として太虚也」と言う。そのため剛の状態が変化して柔となり、柔の状態が変化して剛となって、剛柔いずれにもとどまらない。まことに「神」の所為である。しかしそもそもその肉体が（陰の気にもとづいて）生じ、「神」が（陽の気にもとづき知として）発せられると、（人間は）事物を事物として受け止め（その事物ごとに主客感応の場を限定するから）、かくして動静（いずれかの個別的局面）が分節される。動と静とが分かれれば、剛柔自在であった本性は、たしかに音や臭い（をもつ事物に対し個別限定的）ととうに関係を持っているわけであり、「神」ではなくなる。この段階で剛柔善悪が分化し、もはや天地の性（と称しうる状態）ではなくなる。しかしながら、当初の状態においてやはりふたつだった、というのでは絶対ない。かの動と静とが分かれたことにより、当初の状態にふたつの区別が生じたのである。（本性を理解する前提条件の）心を尽くすとは、孔子のいわゆる「敬以て内を直く」し、周子のいわゆる「一を要と為」し、程子のいわゆる「其の情を約して中に合わせ使む」ること、つまりわが剛柔善悪（に分化した気質）の性に即して、動きながらもその動きから自由、静まりながらもその静けさからも自由なる、わが当初の状態に復帰することである。動静合一である当初の状態が取り戻されたならば、（その時には）虚円湛一なる「神」がまっとうされて（神それ自体でありつつ）、聡明叡智なる「幾」が発現し、剛的傾向をおびた悪なるものは変化し、剛的傾向をおびた善なるものとして適正な状態となり、柔的傾向をおびた悪なるものも変化し、柔的傾向をおびた善なるものとして適正な状態となる。

（蓋夫天地之性也、動而無動焉、静而無静焉、動静合一而未始離也、故曰無声無臭也、块然太虚也、是故剛矣変而為柔、柔矣変而為剛、剛柔不居也、固神之為也、夫其形生神発也（周敦頤太極図説：形既生矣、神発知矣、五性感動、而善悪分、万事出矣）、感於物而動静斯離矣、動静離則剛柔之性、固已渉於声臭而非神、於是乎剛柔善悪判、而非復天地之性矣、然固非果二（文集作「一」字、然試録作「二」字、従之）於初也、以夫動静離而二於初也、尽心也者（孟子尽心上篇：尽其心者、知其性也）、即孔子所謂敬以直内、周子所謂一為要、程子所謂約其情、使合於中、蓋即吾剛柔善悪之性、而復乎吾動而無動、静而無静之初也、動静合一之初果復、則虚円湛一之神全（正蒙誠明篇：湛一、気之本。）、而聡明睿智之幾発（周易繋辞上伝：神以知来、知以蔵往、古之聡明叡智、神武而不殺者夫。同下伝：子曰、知幾其神乎）、剛之悪者化而剛之善者中矣、柔之悪者化而柔之善者中矣。）

試録は程策の作者を第三名合格の劉元凱と記すのだが、実際の執筆者は、監試官のひとりであった四川按察司僉事の蔣信である。柳東伯によるかれの「行状」に、この年「郷試を監督したおり、性学の策問は先生がみずから筆を執った」（『献徴録』巻一〇三・六二葉「蔣公信行状」）とあり、『蔣道林先生文粋』（D1/集96巻九）には、試録所載の策問と対策と同一の文章が全文収録されるのである。考官でもない蔣信がなぜ出題に関与し、さらに程策までをも書き得たのか。その科挙制度史的な背後関係については、次章以降かれ以外の人士による個別事例ともあわせて全体的に考察する。ここでは、上記程策の所説が、「性学策」の伝統に沿いつつも、陳献章の主張を援用して作成された思想的文章であることの可能性を指摘したい。

陳献章は、学問の在り方について述べた張元禎宛の書簡のなかで、「そもそも道は、究極の「無」でありつつも（個別の現象として具体化される）動きをともない、もっとも卑近なものでありつつも不可思議である。ゆえに

（道が）内面に蔵されてのちあらわれ、具体的な現象として形をもつと同時に（道が）保たれる（夫道至無而動、至近而神、故蔵而後発、形而斯存。『陳献章集』巻二・一三一頁「復張東白内翰」）」と語っていた。そしてこの根源的にして自由自在な意識動作をも支える「道」を体現した存在として「知者」を捉え、「知者は究極の「無」をもっとも身近なところにおいて把握することができるので、その個別の動きはすべてが不可思議だ（知者能知至無於至近、則無動而非神）」と表現し、そのうえで個別具体性を超えた「虚」こそが、実践の根本に位置されるべきだとの理解を提示した。

陳献章はまた成化二十一年（一四八五）、張元禎の講友であり北直隷と河南の提学官を歴任した陳選が『宋史』からその「道学伝」を取り出して単行するに際し、序文を贈りつつもこの行為の行く末を懸念するが故に、「学ぶ者はもし、（真理を）書物に求めるだけでなく、みずからの心に求め、「動静有無」の（相互的変化が）きざす場面に省察をくわえ、自身が具備しているものを保養しつくして、見聞による感覚的経験によってそれを混乱させず、目や耳による（本性とは関わらない）「支離」の作用を除くならば、「虚円不測」の神を全うする（ことができる）」とも述べている（同巻一・二〇頁「道学伝序」）。

上記程策が、本性の本来的状態について、動静の個別性を超えた「動静合一の初」と捉え、その状態への復帰により「虚円湛一の神」がまっとうされると表現した点に、蔣信に対する白沙思想の影響をうかがうことができる。もとより『通書』（動静第一六）に、「動にして無動、静にして無静、神なり」との文言があり、程策は『通書』の言葉を襲ったともみなせるが、そもそも陳献章の主張それ自体が、『通書』の文言を下敷きにしつつも、そこにかれ独自の認識を重ねたものであったのである。

蔣信は、嘉靖七年応天郷試に合格する以前、南京国子監において当時祭酒であった湛若水に師事し、その代講を任されたという湛門の高弟であり、嘉靖十一年の進士登第後は、官歴を積むなかで多くの王門人士とも交流を重ねていた。或る時かれは、陳献章が当時の人士における「支離」つまり自己分裂的な学習態度を「一掃」し、「忘言黙識」することで孔子以来の「仁」に覚醒させ、人びとが真の学問に目覚めるようになって「天理・良知の訓」が天下に普及した、とも述べている（『蔣道林先生文粋』巻四「原学説」。同巻二「寿封君汪東川翁七十序」参照）。湛若水による随処に天理を体認する学問と、王守仁の良知説とが一致するという認識を前提に、陳献章から湛王両学へという思想的展開を直線的に語るかれにおいて、かつて白沙思想に浴びせかけられた「虚静」的傾向を帯びる学問との批判は、もはや冤罪であることが明白の、抗弁を必要としない過去の出来事であった。

右の程策が、現実の多様な人間存在に視座を置くものであることは、言うまでもない。そしてその執筆の姿勢からは、当時の「性学策」が要求する「折衷」の課題にこたえるという受動性よりも、自身の思想を表現しようする能動性の方が、より強くうかがえる。人間の現実的な個別性を剛柔の異なる気質として語りつつ、それぞれの気質に即した適正な在り方の実現を求めるところに、蔣信が受容した白沙思想、個人としての自得を現実社会の場において実現しようとする学問が看取できる。そうした学問が程文としての規範性を有することについて、かれは絶対の自信を抱いていた。

（二）王門人士の「意見」批判

嘉靖二十八年（一五四九）山東郷試策問第四問は、『中庸』首章に言う「其の独りを慎む」「入道」の方法を軸に、学庸二書が説くそれ以外の実践論との関連性をたずねる。「慎独」は『大学』の「誠意」に相当するが、同書においてそれが格物致知のつぎに置かれていることの意味や、『中庸』の「忠恕近道の説」、「明善誠身の説」

などとの補完関係を問い、受験生が習得した「至当帰一の学を観」ようとするのである。程策は、学庸二書間の整合性について、まず、格物から誠意にいたる三種の実践形態とは、一個の実践の三つの局面だと構造的に把握し、さらに、三局面を有するこの実践が「慎独」と一言で表現されたその意義を、実践が「泛に渉らず」、散漫な事態に陥らぬようにしたからだと捉える。こうした解答方法はいわば対策の定番であり、経書の異なる言説を、一箇の体系的理論の多彩な要素として相互に関連づけながら統括するものである。ただし程策は、かかる理解を提示するに先立ち、実践主体の意識形態について独自の分析をおこなっている。その構造的分析に程策の作者の或る思想傾向がうかがえる。以下にその箇所を引用する。

そもそも天下はどこもすべて道だが、それらはいずれも心の外部に別立するものではない。心のあらわれが意であり、この意について、その当人すら対象的に知覚し得ない点から独と表現し、そのきざしには何らの曖昧さも介在しない点から知と表現し、その意が帰属する場所である点から物と表現するのだが、どれも一念という微細なところから発出するのである。（夫天下無往非道、未有出於性之外、天下無往非学、未有出於心之外、心之所発之為意、是意也、自其人所不及知而言、謂之独、自其幾所不容昧而言、謂之知、自其意之有所属而言、謂之物、皆肇於一念之微也。）

この一段から容易に想起されるのが、『伝習録』下巻の冒頭を飾る、『大学』八条目のいわゆる修己の全体を概括した王守仁の発言である。そのなかでかれは、「ただ（気が）充ちふさがった状態を身と言い、その主宰者としての側面を心と言い、心が発動したはたらきを意と言い、意としてのはたらきの霊明さを知と言い、意のはたらきが及んで帰着したところを物と言う。しかしその全体がひとつだ（但指其充塞処言之、謂之身、指其主宰処言之、謂之心、指心之発動処、謂之意、指意之霊明処、謂之知、指意之渉着処、謂之物、只是一件。『王陽明全集』巻三・一〇三頁「語録三」)」と説く。この主張は、「物」を自己の外部の事象とする朱子学の理解に対し、実践の現場における「物」と「身心意知」との構造的な一体性を説くことにより、朱子学の格物窮理説がはらむ不安定さの解消をねらうものである。つまり格物の実践が、外在的知識の集積に終始して自己の本性を開示させる方向に進まない結果を招いたり、かりに本性が開示される方向に進んだとしても、その究極地点とそこにいたろうとする現実の自分自身との乖離から生じる心理的不安に対応できていないことを批判するわけである。

しかし朱子学者の眼に王守仁の言う「物」は客観性をもたぬ恣意的想像と映り、その実践理解も実効性に欠くと見えるわけだが、程策は、朱王両学のかかる対抗関係を巧妙に利用して、以下のように述べる。「格致」と誠意とが一体の実践だとの理解を忽卒に耳にしたならば違和感を抱くかもしれないが、『大学或問』の所説に明確な如く「朱子もまたかつてそう説いていたことを知らない」からそう感じるだけだとし、さらに「学ぶ者は「朱子の書」物を読みはするが、「朱子の意」までは理解できていない」、と断じるのである。

朱熹の論著から「身心意知」と「物」とを「一件」とする明示的表現を見出すことはできない。程策の作者も当然それは了解していたと思われ、それ故、「朱子の意」などとの表現を選んだのであろう。物身一体的な理解をあえて朱熹に帰属させる点に、作者の苦心が読み取れる。程朱学の理念への依拠を建前とする科挙のなかに、自身の学問的信念を忍び込ませたわけである。

この時の郷試録は、程策の作者を第四名楊正脈と記すのだが、実際には別の執筆者がいたはずである。試験の主考官である馮元と、山東の学生から郷試受験者を選抜する役職にあった提学僉事李寵とのいずれか、または双方が、程策の代作に関わっていたと推察する。馮元は広東番禺の人であり、嘉靖二十年の進士登第後、金谿県知県となるが、病気により帰郷、その後、進士の資格を持ちながらも江西南昌府の儒学教授として復帰していたおりに、郷試主考官として招聘された。一方、李寵は陝西涇陽の人であり、嘉靖十七年の進士登第、そして二十七年五月、礼部署員外郎であった時期に、提学官に任命され山東に赴いていた。

その李寵を含めて配下の属僚を統率する役職の礼部左侍郎欧陽徳は、送別に際してかれに文章を贈り、提学官の職務について、公明正大な人材選抜ができれば世間ではその官吏を称讃するが、「しかしわが仲間が李先生に対し大いに期待する事柄は、このようなことだけだろうか。どうしてわたしは、ただ李先生に対し大いに期待するだけにとどまろうか（然吾党所以厚望李子者、如是而已乎、予豈徒厚望於李子而已乎。『欧陽徳集』巻七・二四二頁「送李子督学山東序」）」という謎めいた言葉を呈した。その謎の解明は至難だが、李寵に対する欧陽徳の並々ならぬ期待は了解できるだろう。

欧陽徳（一四九六―一五五四、号南野）は江西泰和の人であり、若くして王門に入り、陽明思想の精髄を体得しかつ人びととそれを共有した人物である。晩年には中央の高官を歴任しており、嘉靖二十八年、礼部から吏部に転じると、翌二十九年（一五五〇）には会試の主考官を命じられた。その時の策問第二問の策問と対策を、かれの文集は「性学策　庚戌会試程文」と注記して収める（『欧陽徳集』巻一〇・三〇五頁）。試録所載の程策の作者名は会試第五名合格の王応時だが、その文章は欧陽徳の文集所収の一文に等しく、(25) 実際にはかれの作品だとみなせる。

策問は、本性に関する言及が少なかった孔子以前と、議論が盛んになった孟子以後とを区別し、「人才民俗」は三代の方がまさっていたとの判断を前提に、「性説之明（暗）」と「世道之隆汚」との関係、および「聖門」に対する孟子性説の功績について質問し、さらに、孟子が斥けた各種の性説にも取るべき事柄があり、されば孟子は学説の差異に執着しすぎてはいまいかと述べたうえで、「諸子の学は、習う所、各おの異にす」るものだが、天下に利益をもたらしたとされる墨子は性善説を知らずに功績を残したのか、またその「習」の偏向が糾正されることはなかったのか、とたずねた。そしてこうした小問ののちに、「実用」が追究されず「空言」に終始するのでは、「所謂る気を論じない者」と比較して、孟子性善説は「備」わらないわけではないが、つまるところ諸説の入り乱れた状況と異ならない、と『孟子』の読み方に関わる冷徹な結びを置いた。

試録には欧陽徳によるこの程策への批語も載る。その全文をつぎに示す。「諸子は性が善であることをわきまえない。だからその学問は「意見」から生起する。後世の人士は、「気質」に不善（の原因）があると言い、それ故（悪に陥る）罪を「習」に帰着させず、みずからを卑下する結果となった。（多くの答案を審査する過程で）この対策を読むにいたり、深く反省させられた（諸子不知性善、故其学起於意見、後世謂気質有不善、故不帰罪於習、而有以自諉、読至此、令人深省）」。自己卑下のくだりは、先天的な気質のなかに悪事を犯すにいたる必然的原因があるとする見解が、人びとから向上への意欲を奪っているという現状への批判が含意される。考官欧陽徳は、「意見」および「気質」と「習」の三語から、この程策を読み解くよう批語を附した。たしかに程策には、以下のような一段が記されるのである。

そもそも一陰一陽である道について、それが天にある場合、命と称する。命が広く流れわたる状態を気と称し、気が凝結した状態を質と称する。質における自由自在で不可思議なものを心と称し、心における（事物を）生み出す理（としての側面）を性と称する。性におけるあらわれ（の側面）を情と称し、情における発動と静止との繰り返しを習と称する。本末はその根源をひとつにするものである。性は習の基体であり、習は性のはたらきである。性と習とがあって善悪が分かれ、習が性と化してしまうことで善と悪とは変移しなくなる。当初は同じだが最後は異なるということである。故に善そのものであるのが性としての恒常的在り方であり、習が加わってのちに不善が発生する。つまりその恒常性に逆らった状態なのである。（夫一陰一陽之道、在天曰命、命之流行曰気、気之凝聚曰質、質之虚霊曰心、心之生理曰性、性之発動曰情、情之作止反復曰習、本末一原者也、性者習之体、習者性之用、性習而善悪分、習与性成而善悪不移、始同終異者也、故無不善者、性之常、習而後有不善、則逆其常者也。）

気質と性情とは、要するに一箇の天命が有する幾つかの側面であり、善そのものとして存する。しかし、性の発現状態である情の反復としての習が、或る時には悪の原因となる。それはなぜか。程策は、この一段に先んじて、三代以後は徳行の教えが衰頽し「意見の習」が盛行したために、人才も風俗も古には及ばなくなったと記し、また「孟子の学問は理に順って無為。黄河や長江を浚渫して河水を大海に注ぎ込ませ、氾濫させないようにする行為のごとし。……いずれも無為にして為す。性であって「意」ではない。一方、諸子の学問は「意」を尽くして作為がある。黄河や長江に堤防をしつらえ水道を穿って氾濫させないようにする行為のごとし。……いずれも作為して成就させる。「意」であって性ではない」とも述べる。ここで「意」ないし「意見」は、否定的な価値の言葉である。「情」のなかでも作為性を帯びた状態が、その「意」に相当するわけである。

ただし程策は、「意見が湧き起こって天性はそこなわれる」との因果関係を記すのみで、作為性の意味を掘り下げることはしない。策問は「意」に関する解答を要請しておらず、出題の主旨からの大幅な逸脱を避けた措辞だと理解できる。程策はその後半で「習」の問題に論及する。見聞をとおして身につけた習慣だけではなく、

「視聴言動せざるの習」や「無心の習」に対しても警告を発し、「それゆえ幼い頃から悪いのも、いずれも習慣の結果であり、天賦の固定的なすがたではない（則自幼而悪者、皆成於習、而非天賦之一定）」とまとめるのである。

この程策は、気質性情を渾然一体なる現実存在の諸側面と捉えるその人間観において、王守仁の学説に依拠するものの、その祖述に終始するわけではない。むしろ欧陽徳自身の問題関心を表明する気配が濃厚である。王畿による「われわれが今日、致良知の実践をしてもうまくゆかないのは、第一に意見が重く邪魔をしているからである。意見こそが良知の害毒だ（吾人今日致知功夫不得力、第一意見為害最重、意見是良知之賊。『王畿集』附録二・六八二頁『龍渓会語』巻一「沖元会紀」）との発言が象徴するように、王門人士のあいだでは、良知と「意見」との異同が議論の重要な主題となっていた。そして「意見」を良知と誤認しないよう、かれらは実践の場において切磋琢磨してもいた。

欧陽徳にも、意には「妄意」「私意」「意見」があり、それらは『通書』（誠幾徳第三）に言う「幾であり善悪」、一方の良知は、感覚器官による限定を超えた「純粋にして疵なき」もの、『通書』（同前）の「誠であり無為」に相当する、と述べる書簡がある（『欧陽徳集』巻一・二三頁「答徐少湖四」）。そう捉えたうえでかれは、意念を発揮した段階で物事を認識判断するならば善悪が混淆することになるが、良知を致した場合には、真妄公私いずれも明白にできると主張した(26)。上記程策に言う孟子と諸子との対比が想起される見解である。

この程策において突出した表現だと思われるのは、気質への肯定的描写に表裏する習への厳しい批判である。人間の多様性の因素である気質を肯定する傾向は、この時期の「性学策」に散見されるひとつの傾向であった。では人はなぜ悪を為すのか。この程策は、人びとの習慣を多面的に考察することでこの問題をつきつめ、さらにまたそれを前提に、過去問を暗記して答案に書き写すだけの怠惰な受験生に対し、その惰性的習慣を叱咤するかの如くである。策問の末尾において、従来多用された程子の言葉を過去問の文脈とは異なる表現で使用し、『孟子』の所説と主体的に関わろうとする点にも、かれらの修学態度を改善しようとする主考官欧陽徳の強い意志を読み取ることができる。

嘉靖三十七年（一五五八）江西郷試の策問第二問は、その前半において六経の主旨と仁概念との異同や、古代から北宋にいたるまでの仁概念に関する諸説をたずね、後半では、その仁を「本体」と位置づけたうえで、その「本体」から「離」れず「切実」な実践をおこなうならば、「主静」を説く者も、「慎動」を説く者も、自己の「生」の正直さに身を任せる者も、それぞれがはらむ個別の陥穽に落ちはしないと総括し、受験生に「平日より得る所の者」を述べよと要請した。右の三者の最後の一例は、『論語』雍也篇の「人の生や直。罔《まがれるもの》の生や幸にして免る」を典拠とする。

この「性学策」も、上記嘉靖二十九年会試のそれと同様、策問に「意」の文字は記されないのだが、程策ではその「意」が主題のひとつとして重視される。第四名合格の朱孟震の名を冠する程策が、その冒頭から、学問を「二」つに分裂させてしまうのは「意見の私」がひとを覆うからだ、との主張を掲げるとおりである。朱孟震とは隆慶二年（一五六八）に進士登第を果たした人物である。

程策は、冒頭の命題に引き続き、「人心の本体」は天賦のものでまったく「加損」を必要とせず、それ故に「二あるを容れんや」、それを「二」つにするのが「意見の私」だとも言う。「加損」の語は、その後、学ぶ者が「仁体」について「黙して之を識ること」ができず、そのために「必ず意見を以て其の間に加損し」、「天」に到達することがない、との文章でも使われる。「心の本体」は「思慮」による想像でも、「言語」による講究でも真に把握することはできない。「学問の道は、本体を黙識する」だけであり、「識」とは表現するが、「黙」と言う以上、その「本体」は「思慮言語」では体得できない、という論理を展開するのである。程策の言う「意見」とは、「本体」を思考の対象と捉え、概念化して把握しようとする意識全般、ないしその把捉された見解を意味する。実現されるべき「本体」といった「意見」を抱くような実践者は、その時点で「本体」そのものから遊離する。そこには「二」なる情況が現出しているわけである。

「意見」をめぐる如上の考察は、嘉靖二十九年会試の程策では結論として触れられるだけであった作為性についての解説だともみなせる。嘉靖三十七年の江西郷試には、欧陽徳晩年の弟子である王宗沐が、提学官として関わっていた。上述した山東提学官李龍の場合と同様の、郷試業務に対する関与である。

右の程策は、「黙識」と「意見」とを対比させる視点を、策問に対する個別の解答の場にも貫徹させる。古代の聖賢は、「いずれも時代状況や説諭対象に応じて教説を立てたのであり、それらがみな同一である必要はない（皆因時因人以立教、而不必其説之尽同）」と断じたうえで、しかしどの教説も「心の本体」に回帰して「道」に合致することを目的としたと述べたり、「主静」や「慎動」について「見」ることのある人士は、それ故に実践が静動のいずれかに偏向して「本体」を洞察できないとまとめる一方、「本体」が「黙識」されるならば、偏向を余儀なくされた個別の実践も、その偏向性のままにそれを超えることができる、という具合である。「本体」の絶対的超越性を現実存在の個別性に相即させて捉える解答であり、程策としての体裁は見事に整っているとみなせよう。

だがそれとともにこの程策には、「性学策」に対応する際の従来の慣習を瓦解させるような危険性が胚胎されてもいる。「本体」は文字化し得ないとの宣言が、そのあやうい種子である。聖賢の言語もまたこの原則から逃れることができないとするならば、それらの意味や相互の関連性を説明させることが主眼の「性学策」に対しては、今後、どのような解答を提示すればよいのか。と言うよりもむしろ、「本体」の「黙識」という前提条件下ではあるものの、「性学策」に応じる受験生には、如何なる文章をも書きうる権限が認められてしまったように思う。

（三）言語表現の壁

嘉靖四十三年（一五六四）雲南郷試の策問第二問は、冒頭に「性なる者は万物一原の理」との張載の言葉を掲げたうえで、孔子の「性相近」語がもっとも「渾然」としているとたたえ、ただし子思の「天命」と孟子の「利善」とは（『孟子』離婁下篇「天下之言性也、則故而已矣、故者以利為本」参照）、孔子が明示的には語らなかった事柄を解説するものだと続け、その前者の理解といささか異なる宋儒周程邵朱四子の性論、後者のそれと対立する荘子、荀子、董仲舒、揚雄の性説を俯瞰させるとともに、さらに、孔子、子思、孟子の性説に関してもそれぞれ「渾論」「太広」「太峻」という偏向がうかがえるとして、受験生に「折衷の論」の提示を求めた。そのほか告子や張載の性論への言及もあり、全体の文字数が四〇〇字ほどに膨らむ問題となった。従来の「性学策」が大体三〇〇字以下であったことに較べると、異例の長文である。そうした条問に対し程策は丁寧に条答した。その全文は二五〇〇字を超えるのだが、ここでは下記の一段だけを示すにとどめる。

いにしえにおいて聖人の道はあたかも天の如くであり、その立言にことさらな気配りはしなかった。その発言に「性は相い近きなり」とある。言葉の意味は「渾然」としているが、内実としてはすべて具わっている。そもそも（性が）「一」であれば「相い近し」と言うことはできない。「相い近し」と言う以上「一」ではないものがそこにある。思うに「近し」とは彼方からこちらにいたる表現であり、理と気とを別物とみなす主張である。昨今の人士は「一」を言うと「二」を言いわすれ、「二」を言えば「一」から分かたれる。理気のもとよりある状態に穿鑿をおこなっているからである。聖人はただ「相い近し」と言うだけであれば、「一」に停滞したことなどかつてなく、また「二」に分かれてしまったこともない。理気の「渾然」とした状態に包含されているからである。（昔者聖人之道猶天然、無意於立言者也、其言曰性相近也、語意渾然、而義則畢備矣、夫一則不可以言相近、言相近則有不一者存、蓋近者由彼至此之名、而理気之所為別也、今人言一則遺於二、言二則判於一、鑿乎理気之本然者也、聖人止言相近、則未始滞於一、而亦未始岐於二、涵乎理気之渾然者也。）

この一段は、策問の「渾然」語を引き取り、孔子による「性は相い近き也」との発言が、理気の不雑不離なる関係に拠る表現であることを説明するものである。孔子の発言の無謬性に立脚するうえで、「一」にも「二」にもかたよるまいとする姿勢に、言語表現の宿命とも言える限定性をわきまえた作者の決意がうかがえる。程策は、以下、策問の要求にこたえる解答を記したのち、最後に、しかし学ぶ者にとって「性」は「知る」ことではなく「尽くす」ことが肝要だと転じ、天下の事物は、いずれも「吾が性の表から逃れ」られるものではない、との責任意識を述べて結ばれる。

言語表現がはらむ限界への論及は、万暦十四年（一五八六）会試策問第三問の程策にも見出せる。策問は性と命とを主題とし、孔子は性と天道もしくは命について多弁ではなかったとの前提に立ちつつも、その孔子から宋儒にいたるまでの性や命への多様な言及について、その異同を質問するものである。第三名合格の陳応龍による程策から、その冒頭の一段を紹介する。

道は言葉にできないが、聖人は無言ではいられない。しかし言葉を発しているとはいえ、言葉にしてこなかったものがそこには存する。それ故、聖人に学ぶ（普通の）者はその発言を師とするが、聖人に学ぶすぐれた者はその言葉にしてこなかったものを師とする。その言葉にしてこなかったものを師とする者は、発言したか否かによっても判断を変えない。こう言ったとかああ言ったとか（発言の相違）によっても判断を変えない。さらに、聖人（の発言と）同じだとか違うとかによっても判断を変えない。そうすることでその見識は一となり、見識が一となれば心も一となり、心が一となることで、道と同体化するのである。（道不可言、而聖人不能無言、雖有言哉、而有未嘗言者在焉、是故学聖人者師其言、而善学聖人者、師其未嘗言、師其未嘗言者、不以言不言而異観也、不以如此而言如彼而言而異観也、又不以同乎聖人異乎聖人者而異観也、若是則其見一、見一則心一、心一而後道与之倶矣。）

程策は引き続き、この「聖人を善く学ぶ者」とは対極の、言語に拘泥する人士を批判したうえで、改めて、聖人の発言とは、或る個人の特定的な疑問に答えるという個別性を帯びるものでしかないと述べ、そうである「以上、発言の同一性（という基準）に固執して、（内容が）同一だと考える必要はない（則不必執於其言之同者以為同矣）」として、これがわかれば、孔子以下の諸儒による「性命の説」の「折衷」も可能になるとする。上記雲南郷試の程策以上に徹底した覚悟の表明であり、実際、それに続く条答の表現も、この観点を安定的に貫くものとなっている。さらにまた、時処位によって表現の異なる聖賢の発言を拾い上げてその間の異同や是非を議論することは「吾人の自得の学」ではなく、一方、「自得の学」とは「至言」とも表現しうる「これまで言葉にしてこなかったもの」を体得することであり、それが「真知」だとまとめもする。

策問に対する解答としては以上だが、この程策はその末尾に、或る一群の思想集団に対し、「知に対して害をなすこと最大」の「知に似て非」なる者だと非難する一段を置く。その集団を断罪すべく、「性命の根源に洞達しながらも「我」見を堅持し、その発言の性はまことに性、命はまことに命とみなせるが、それ故に欣然として、千古の学脈はすべて自分に収斂するとうぬぼれ、心の思うままにものを考えて、是非をまったく意識せず、口の言いたいままに発言して、異同をまったく意識しない（洞徹乎性命之源、堅持其有我之見、其所謂性則誠性也、其所謂命則誠命也、由是欣然自喜謂、千古之学脈為尽在己、横心之所念、更無是非、横口之所言、更無同異（列子黄帝篇））」と述べるのである。

この集団の思想傾向と、右の程策がめざす「自得の学」とは、双方ともに相対的な是非異同を超えようとする点で同一の思想的立場にあると覚しい。それ故に作者は、かれらを「我」見に固執する者に仕立てあげ、自派との相違をことさら際立たせたと思われる。こうした集団への批判は、「本体」の「黙識」を主張した嘉靖三十七年江西郷試の程策にもうかがえるのだが、この対策を一例とするとおり、万暦期により強まる傾向であった。かかる人士に対する批判的言辞を載せることが、科挙の試験において本性の絶対性を説く際の必要な手続きともみなされていたのであり、その点からすれば、次節に紹介する程策は、逆に、それを欠いた不完全な模範答案だと言わざるを得ない。しかしその点に、万暦中後期における程策の、また別の傾向が見出せるように思う。模範解答としての程策の相対化現象とも表現できそうな趨勢が、それである。

（四）墨巻の程策化

万暦三十八年（一六一〇）会試の策問第二問は、『書経』湯誥の「恒性」や伊訓の「習、性と成る」説から孔子の「性習遠近」論以下、子思や孟子、韓愈へとくだり、宋儒の「気質の性」にいたるまでの各種性論の異同を主題とする問題である。「性学策」の伝統を受け継ぐ一問であり、策問みずからが、「誰が異なり誰が同じか（をわきまえること）は、まさしく儒者の極則だ」と念を押すほどである。なおこの策問とそれに対する程策は、『皇明策程文選』（巻二四）に「論性第二問　万暦庚戌会試」として掲載されるものであり(27)、当該の試録が存するか否かは現在のところ確認できていない。

程策は、冒頭に、「性の体」は認識の対象とはなりえず「悟」るよりほかないと断言し、そしてその「悟」の性格をめぐり、性のすがたは「意見」によって概念化することも、「玄妙」によってたずねあてることも、「虚静」によってよりすがることもできないと述べる。儒道仏三教に由来する一般的な実践方法を念頭に置き、それらの方法には限界があって真正の体認には到達できないと捉えたうえで、「そもそも善によって性を語るのは、聖賢のやむを得ざる態度だ（且以善言性、聖賢亦非得已）」と議論を展開し、その理由を、そもそも「性」は「冥冥焉、寂寂焉」として是非、真妄、善悪など一切の相「対」を超えるからだとする。

一方「気」や「習」に関しては、絶対の「性」を体得した境涯においては第二義的なものでしかなく、時には「性」の発現を阻害したり智愚といった人品の差を生む原因として捉えられることもあるが、それらはいずれも実体をもつものではない、といった主張を「本体は自如として、纖毫も損することがない」とか「たとえ習（の影響）があったとしても性はそれを融解することができる。たとえ上知と下愚とがあったとしても、性は（その相違を）反転して合致させる。どうして相遠しといったことがあろうか（即有習焉、性可鎔也、即有上知下愚焉、性可反而合也、而何相遠之有）」と説く。

策問は各種性論の異同を質問したのだが、しかし程策は、相対的な比較の意義を根柢から否定する。嘉靖後半以来の「性学策」に顕著な超越的傾向が、ここではさらに徹底されている。そしてその論理の行き着く先は、本性は善であるといった表現は「やむを得ざる」方便にすぎない、とする思想史上の伝統的な言説であったのだが、そもそも万暦中盤のこの時期、方便の一語から連想されるような真偽未定の答案が、一種の流行となっていた。

万暦二十三年科挙会元の湯賓尹[28]（一五六九―？）は、嘉靖万暦両朝の答案を比較する論評において、烏と鷺とが白黒その羽の色を異にするように善し悪しの明確な嘉靖のそれに較べれば、万暦期の答案は、鳥の雌雄が似通っている如く真偽が決しがたい、と述べる（『睡庵集』E1/集63巻六「歴科程墨漫書」第三条）[29]。万暦十三年福建郷試解元である李光縉（一五四九―一六二三）も同様の観察を示し、万暦十四年以降、「是非が混淆し、議論が日ごとに多く」なり、科挙の文章は「乱」れたと語る（福建叢書本『景璧集』巻七「昭代諸元折衷下」）[30]。湯李両名とも、受験業界の表も裏も知り抜いた士人である。かれらの観察のうえに、本節冒頭に紹介した艾南英の概括、およびみずから郷試考官に就いた経験をもつ鍾惺（一五七四―一六二五）の言葉を重ねてみたい。

艾南英に拠れば、嘉靖期とは異なって隆慶以降、科挙の八股文には仏教用語が侵入してその傾向が強まり、万暦後期の受験生は、「その大半が王氏門人の発言を剽窃して、暗々裏に程朱をそしった」（前引「歴科四書程墨選序」）。一方、鍾惺は、この時期「お上が「偽」なるものを選抜し、人士は、実のところは「真」なるものを示したくとも敢えてせず、下の者は連れだって「偽」なるものを示し、お上は「真」なるものを選抜しようにもそれができなくなってしまった（上取其偽、士固欲為真而不敢、下相率為偽、上雖取其真者而不能。『隠秀軒集』巻一八・二八九頁「静明斎社業序」）」と語っている。科挙答案の多様化が、従来の価値観を裏切るような方向に進行するとともに、真正の王学者による発言と見紛う文章が、そこに混入していたことをうかがわせる証言である。

万暦期においても程文は考官が代作していた。当時の人びとはそれに違和感を覚えず、程文の執筆を考官の本来的職務とすら認識していた。ただし当時の受験生は、程文が示す規範性を、複数のそれのひとつとして相対的に捉え、受験生の答案である墨巻にも一定の価値を見出し始めていた。墨巻の質的向上が一方にあり、他方、鍾惺の指弾から想像できるとおり、朝廷公認の程文の側には、価値観の動揺に起因する一種の弛緩した閉塞感が生じていたように思われる。換言するならば、考官も考生も、ともに答案の作成を一種の知的遊戯の如く扱うようになっていた。模範答案という観念それ自体に解体の危機が迫っていた。

さて万暦三十八年の会試策問第二問に対しては、現在、四題の墨巻を探し出すことができている。ここでは、探花の成績で進士登第を果たした銭謙益（一五八二―一六六四）のそれを紹介したい。[31] 文集所収のかれの墨巻は（『牧斎初学集』巻八九・一八五〇頁「策第二問」）、その思考傾向において上記程策と共通する側面をもつとともに、程策と墨巻との当時における関係を示唆するような内容をも示している。

答案は、まず「性は言葉にできない」と言い、「性」に対する固定的観念の打破こそが最優先の課題だと説いたうえで、その固執を解き得たならば性も習も情も才もみな「性」だが、執着状態に陥っている場合には、如何に分析を凝らしても「性」とは異なると断定する。そして、本来、「性」とは「悟」るものであり、それに関する言語的説明は、すべて「未だ悟」っていない人士のために、その迷いを指し示す方便に過ぎないと捉え、孔子「相近」説以下を、その観点から解説する。すなわち、「性」は「渾然たる太極」であるから、正確には「近」いとも言えないのだが、孔子は、「天命が気質とまじわった情況に即し、いささかその端緒を指し（蓋亦就天命之参於気質者、微指其端）」てそう述べたとし、孟子の性善説に関しても、孟子は、「性」の如何なる側面も直接に「善」と言うことができないとして、情や才、夜気や鶏鳴などの譬喩を動員して語りはしたが、「善」に固執してそれを「性」と規定することはなかった、とまとめるのである。

「性は太極であり、太極は渾然として善悪を超える。それを至善とする」というのが本答案の立場である。「善と悪とは対偶の関係にある。されば等しくどちらにも、性（の実質）を表現する概念だと固執することはできない（善与悪偶、均不可執為性）」とも繰り返されるとおりである。

この答案は、しかし最後の一段において、王守仁のいわゆる「無善無悪」説が「後の君子」により「射的」、つまり合格を射当てる道具として恣意的に用いられている現状を非難する。善悪に対する仮りの区別のなかで善をおこない、おこない得る善すらなくなれば「善は始めて純粋」になるが、「もし無善無不善という言説に藉口し、聖狂仁暴そのすべてが「性」のなかにあると語って、善不善の堤防を破壊し、性の「物則」を混同するならば、それは（恐れを知らぬ）小人の忌憚なき態度でしかない（倘其藉口於無善無不善、謂聖狂仁暴、総在性中、以破善不善之隄防、而混性之物則、則小人之無忌憚而已）」と説くのである。

「無善無悪」説のいわば通俗化現象に対する批判は、万暦十四年会試策問への上記程策の立場と軌を同じくするものである。だが、本性の絶対性を基調とした万暦期の「性学策」において、かかる批判への言及は、墨巻よりもむしろ程策側の必須条件ではなかったのか。万暦三十八年の程策の場合、『皇明策程文選』という挙業書に載る文章という点で、それが全文か否かはわからないものの、もしこの程策が、「無善無悪」説に含まれる思想的「毒性」に対してまったく考慮していなかったとするならば、かかる弛んだ程策よりも、銭謙益による墨巻の方が、たしかに模範的であったとは言えるだろう。

結　語

本章の分析、および前章における『性理大全書』受容の歴史に関する検討の結果は、その具体的史実性において、明代前半の思想情況をめぐる朱子学国教化後の「総じて長い単調な安定期」という総括に対し、その内実を反省させる契機としての役割を果たすのではないだろうか。体制教学に関する知識は、各地の儒学における教官の講義として教授されたり、大全書周辺の出版物という形態で伝播する一方、たとえば「性学策」といった科挙試験をとおして人びとに吸収され普及したに相違ないからである。

そしてそのうえで気にかかるのは、「小波瀾を生じながらも」と断りを入れつつも、「単調」や「安定」といった表現による評価の仕方である。そもそもこの相対的評価は、思想史へ客観的なのそれであるはずだが、評者においてこの言明は、思想それ自体に対する評者自身の価値判断と表裏するとともに、その価値観の方がより強調されたものであったと考える。

明朝「性学策」の歴史に拠れば、その模範解答は、正統十年の当時、つまり王朝の創立から約八〇年後、三大全の編纂から三〇年前後を経た時期には、大全の知的枠組みに合わせるかたちで定着し始めた。ただしそれから一〇余年後、天順元年に実施された会試の主考官薛瑄は、大全に由来する「成説」をも自己の本性にいったん収斂させ、それを基点として彼我一体的にそれらを賦活させるべきだとの信念を、「性学策」の場において表明した。体制教学の「安定」的修学が皮相なものでしかない情況を改めようとしたわけである。だがかれの信念は必ずしも同時代人の賛同を得るものではなく、むしろ、続く成化年間に、既成の教学から解放された立場で「自得」を求めた陳献章(32)の理念にこそ通じる側面をもっていた。

体制教学の普及とそれに対する批判的言動とが交錯していたその当時、「性学策」への対策をひとつの主要な目的として、いわゆる道学書の探索や重刊がおこなわれた。その活動には、白沙思想を先鋭的に受け継ぐ一部の人士を除き、立場を異にする多くの人びとが、それぞれの思惑を抱いて幅広く関与した。増注版『性理大全書』の編纂出版もまた、おそらくはそうした趨勢と連動する文化活動であった。そして程朱学の知識は、三大全の枠組みを基準としながらも、それを超える多様さや学説批判をともなわせつつ社会に蓄積された。

その際に、「性外無事」を説く薛瑄や、深い「自得」を求めた陳献章両者の理念もまた、当人の思想が有する高い精度は多少低減されながらも、中国各地の士大夫社会に伝播したと思われる。郷試の現場がその重要な発信源であり、博識と自得の葛藤を科挙関係者に強いることとなった明代中期の「性学策」が、発信の場の原動力となった。そしてその発信者として注目されるのが陳献章周辺の人士であり、かれらの多様な活動に関しては、本書の第三章以下においても言及することになる。

王守仁の思想は、知行合一の覚醒から致良知説の発見へと充実される方向で展開したものの、かれは、「無善無悪」と「為善去悪」の相即的両立をその門弟に託したまま逝去した。王門の人士はみずからが体得した師説を多様な形式によって具体化したが、明代中後期の「性学策」は、かかる自己表現の場のひとつともなった。そして「性学策」を通じたかれらの思想的研鑽は、科挙試験という場のおのずからなる論理とも相俟って、自得表現の理論的可能性を探究する方向へと傾斜し、「無善無悪」型の論理構造をもった文章を登場させるにいたった。嘉靖後半の「性学策」は、陽明思想ないし「無善無悪」型の思考方法を普及させる媒体としての史的役割を担っていた。しかし万暦の受験生は、そうした思考方法すらもたんなる受験の知識としてその記憶庫に詰め込んだのではないだろうか。知行合一をつきつめたその思想が、みずからを浸透させた結果、知行する主体としての自己とは分断された外的知識に陥るという皮肉を、万暦期の「性学策」は示していた。

さて、艾南英に拠るならば、崇禎期の受験生は、万暦期の流行になどは未練を抱かず「程朱」学の規範をひたすら遵守していた（『重刻天傭子全集』巻一「増補今文定今文待序」）[33]。「百家の雑説、六朝の寓語」などを満載にして、かつては「至宝」とまで持ち上げられた文章が、すべて「唾棄」されるようになった、ともかれは言う。されば「性学策」に応じる当時の人びとの意識も、万暦期と較べて大きく変化したに相違ない。そもそも「性学策」それ自体が科場の常連ではなくなった可能性もあり、またこの時期、万暦後半の相対主義化傾向が絶対的規範を模索する動きへと反転していたのかもしれないが、現在、それらを確認しうる材料は十分にはない。

清初の科挙は明朝のそれに改変を加えて実施され、康熙朝にいたるとその試験内容は皇帝の学問傾向を反映し、「性理」学に傾斜する方向で調整された。本章を終えるにあたり、『康熙五十年（一七一一）福建郷試録』の「性学策」を紹介したい[34]。その策問第二問はすべて四九三字、『周易』乾卦彖伝の「乾道変化、各正性命」と『書経』湯誥の「恒性」が性説の嚆矢だと述べたのち、孔子による「性相近」説と孟子の性善説とをならべ、両説に見受けられる不一致についてその理由を説明させる問題に続けて、荘子や荀子以降、韓愈、李翺にいたる歴代の性説につき、その偏向は誰もが知っていると記し、宋代の周程張各人による関連の発言をあげて孔孟の所説との異同をたずね、最後に、諸儒の集大成者として朱熹を登場させ、朱熹がその論敵である陸九淵を認めた言説について、その真意をただした。明朝「性学策」の伝統を襲いながらも、程朱学の性理学史観により密着した出題だと判断できる。一方、解元許斗による程策は、全四六〇字という異例の短文である。『欽定大清会典事例』（巻三三二「礼部・貢挙」）には、順治二年（一六四五）の規定として、「論策（の答案）は二千字を過ぐるを得ず」と記されており、康熙朝においてもそれに変化はなかったと推察する。

程策は、理気二者の不離と不雑という観点から、『周易』以下、孟子にいたる各種の性説をふたつに分け、所説の相違は論者における重点の置き所が異なることから生じたが、「性」概念それ自体は同一だとまとめたうえで、程子による「論性」「論気」の常套句を讃美し、各氏の性説を統合する「前聖」未発の学説だと述べる。また、朱熹の懐の深さを称える一方、陸九淵の性説は「異学に近」く、孔孟のそれではないと断じ、王朝公認の見解を確認して筆を擱く。

程朱学に関する康熙朝の標準的見解が簡潔に示された答案である。さればこの程策の模範性は奈辺に存するのか。明代の場合、内容的に高い水準の答案が模範的と捉えられていた。それに較べれば、康熙朝の模範性は、万人が一律に答えうるその普遍性にあったのではないだろうか。こうした変化は、程文の模範性が動揺し始めた万暦期にまで、その起点をさかのぼらせることが可能だと思う。では、いつ頃からこの傾向は顕著になったのか。

康熙五十年福建郷試の受験者数は「九千三百余人」、九九人が「中式挙人」であり一七人が「副榜」という結果だが、対して万暦七年（一五七九）の場合は、九〇名の合格者数に対し、受験者数は「一千七百有奇」である。四川郷試の場合は、万暦十年が「二千有奇」の受験で七〇名の合格、崇禎六年（一六三三）が「四千六百有奇」の受験で七六名の合格、雍正十年（一七三二）が「五千四百四十人」の受験で七三名の合格であれば(35)、受験者数の上昇は、明朝最末期から始まっていたようである。この同じ時期に集団としての政治的社会的力量を増した存在がいわゆる生員であったことを踏まえれば、そうした人士の学習内容に着目する研究は、その内容と試験の模範解答との関連を探りつつ右の課題に検討を加える手立てとしてもまた、有効だと思う。

（1）　四部叢刊本『真西山読書記乙集上大学衍義』に拠る。

（2）　ここでは中華再造善本（北京図書館書籍出版社、二〇〇五年）影印の元延祐四年円沙書院刻本の構成にしたがう。

（3）ちなみに『朱子語類』には「性学」と熟する二文字は見えない。科挙をめぐる当時の情況に関しては、ヒルデ・デ・ヴィールドト（高津孝訳）「南宋科挙の学術史」（初出二〇〇七年、のち高津孝編訳『中国学のパースペクティブ』勉誠出版、二〇一〇年）参照。真徳秀は、その『西山先生真文忠公読書記』（甲集二六「堯舜禹湯文武伝授」）にも、以下のように述べる。「若堯舜禹之中、湯文之敬、武王之極、周公之礼楽、孔子之六経、与凡心学性学之類、各已散見諸篇、合而観之、然後見聖賢伝授之全体……」。そのほか劉壎『隠居通議』巻一「朱張呂陸」、黄震『黄氏日抄』巻三にも同種の概念が示される。

（4）宣徳二年重刊本は内閣文庫等に収蔵される。その前集の目録末尾に建陽書林朱十全の「識語」が附き、同書刊行の経緯について、まず儒学教官の董鏞による抄本を刊行しようとしたが文字の過誤が多く、そこで「好事」家を訪ねて「原本」を入手し、とくに「名儒」に対して「標点」を依頼し、「仍りて四集に分け」て出版されるにいたった、と述べる。なお該著は、これ以降この体裁が一般化し、四庫全書にも採録される。

（5）宮紀子『モンゴル時代の出版文化』第8章：「対策」の対策―科挙と出版―。ここでは尊経閣文庫所蔵の明抄本『太平金鏡策』を用いる。

（6）十二の分類とは、治道・聖学・制度・性学・取材・人才・文章・形勢・災異・諫議・経疑・暦象である。

（7）正徳十四年（一五一九）の自序を冠する許誥撰『性学編』（中国子学名著集成所収）は、当時における「性学」理解を基準にすればやや異質な書物である。馬淵昌也「明清時代における人性論の展開と許誥」（『中国哲学研究』創刊号、一九九〇年）参照。また『増訂二三場群書備考』四巻 E2/42 はその巻頭に崇禎十五年（一六四二）、沈昌世が記した序文を附する。同書の「挙例」によれば、この書物は、袁黄（一五三三―一六〇六）が撰述した「正編」に、袁黄の一子袁儼が「続編」と注釈とを加え、沈昌世と徐行敏とが増訂をほどこしたものである。その第一巻は「聖製・聖学・道学・性学・経伝・周易・尚書・毛詩・春秋・礼記・孝経・論語・孟子・爾雅・書籍・諸子・諸史・字学・書法・文章・詩・賦」の二十二項目から成る。

（8）荒木見悟『明代思想研究』（創文社、一九七二年）序に記される「明代思想史」「概観」を、当該認識の代表として用いた。

（9）正統七年（一四四二）会試の策問第二問の主題は「邵子論聖人以経法天」であり、邵雍『皇極経世書』「観物内篇三」の主張をその典拠とする。大全書に載る知識を問う出題だが、会試第二名合格の張瀾（四川瀘州学生）による程策は、出題意図に沿って解答を記しながらも、さらに『性理群書句解』巻一四が載せる「観物篇（四）」の篇題に附された注釈を用いて、解答を締めくくる。

（10）『薛瑄全集』一六一一頁「行状」。閻禹錫は薛瑄が正統年間に家居していたおりに入門した河南の学者である。

（11）吉田公平「二程全書解題」（和刻影印近世漢籍叢刊『二程全書』中文出版社、一九七二年）参照。

（12）本書において、黄潤玉の文集は国会図書館蔵のマイクロフィルム版を使用する。

（13）『未軒文集』巻二「伊洛淵源録新増序」、同巻四「書新刊大学中庸章句或問後」、同前「書重刊通鑑前編後」、同前「書新刻資治通鑑綱目後」。張元禎の証言は、『東白張先生文集』巻七「送江西提学僉憲黄先生致政帰莆陽序」、同巻九「資治通鑑綱目新刻序」。

（14）それをもとにして影印されたのが中文出版社版『朱子語類』だが、同書附載の張元禎「後序」と文集巻七所収のそれとは、文章が異なる。

（15）生年の推定は、万暦『新会県誌』巻六「白沙弟子伝」が記す「少陳子二十七歳」との一文に拠る。

（16）『未軒文集』巻四「書新刊大学中庸章句或問後」：予既嘗刻輯略或問全書於江西提学分司、摹以示諸生、復詳節論辨輯略之文、而取其与章句相発明者、倣大学或問之例、逐節録附章句之下、刻之家塾、非敢妄意以乱朱子之成書也、亦姑以便初学之誦習云爾。

（17）中山八郎『明清史論集』（汲古書院、一九九五年）所収の一連の論考、参照。

（18）『篁墩文集』A1/1252巻一〇に、聖製・風俗・先儒批評・治世名実・民兵について問う会試策問五道が載る。

（19）吉田公平「王陽明の『朱子晩年定論』について」（初出一九八一年、のち増訂のうえ『陸象山と王陽明』研文出版、一九九〇年）参照。

（20）「其専于尊徳性而略于道問学、則自主太過、不失于過中乎」。
（21）『篁墩文集』には正徳二年（一五〇七）の序刊本があり、それをこの程策の作者が読んでいなかったとは断言できない。程策に対する程敏政の潤筆に関しては知り得ないが、かれが問題漏洩疑惑の当事者であることからすれば、その可能性は低い。
（22）邵宝『容春堂集』A1/1258 前集巻一四「重刊静修先生文集序」：静修先生容城劉公文集若干巻、川浙旧有刻、歳久鮮伝、有志誦読者、蓋深病之、戸部主事李君時雍、公邑人也、近得善本於九江、捐俸重刊帰公書院、以恵学者。邵宝は成化二十年の進士登第である。なお同書は『（稿本）中国古籍善本書目』（集部・一三三二頁）に成化十五年蜀藩刻本として採録される。
（23）「雑学辨」に関しては、市来津由彦「朱熹の「雑学辨」とその周辺」（初出一九九五年、のち『朱熹門人集団形成の研究』創文社、二〇〇二年）参照。
（24）「嘉隆以前、姚江之書雖盛行於世、而士子挙業、尚謹守程朱、無敢以禅竄聖者、故於理多合」。艾南英の文集には各種あるが、本書では東北大学図書館蔵『重刻天傭子全集』（道光十六年刊本）を用いる。このテキストの巻首に載る『年譜』に拠れば、引用の序文は崇禎十五年正月の作とされる。なお、右の道光本は、康熙三十四年張符驤刊本と同三十八年艾為珖刊本を折衷したいわゆる足本であり、所掲『年譜』も張符驤によるそれの増訂版である。ちなみに張本は、引用の序文をその第八巻に「歴科程墨選序」として載せる。
（25）王応時は福建永福県の出身であり、この年の『進士登科録』によれば三四歳での登第である。乾隆『永福県志』に、かれは雲南按察使を勤めたと記されるものの立伝はされず、その思想傾向も不明である。
（26）「意有妄意、有私意、有意見、所謂幾善悪者也、良知不覩不聞、莫見莫顕、純粋無疵、所謂誠無為者也、学者但従意念認取、或未免善悪混淆、浸淫失真、誠知所謂良知而致之、毋自欺而求自慊、則真妄公私昭昭不昧、何至於誤認意見、任意所適也哉」。
（27）尊経閣文庫所蔵の陳仁錫撰二十九巻本に拠る。該書の粉本は、万暦三十三年撰の序文が載る茅維撰『皇明策衡』だが、その増訂版が時を置かずに作成されるなど、該書には数種類の別本が存する。

(28)　その生涯などに関しては、金文京「湯賓尹と明末の商業出版」(荒井健編『中華文人の生活』平凡社、一九九四年)参照。

(29)「吾読嘉以前文多見瑕、万以後多見瑜、嘉以前如烏鵠也、白者自白、黒者自黒、……見瑕者多、有真瑜者存也、万以来如烏之雌雄同命、黒白之名而不能分其物也」。「歴科程墨漫書」第二条にも「気孳於洪永、孩於宣成、壮於嘉、当其季而敝、無稽之口、動費数千言、不可覆也、隆之初則已反矣、今万則再壮矣、嘉之盛、為博頽豊頤、衣冠儼然、其患也肉多精少、形漫而神浮、万之盛、為新眉妍歩、幽杳可賞、其患也妖冶之資、陰蝕壮気」とある。

(30)「大抵学術本於人心、文章関乎世運、嘉靖之季、隆慶之初、朝野更新、治化休明、其文近雅、万暦新御、官家法令密如秋荼、其文近刻、庚辰(八年)而後、汰操切、尚寛柔、其文近薄、丙戌(十四年)以来、是非溷淆、議論日多、始春春多事矣、其文近乱」。

(31)　残る三点は、劉康祉、荘起元、趙維寰によるそれであり、荘起元は、この策問を「性習策」と記す(『漆園卮言』D1/集184文部策類、所収)。

(32)　安田二郎「陳白沙の学問」(初出一九三三年、のち『中国近世思想研究』(新版)筑摩書房、一九七六年)は、陳献章の学問全体を見渡しつつ、朱子学および王守仁の学問との異同を考察する。白沙思想に関しては、荒木見悟「陳白沙」(陽明学大系第四巻『陸象山』明徳出版社、一九七三年)、および福田殖「陳白沙思想の性格」(『荒木教授退休記念中国哲学史研究論集』葦書房、一九八一年)参照。

(33)「十余年以前、士子談経義、輒厭薄程朱、為時文、輒詆訾先正、而百家雑説六朝寓語、与夫郭象王弼繁露陰符之俊句、奉為至宝、今皆為衆所唾棄、而士子一稟程朱」。

(34)『中国科挙録匯編』(全国図書館文献縮微複製中心、二〇一一年)所収。

(35)『中国科挙録匯編』所収の『崇禎六年四川郷試録』と『雍正拾年壬子科四川郷試録』に拠る。

Ⅱ　考試と督学

第三章　明朝各省郷試事略――考官選定基準の変遷とその背景

緒　言

前章では、会試主考官の薛瑄と欧陽徳、郷試主考官の林光と馮元、監試官の蔣信、提学官の李寵と王宗沐といった人物が、自作の文章を程策として試録に載せた事実、もしくは程策の作成に関与していた可能性を指摘した。そもそも明朝にあってはかなり早い時期から、程文はその多くが主考官によって代作されていた。成化十年（一四七四）正月、北直隷提学御史の閻禹錫が上奏をおこない、「試録は合格者の文章を刊刻するものであり、主考が代作して（本来の職務である試巻の）校閲をとどこおらせることは許さない（試録就刻挙人文章、不許主考代作以妨校閲。薛応旂『憲章録』C/352 巻三四）」と述べて裁可されたことから逆に推察できるとおりである。ただし同十三年の条例が「監臨等の官、小録に干預することを許さず」と諭し、弘治七年（一四九四）施行の規程が端的に、「小録の文字は、提調・監試等官の代作を用いず」と指示したとおり(1)、ここに言う「小録」すなわち郷試録の程文に関しては、考官がそれを代作するにしても、科場における主要外簾官の意向が考官によって斟酌され、文字化されるといった、科場の力関係をこそ如実に反映するものであったに相違ない。

ところがその一方で、試録の序文には、「すべて三場の試験をおこない、答案の「程式」にかなう者、若干名を得るとともに、あわせてその答案のもっとも優れたものを選び」（薛瑄『天順元年会試録』「前序」）、といった紋切り型の文章が記され続けた。序文の方では明朝の建前を追認したわけだが、皮肉にもそうした序文もまた代作されることになる。主考官による執筆との慣習が守られず、提学官がまずは執筆するようになるのであり、それはおおよそ弘治正徳の際以降のこと、郷試考官は、その傀儡性を増す結果となった。

各省郷試の現場では、明朝の建前と主要外簾官の本音とが絶妙に棲み分けられていた。そしてその間に生じかねない矛盾を引き受けていたのが、右に推察したとおり内簾の考官であり試録の程文であった。郷試考官を如何に選定するかとの議論が朝廷において断続的におこなわれていたことは、本書の導論に述べたとおりであり、その議論は当然この矛盾とも関連するものであった。

洪武十七年（一三八四）の「科挙定式」は、儒官や儒士の「明経公正」なる人士を選ぶよう、比較的ゆるやかな規則を提示したが、それから約七十年後の景泰三年（一四五二）には、現役の地方教官にしてしかも年齢が三十歳以上五十歳以下、しかも日頃から「文学に精通し、身を持すること廉謹なる者」を徴聘するように、条件が絞られた。ところが紆余曲折を経て万暦以降は、主考官に関しては京官を派遣するという新たな規定が設けられた。この規定は或る実施条件を前提にしていた。万暦十三年（一五八五）二月、「内簾に試録の撰述を許さないこと、外簾に試巻の査閲を許さないこと」（王世貞『弇山堂別集』巻八三・一五八七頁「科試考三」）との二点を核心にすえて示された郷試改革案が、それである。明代末葉、右に想定した矛盾の緩衝材が、郷試の現場から撤去されようとしていた。

本章の主眼は、郷試考官の選任方法をめぐる議論の経緯について、その背景にも目を配りながら描き出す点にある。議論の背景をなす要素は多様でありその結びつき方も複雑、さらにまた時代の推移とともにそれらの相互関係にも変化が生じるのだが、ここでは、各省郷試の現場においてその時どきに問題視された事柄を追跡しながら、考察をすすめたい。かくして本章の叙述は、各省郷試におけるその都度のトピックを、時間の流れに沿って歴陳するものとなる。

一　天順以前

(一)　考官の条件

前章で検討したとおり、「性学策」に対する程文記述の方針では対照的な永楽十二年（一四一四）福建郷試と同十八年浙江郷試だが、考官の構成という点では、そう大きくは異なっていない。試録所掲の官員名簿に拠れば、福建では、四川眉州の儒士である儒学訓導左経と江西楽平の儒士である教諭朱守信が主考官に、江西永豊の人で永楽六年貢士の教諭高璉、江西安仁の人で建文元年貢士の訓導陳実、浙江開化の儒士である訓導江秉心が同考官に就いた。一方、浙江では、主考官を江西楽平の儒士である教諭倪永碩と福建長楽の人で洪武二十六年貢士の訓導林賜が、同考官を湖広衡陽の儒士である教授廖思敬、江西南昌の人で建文元年貢士の教授李琦、江西永新の人で永楽十三年進士の教授戴礼、江西金渓の人で洪武二十七年進士の教諭徐孟如がつとめた。

すべての考官が教職者である点と、ただその資格が、儒士、挙人を意味する貢士、進士といった具合に幅のある点とに留意したい。これらと対比で興味深く思えるのが、宣徳元年（一四二六）福建郷試の考官である。この時は、江西星子の人で永楽二年の進士である「前翰林侍講」の余鼎と浙江会稽の人で永楽九年貢士の教諭邵思廉が主考官に、浙江富陽の人で洪武二十三年貢士の陳観、浙江開化の人で永楽二十二年の「進士」方瑛、浙江余姚の人で永楽六年の貢士である訓導柴𤩽、浙江衢州の人で永楽十二年の貢士である柴起政が同考官に招請された。方瑛について、試録はその肩書きをただ「進士」と記すだけである。

この郷試では「福建藩臬諸公」が考官の選定をおこなった。かれら布政使や按察使が、儒官以外の進士登第者を二名も招いたことには、明白な理由がある。洪熙帝を嗣いだ宣徳帝は、地方と中央いずれも少数精鋭の選抜を目的として合格定員を創設した。それにともなって考官に関しても、適任者を厳選する意識が、永楽期に較べてより強く働いたと考えられるのである。

合格定員の件は本書の導論にも記したが、ここでは『皇明貢挙考』が会試の年度ごとにまとめた記録に拠り、永楽から天順にいたる進士登第者数の推移を改めて示したい。永楽二年四七二名、四年二二〇名、七年一〇〇名、十年一〇〇名、十三年三五〇名、十六年二五〇名、十九年二〇〇名、二十二年一五〇名であったのに対して、宣徳二・五・八年一〇〇名、正統元・四年一〇〇名、七年・十・十三年一五〇名、景泰二年二〇〇名、五年三五〇名、天順元年三〇〇名である。宣徳初から正統末までの約二十五年間、登第者数は厳しく抑えられていた。各省郷試の合格者数も同様であり、当時の人士の感覚では、王朝指定の解額は、とくにその員数の少なさにこそ意味があった。

宣徳四年（一四二九）、江西南昌府学の訓導に就いていた黄潤玉は、上司の陳教授(2)が浙江郷試の同考官として招聘された際に文章を贈り、定員の制定を、「まことに（受験生の）競争をたっとび僥倖を抑制して、実学（の習得者）を求める方法だ（誠所以上奔競抑僥倖而求実学也。『南山黄先生家伝集』巻三五「送南昌教授陳先生赴浙闈考官序」）」と評価した。受験倍率を高くして偶然の合格者を生み出さないことが、この新制度の眼目なのである。ただしかれは、「（このような制度のもと）考査の担当者は、適任者が容易に得られるだろうか（司文衡者、其可易其人乎）」といぶかることで、有能な人材がみつけにくい情況下とくに徴聘された陳教授の能力を暗に称讃した。教授は山東郷試の主考官としても招かれていたが、招請状の到着が浙江のそれよりも遅かったため、主考官への就任は見送ったという。

当時、総数三〇〇〇を超える儒官のなかでも、(3) 少数選抜の責務に堪えうる優秀な考官は、見出すのが困難だったのだろう。陳教授のように一度に複数省からの要請があったり、同一人物が何度か考官をつとめる事例が、少なからず存在する。すでに紹介した曹端は、山西霍州の儒学学正に就くかたわら、宣徳元年から七年まで三度連続して陝西郷試の考官に招かれてもいた。また上述の陳観は、永楽十五年に応天郷試同考官、同二十一年には江西郷試考官を経験しており、福建郷試の責任者は、かれのそうした経歴を買って徴聘したに相違ない。その後、陳観は教官を辞任するまでのあいだ、再び江西や福建の考官をつとめた（陳循『芳洲文集』D1/集31巻七「荊州府儒学教授致仕陳先生墓誌銘」。『万暦野獲編』巻一四・三六七頁「教職屢為考官」参照）。

だが考官は、各地の布政使等に選ばれる受動的存在であり、それ故に本来の職責の完遂がかなわない場合もあった。むしろそれが、各省郷試の一般的情況であったと思われる。永楽以降、中央高官を歴任していた王直（一三七九―一四六二）は、郷試考官がその職務を果たすには博大な知識と公正な鑑定眼、決断力が必要だと述べ、この条件をみたすだけでも困難なのに、試験の実施体制が職務遂行の大きな障害となっていることを、以下のように語る。

郷試は布政司官に取り仕切られ、按察司官や各地の巡按御史もそれに関わり、かれらはかれらの判断で「人を得て之を進め」ようと望む。つまり合格者を確保しようとするから、「徳を協合させ心をひとつにして仕事を成し遂げるならば、たしかに好いわけだが、もし（地方官が）その任務に異心を抱いているならば、その権勢の趨くところ、小さい場合でも（考官としての）職務を侵害し、大きい場合にはその権限を押さえ込み、（考官が）自身の任務を遂行できなくさせてしまう（協徳一心以成其事、固善矣、苟或異乎是任、其勢之所可為、小則侵其官、大則撓其権、使不得自任焉。『抑菴文後集』A1/1241巻一〇「送成司訓赴淛江考試序」）」。外簾の執事諸官が内簾考官の仕事に干渉を加えているわけであり、王直は、そうした噂をよく耳にするとも述べる。永楽十八年（一四二〇）の応天郷試に合格し、その後「司訓」に就いていた成規が浙江郷試の考官として招聘された際に、かれに贈った文章のなかでかく述べるのであり、宣徳期の情況に対する観察だとみなせる。

外簾官の構成について、前述の宣徳元年福建郷試を例にとれば、監臨官は巡按監察御史である二名の人物が、監試官は按察司副使と僉事が、提調官は布政司左参政がつとめた。二名の監臨官はともに永楽十六年の進士、監試官は二名とも監生出身、提調官は洪武二十三年浙江の貢士であり同考官陳観と同年の合格者、つまりかれら外簾官は、その資格の点で上述の考官と同等、逆に考官は、外簾官に較べて遜色のない資格を備えていた。

王直は上記の文章に、浙江の高官たちが「君子」であることを自分は知っていると附記し、成規を安心させた。宣徳元年の福建郷試もまた、関係者が結束して執行されたに相違ない。精鋭の選抜という王朝の目的に沿うべく、そもそも布政使らが、科場全体で「心を一に」できるような環境を作り上げていた。その方法が、考官選任の際の資格や前歴に関する精査であった。

しかし正統六年（一四四一）、朝議において考官の資質が問題となった。前年に実施された江西郷試の試録程文に過誤があるとして、三名の考官が指弾されたのである。監察御史丘俊は、過誤を見落とした責任者として、主考官の礼部主事林璧と湖広岳州府通判林文秸、同考官の浙江鄞県儒学致仕教諭銭紳を糾問した。詮議を経て、朝廷は、郷試考官を選ぶ際には、六十歳以上の老人や致仕した官人、病気療養中の者、見習い期間中の挙人、年少の進士で学力の不十分な者などを除外する規則を策定した。(4) たしかに林璧は正統元年登第の新進士、林文稓は永楽十三年進士登第のベテラン、銭紳は致仕した儒官であり、いずれもこの除外規定にあてはまる人物である。

だがかかる詳細な規定が、江西の一例だけを根拠に作成されたとは考えにくい。この江西郷試にあって、考官の構成は宣徳元年福建郷試のそれに近似する。一方、正統六年の規定は、かつては奏功したであろうそのような構成に対し、効果の終焉を告げたものだとみなせる。宣徳帝十年の治世を嗣いだ正統年間、各省郷試の現場には、この規定の設立へと結びつくような或る変化が生じていたと推察する。

正統九年、翰林院侍読周叙（一三九二―一四五二）が上呈した一文から、その変化の方向性を探るとしたい。周叙はそのなかに科挙の「振興」を求める一条を挟み込んだ（『石渓周先生文集』D1/集31巻五「修理嶽廟疏」）。そこには、かれの識る或る布政使から聞いた「あらゆる地方から考官を招請しようとするが、人材を得るのは至難だ」との意見にもとづき、候補者を事前に準備すべしとの提案が記されていた。人材に関しては、京官および朝覲のために上京した官員から、優秀な人物を「有司、教職」の別なく推薦させ、その被推薦者を礼部と翰林院が事前に審査する。そして郷試の時期には、主考官については、事前審査を通過した者のなかから「在京、在外、職事を分けず、礼部が適任者を派遣し、ただし同考官は、従来どおり各省独自の判断に任せる、というものである。

周叙は、有能な人材を博捜するとともに、主考官に関しては朝廷が一元的に管理するという提案をおこなった。人物の資格や職掌といった外在的要素による選定を抑制しようとする鞏固な意志が、この提案にはうかがえる。周叙は永楽十六年の会試において第二位の成績をあげた人物である。ただしその答案は会元にこそ相応しいものであった。ところが時の「主司」が、周叙の出身について、「儒士」であり儒学の学生ではなかったことから、その順位を下げた（同巻八所収、某氏撰「周公墓誌銘」）。周叙は、右の提案において官職というよりもその背景をなす資格に対し、それを判断の基準から外した。能力主義を貫こうというわけである。こうした傾向は、かれの個人的な経験に由来する側面もあるのだろうが、同時に、科挙出身者およびその資格を重視する風潮が、正統年間、強まってきている事態を、批判者の立場から表現したものでもある。

主考官の朝廷一元的管理に関する主張も同様である。王直の観察としてすでに紹介したとおり、各省郷試の現場では、考官の職掌が外簾官によって干渉されるという事態が継起していた。外簾のかかる優位性は、資格重視の趨勢のもとでさらに上昇していただろう。一方、そうした執事官に対抗しうる資格を有した考官候補者は、時の経過と、狭い解額とのために減少の一途をたどっていたはずである。

周叙の提案は、従来の方法を大胆に批判した独特なものである。ただしその前提をなす現状認識は、そう偏ってはいない。正統六年の除外規定もまた、考官候補者に対する観察という側面では、周叙のそれと過半を共有するのだが、しかしこの規定は、周叙の主張とは対照的に手堅い。選考の対象から外れる条件を具体的に示すことで、郷試の安定的執行を計画したのであり、さらに景泰三年の規定は、そうした除外規定を適用して残った集団を、一層絞り込んで作成されている。つまり上記二件の規定はその主旨を同じくするわけである。

だがそれでも、儒官だけを特定的に選考の対象とする景泰の規定は奇異である。永楽以降、儒学教官の資質に関しては、それを懸念する報告がしばしば呈せられていた。それにもかかわらず、なぜこの規定は教官を銓衡の母体と定めたのか。策定の理由を明言するような文書は、現在、探し出せていないのだが、決定の背景には、当時の地方官僚社会における儒学教官とその上役たちとの力関係が絡んでいたと思われる。引き続きこの問題に検討を加える。その際に注目するのが副榜挙人、会試において「正榜」につぐ成績を挙げたものの殿試に進むことは許されなかった一群の挙人たちである。

（二）教官の適格者

明代の文献において、「副榜挙人」との呼称を用いるのは実録等の公文書であり、文集などでは「甲榜」の対になる「乙榜」の方が通常使用される。そのほかにも、「右榜」、「亜榜」、「一榜」、「乙籍」といった表記が存した。副榜挙人と教職との関係について、郭培貴氏は、幾つかの事例を紹介しながら元末明初の情況を概観される(5)。元末の至正八年（一三四八）には、漢人の副榜挙人からその一部を学正や学録などの教職にあてる規定が作られ、洪武朝においても、王圻『続文献通考』（巻四六）「乙榜挙人」に、三十年（一三九七）三月、かれらを教諭や訓導に「署」するが三十歳未満で就職を願わない者はそれを「聴《ゆる》」すとの事例があるとおり、元末の制度を引き継ぎつつ、修訂を加えるにいたった。なおこの年齢制限に関しては、建文二年（一四〇〇）、二十五歳以下と改められていた（王紳『継志斎集』A1/1234 巻六「送太学生徐細観序」）。

三年に一度、輩出される副榜挙人は、儒学教官の主要な供給源であった。問題はその認識に随伴する価値観である。ここにも解額制定の一件が絡んでいた。江西泰和の人である蕭鎡の或る文章を紹介する。宣徳二年進士登第の蕭鎡は、おそらくは正統の後半、永楽期の情況を振り返り、「郷試の合格定員はいまに較べると「三倍」、会試乙榜に選ばれる人士も同様、教官となる者は、おおむねそのなかから出ており、それ故、推挙による者は少なかった」と述べる。そのうえで、「洪熙以来、科挙の数は「減」らされ、学校の生員以外は郷試を受験できなくなった。近ごろは定数を多少ふやしたが、乙榜に選ばれる人数は「故の如し」。世の中の教官は日ごとに欠員を生じ、それ故、推挙による者が多くなった」との比較をおこない、それを必然的趨「勢」と見た（『尚約文鈔』D1/

集33巻五「送劉司訓赴蕪湖県学序」)。

蕭鎡の文章は、推薦によって訓導に就いた或る人士に対し、職務への精励を期待する主旨のものであり、その人士が厳正な資格試験に合格しての儒学着任であることを、一文の後段に明記する。ただしその試験方法について、「科挙の煩密なるには如《し》かざると雖も」との比較表現が用いられるとおり、儒官のなかでも、推薦による人士より副榜挙人の資格をもった者を優れているとする認識が、その根柢に存する。この文章で明らかにすべきは、「故の如し」というその「故」が、いつの時代を指すかである。

会試録の序文には受験者数が、また各時代の実録には副榜挙人の数も含めた合格者数が、必ずしもすべててはないものの記される。それらに拠る集計にもとづき、宣徳五年以降、正統十三年までの数値をならべれば以下のとおりである[6]、宣徳五年は二〇〇〇人の受験で正榜一〇〇人、副榜挙人は六八九人で七〇人が除外者。宣徳八年は一四〇〇人の受験で正榜一〇〇人、副榜挙人は四九七人で三三人が除外者。正統元年は「一千余」人の受験で正榜一〇〇人、副榜挙人は三九〇人で六三人が除外者。正統四年も「一千余」人の受験で正榜一〇〇人、副榜二三三人で五八人が除外者。正統七年は一〇〇〇人の受験で正榜一五〇人（副榜は不明）。正統十年は一二〇〇人の受験で正榜一五〇人（副榜は不明）。正統十三年は「一千三百余」人の受験で正榜一五〇人、副榜は六〇二人で四一三人が除外者である。

ここで除外者とは、原則的には教職を授けられる副榜挙人ではあるが、しかし年齢等の条件により、それを辞退することができた人士を意味する。また宣徳八年の場合、殿試直後に宣徳帝が、新進士と副榜挙人のなかで「年少の質美なる者」三〇名を特選して「進学」させる命令をくだしたため、そこで新進士から六名、挙人からは二四名の人士が推薦され、その後、殿試の成績が発表されると、副榜挙人では、国子監への入学を申し出て許可された「九人」以外の「四百六十四人」が教職を授けられた。かかる経緯を踏まえた計算の結果が、上記の数値である。

これらの数値の傾向を大まかに捉えれば、副榜挙人の数は宣徳期と正統の後半が近似し、正統前半がそれに較べて少なく、除外者数は、正統前半までが一定して低く、正統十三年が突出して高い、という概容が導き出せる。十三年の場合、除外者が認可される以前の二月、監察御史万節が、副榜に合格しつつも教職に就かない人士について、就職の辞退を「（過去）二、三回以上も申し出た人士がおり、また年齢が（規定外の）三十歳や四十歳以上の者もいる」との観察をもとに、教官に欠員が生じていると上奏し（『明英宗実録』巻一六三・三一六二頁）、そして三月、上記のような人数が決定されたようである。裁定に際して礼部は、「旧例」では副榜挙人は二十五歳以上の者に教職を授け、それ以下の者は除外したが、「近例」では、如何なる年齢でも国子監への入学や帰郷を願った者はすべて許可したと上申しており[7]、十三年のような除外者数の高さは、合格定員を微増させた七年からの傾向であり、しかも朝廷はそれを追認していたとみなせるだろう。

蕭鎡の言う「故」とは、正統後半から見た宣徳期を指すと考えられる。ただし永楽期に較べて宣徳の副榜挙人が減少したわけではない[8]。儒官不足に関しても、王直が、「洪熙乙巳」各地の教官に欠員が増えたので「諸生の学行ある者」を選んで補任したと言うように（『抑菴文集』A1/1241巻一〇「故翰林検討翁先生墓誌銘」）、正統後半だけの特別な現象ではない。

そもそも洪熙・宣徳両帝による解額設定の意図から推すならば、宣徳期の副榜挙人は、この不足しがちな儒官に充てるべく計画的に確保された人士であった。その数も、欠員を埋めるに十分なほどであっただろう。だが、正統後半の「近例」では、教職就任を辞退しうる条件が、「旧例」に較べて格段に緩和された。ここに、副榜挙人に対する認識の変化を看取することができる。宣徳期以降、人びとは副榜挙人という存在の不合理さを知悉するようになり、それに応じて、かれらを教職に就ける規定に対しても、否定的な意味を意識し始めたと推察される。以下この推察を確かめてゆきたい。

（三）副榜挙人の境遇

洪煕・宣徳期における科挙改革方案のひとつに、南北（中）巻の設定があることは周知のとおりである。[9] 正統元年春の規定を記した陳循の文章に拠れば、百名の定員から「南十之六、北十之三、中十之一」という割合で、合格枠が事前に設定された（『芳洲文集』巻三「送蕭教諭赴長洲序」）。この割合が、地域ごとの受験者数を正当に反映せず、南方の人士にとって不利な条件であったことは、識者の言うとおりである。合格判定の際には、また、選択科目である五経義の受験者数に偏差があることから、「経ごとに七に其の一を取る」方法が採られてもいた（同前）。『書経』と『詩経』の合格者数各二に対し、残る三経が一という割合にしたがい、合格者を順繰りに選ぶのである。受験者数が最多である『書経』は、他経に較べて競争率の高い経典となった。

右の一文において陳循は、南方の或る書経選択者が、この二重の関門に阻まれ、そのために正榜の学力を持ちながらも教職を授けられた、つまり副榜挙人に回されたその不幸を歎いた。「該博」な学問の保有者であっても、「競争率の高いこちらにいるために、率の低いあちらの者には勝てず（不得以此而勝彼）」、超卓の才能がない者であっても、「この「乙」程度の成績におりながらも、「甲」に入るはずの成績の人士に勝ることができる（亦可以此乙而勝甲）」。かかる「定制」のもとでは、たとえ「智者」であってもどうしようもない。

解額の設定に起因する不平等環境が受験生の周囲に形成され、その実害を、とくに副榜挙人がこうむっていた。

儒官の置かれた情況も同様である。かれらの勤務査定は、そのランクごとに多寡の違いはあるものの、郷試の合格者数を基準におこなわれた。宣徳五年の規定に拠れば、たとえば教授は、九年の任期内に五名の合格者を送り出せば「職に称《かな》い」、三名ならば「平常」、それ以下は「称わず」という評定がくだされていた(10)（万暦『明会典』巻一二「吏部・考覈一」）。

しかし宣徳十年十月、河南按察司副使徐義が、この規定と郷試解額との齟齬を指摘した。「河南七府一百州県」の定員は三五名、三度の郷試で各官学から一名の挙人を送り出しても、「尚お二処を余す」（『明英宗実録』巻一〇・一九四頁）。制度的に、合格者を出せない官学が二校ありうる情況下、教官にその職責のまっとうを要求することは苛酷というものであろう。宣徳五年と八年の二回の会試によって、一〇〇〇名以上の副榜挙人が儒官となっていた。かれらのなかの一定数の人士は、永楽期に較べて狭き門となった郷試を捷ち抜きながらも、不公平な制度のもとで副榜に回され、さらに規定として教職を授けられ、しかし就職後も正当な勤務評価を受けることができなかった可能性がある。かかる多重の不運に見舞われないまでも、不遇感をわだかまらせていた副榜挙人は、当時、些少ではなかったはずである。

正統元年二月、「近年「師儒」には人材の得られないことが多い」との上奏が、陝西按察司副使の金濂によって呈された（『明英宗実録』巻一四・二六九頁）。さらに、戸部尚書黄福の提議にもとづいて検討されていた「専一に学校を提調」する官員の設置とその各地への派遣が、同年五月に具体化された（同巻一七・三四三頁）。学政全般を監察するいわゆる提学官が、各省には按察司の官員として各一名、南北直隷には御史として各一名、増員されたのである。吏部の銓衡を経た一三名の新任提学官に対し、正統帝は勅諭を授け、かつ全一五条の職務規程を提示した。その第三条は教官の処罰規定であり、そこには「今の教官は賢否」各様であるとして、「徳行」重視の教官選任体制を貫くよう命じ、初回の「考験」で不適格者はまず訓戒し、「再考」しても改善されない教官は、吏部に送って罷免させるとの手順が記されていた。

各地の提学官はその職務に精励した。永楽十九年の進士で、翰林侍講を長くつとめた劉球は、この制度の創設後「三年にして、天下の教官は職務怠惰を理由に解職される者が多く、そこで朝廷は、南北国子監の監生から学力優秀者を選んで教職に補任するよう勅命を下し」たと述べている（『両谿文集』A1/1243 巻九「送劉教諭赴中牟詩序」）。そしてその候補者は、前述した厳しい資格試験を受け、その成績に応じて教諭や訓導の職を授けられた。のちに楊守陳も、提学官の創置をめぐり、「全国の学官が多くは学生の教育に怠惰であったが、その上役に就いている官員は、各自がその職務を遂行するだけで、教官を取り締まる者がいなかった（以四方学官多怠於教、涖其上者各事其事、莫或董之。『楊文懿公文集』F/五 17 巻一一「送劉君仗和赴浙江憲副序」）」とその由来を説明し、初代提学官のなかでも、山東の薛瑄、江西の王鈺と陳璲、浙江の熊紳は、「みな皇上の命令をよく守り、その職務をまっとうした。この一時期、有能な人士を教化したことの盛んな様子は、往時をしのぐものがある」と述べている。従来、地方学政の監督は知府の職掌であったが、かれらには所轄に対する行政の全般的な責任があった。また一省全体の督学は、按察使に委任されていたが、その仕事は無論かれらの広範な職責のひとつにすぎなかった。

初代の提学官に対する楊守陳の評価は的外れではない。そのなかでも、応天の彭勗、山東の薛瑄、河南の欧陽哲、陝西の荘観などは、三年の任期を経た段階で、その功績が評価され、職務の継続を命じられていた。全国的規模で「士風」が改善された。ただしその変化の陰では、不条理な査定のもと罷免を余儀なくされた教官も存在しただろう。そしてその欠員は、各地からの推薦と朝廷での資格試験を経た監生や儒生によって埋められた。

この時期、儒官推薦の職掌は各地の提学官が所有していた。[11] 薛瑄は、山東提学官に任命される数ヶ月前、その年の会試において副榜挙人となり、或る儒学の訓導を授けられた人士に文章を贈り、「進士と乙榜」とはともにその答案が「通粋」であって基準に合致するのだから、乙榜挙人とその他の落第者とは同じレベルではなく、また、進士登第者はおおむね「大官」に陞進し、一方乙榜は「悉」く儒官を授けられ、その「職に崇卑はある」ものの、国家の統治を裨益する点では同一だと述べたうえで、「尋常」の感覚では進士を尊重し教職を軽視するが、それは偏見だと結論づけた（『薛瑄全集』七二五頁『文集』巻一五「送馬司訓之任序」）。提学官就任後も、かれはそうした考え方を変えなかっただろう。しかしながら、一方、副榜と認定された人士の大半は、「尋常」の感覚をさらに増大させて、教職就任を忌避したに相違ない。新設の督学制度が、かれらの不遇感をより強くさせたと推察するからである。

副榜挙人たちによる教官就任の忌避は、将来に対する期待の裏返しでもある。だが、その期待が大きければそれだけ、教官就職時の挫折感も増す。かれらの学力が進士登第者と同等であることは、時の名儒も認めている。実際に、教職就任を辞退した副榜挙人が、その後の科挙では、上位合格を遂げてもいる。正統四年の会元にして榜眼の楊鼎は、宣徳十年陝西郷試の解元となるが、翌正統元年の会試は「不第」、「当《まさ》に北監に入るべき」であったが南京国子監に籍を置いた。かれの場合、副榜ではない可能性もあるが、正統七年会元の姚夔は、正統三年の解元、会試では「乙榜を辞」して太学に入った（姚夔二六歳。『姚文敏公遺稿』D1/集34附録商輅撰「墓誌銘」）。正統十年の会元であり状元の商輅も、正統元年の会試副榜であり、「故事では乙榜はともに教職を授けられるが」、前「例を援用して所司に申し出て、故郷で学習した」（周叙『石渓周先生文集』巻六「送商貢士序」）。正統十三年状元の彭時も、十年の会試において「わたしは副榜に中《あ》たったが、（教職に）就かず、「下第者九百余人」と太学に入った」（彭時『可斎雑記』C/1166）。同じ年の榜眼である陳鑑も、正統九年、順天府郷試の第二名だったが、「明年、礼部では乙榜に中たり、（教職に）就かず国子監に入った」[12]（陳鑑三十一歳。四部叢刊本・呉寛『匏翁家蔵集』巻六一「前朝列大夫国子祭酒陳公墓誌銘」[11]）。

副榜挙人という資格保有者がただよわせる不公平感は、宣徳年間をとおして人びとのあいだに蓄積され、正統年間、増強されたと推察する。一般の認識がそのようであれば、当事者の感覚は、なおさら切迫したものであっただろう。教職就任を断乎固辞しようとする合格者の増加とともに、かれらの就職条件に関する「旧例」は、「近例」へと転換した。無論、その合格者の背後には、血縁や地縁で結ばれた多くの地方人士が存在する。要するに明朝は、かれら多数の圧力を考慮せざるを得なかった。そして提学官制度にも破綻が生じ始めた。

正統十年、広東左参議の楊信民は、上役の職掌に対する侵食を嫌う提学官が、所轄を巡回しても教官や学生の不法に対し処罰をくださないと報告し、あわせてその巡回も年に一度だけでは、学政に関する「専職」としてのこの官職も具文でしかないと断じた（『礼部志稿』巻七〇「学校備考・振飭提督提調」）。柯潜や楊守陳にも、督学制度が機能せず逆に弊害すら生じているとの発言がある。提学官の創置より以前に学政を取り締まっていた按察使等の地方官が、再びその権益を主張しだした。十三年二月、副榜挙人の就職辞退について上奏した前述の監察御史万節は、その同じ報告のなかで、当時、教職には推薦を受けた儒士や資格試験を経た監生もいるが、かれらの経学は精確ではなく、後進の手本となりえないばかりか「濫挙」の弊害も免れない、と述べている。その放漫な推挙に、地方高官と地元の有力者とのあいだの複雑な利害関係が絡んでいたであろうことは、言うまでもない。

（四）科挙出身者の優位性とその内部格差

景泰元年（一四五〇）の八月までには、専任の提学官と科挙の合格定員との双方が廃止された。その月の応天郷試で副主考官をつとめた劉定之が、試録の序文に、「提学は以前、専門の官員がいたが、それを罷めて、憲臣に対しだれでも学政の監督ができるようにさせた。郷試合格者は以前、どこでも定員があったが、それをゆるめ、有為の人材に対しだれでも（会試への）推薦が得られるようにさせた（以提学昔有専官而去之、使憲臣皆得督、以発解昔皆有定額而開之、使成材皆得薦。『景泰元年応天府郷試録』「後序」）」と記すのである。かれは時代のこうした転換を、寒暖の入れ替わる「天道」の運行になぞらえた。両制度の廃止は、景泰朝における寛容さの象徴であった。

応天郷試に関する諸情報をまとめた『南国賢書』に拠って合格者数を比較すれば、宣徳元年から正統三年までが八〇名、正統六、九年が一〇〇名であり、景泰元年には、それが二〇〇名に倍増した。翌春実施の会試において受験者が増加するのは当然であろう。前回より九〇〇名ほど多い二二〇〇名を数えたのだが、正榜の枠は五〇名加増の二〇〇名にとどまった。礼部は「正奏三百五十人」を報告したが、勅旨によって二〇〇名に抑えられ、一五〇名が「副榜」に移されたのである（彭韶『彭恵安集』A1/1247 巻四「鄭教授墓誌銘」）。

前回の会試に較べて合格者の枠が拡大したとはいえ、下第者数の方も激増した。そしてかれらの多くが、儒官への就職を自主的に願い出た。礼部は、挙人の実力は儒士より遥かに優れていると述べた給事中金達の発言を引き取り、三十歳を越えた副榜挙人とともにかれらの名簿を吏部に送った。しかし翰林院学士陳循は、両者の斉一視が間違っていることを、「ただ（副榜とされた）科挙試験が無駄に設置されるだけではなく、そもそも有能な者とそうでない者とが混同され、（副榜挙人の）人情において我慢できないだけでなく、そもそも旧来の制度と乖離する（非惟科目徒設、抑且能否混、非惟人情不甘、抑且乖於旧制。『明英宗実録』巻二〇二景泰二年三月癸亥・四三三一頁）」と主張し、その結果、下第の挙人は、資格試験の合格者だけが教職を授けられた。

景泰三年（一四五二）の規定が施行された翌年の、福建郷試における内外両簾の官員について、その資格を比較したい。考官はすべて規定どおり儒官であり、主考官は儒士の教諭聶大年と正統九年貢士の学正楊玘、同考官は宣徳四年貢士の教諭徐牧、儒士の教諭黎拡、宣徳十年貢士の教諭羅彪、正統三年貢士の教諭鮑剛、儒士の訓導彭禄である。一方、主要な外簾官は、監臨官が正統十三年進士の巡按監察御史倪敬、監試官が永楽十九年進士の按察司副使胡新と正統十年進士の僉事趙訪、提調官が永楽十八年貢士の布政司右参議李迪である。

主考官聶大年に関しては王直が墓誌銘を著しており、それに拠れば、江西臨川の人であるかれは、少年時代からその名声が「縉紳」社会を動かすほどの博識と書法の腕前を有し、推薦を得て仁和県学の訓導に就いた。常州府学訓導を経て再び仁和県学の教諭となるが、その間、郷試の年には「諸藩省」からの考官要請が相継ぐとともに、かれの答案審査について、人びとはその「公」平性に感服したという（『抑菴文後集』巻三三「教諭聶大年墓誌銘」）。聶大年は、景泰六年秋、病を得て致仕を申し出ているから、この福建郷試はかれにとって最後の考官就任であった。官員選定の責任者である監察御史倪敬は、他省におくれを取らぬよう工作し、かれの招聘に成功したとみなせる。『正統十三年会試録』に拠れば常州府無錫の人である倪敬は「監生」の身分で会試を受けているのだが、その出身地と聶大年の赴任先との一致は、この招聘と無関係ではなかっただろう。

主要外簾官が郷試の運営に対して主導権を握る体制が、この時期には十分整備されていた。そもそも資格の面で、かれらは考官のそれを圧倒し得た。それを官職の面から追認したのが、考官選定の母体を儒学教官に限定した景泰三年の規定であったと捉えたい。なお、この郷試考官の資格が儒士と貢士とに分かれる点に、正統年間における教職就任者の趨勢が反映しているように思われる。

天順元年（一四五七）二月、会試の実施を前にして、礼科給事中王鉉と巡按陝西監察御史銭璡とが副榜挙人の多数選出を上奏した。その進言のなかで王鉉は、景泰七年までの会試には解額が定められ、「才学」の優秀な人士がそのために合格できなかったことに触れ（『明英宗実録』巻二七五・五八三四頁）、一方、銭璡は、副榜に合格しても教職の辞退者が多く、生員や儒士によってその欠員を埋めたが、生員は「学校での凡庸な輩」、儒士は「地方官に引き立てられた人士」ばかりで、その結果、学政が衰頽したと述べる（同前・五八四一頁）。そして実施されたこの年の会試の成績について、主考官薛瑄は、試験の三場とも基準に合致するとともに、答案の文章も内容も「通暢」な受験生三三〇名を報告し、あわせて「そのほか文理平順」で副榜に相等する人士が「甚だ衆《おお》」い、との進言をおこなった（同前・五八五三頁）。

天順帝が定めたこの試験の正榜は三〇〇名だが、副榜の人数は不明である。景泰二年探花合格の王㒜は、成化五年会試で副榜となった人士に文章を贈り、この制度について以下のように振り返った。三年に一度の会試では、礼部と翰林院とが受験生の答案をもとに「甲乙」に分け、その名簿を奏上するが、「去留多寡」の人数は皇帝によって定められるため、かれらがその人数を「敢えて専らにする」わけにはゆかない。ただその「乙榜の首に居る」人士が「甲科の才」を具備していることは、天順四年と八年の二度、会試の考官を経験してよく分かった。だが「外議」はその甲乙で人士の「優劣」を判断し、受験生はそれ故に考官の「不公不明」に憤りを覚えてしまう（『思軒文集』C/1329 巻三「贈徐廷厚学正序」）。

副榜挙人は、科挙制度の内部では甲榜との格差はあれそれでも優秀な存在である。だがひとたび教職に就くと、かれらには鞏固な偏見がついて回った。そうした不条理を楊守陳は、天順六年に逝去した或る人士の墓誌銘においてこう語る。科挙は「こんにち、受験生の人徳を審査せず、ただその作文能力を比較して甲乙の区別をつけるだけなのに、それが一生涯の資格にもとづく官歴の尊卑となる。区別をつける人士がみな聡明というわけでもなく、僥倖を得て甲科、理不尽にも乙科、という結果も少なくない状態だ（今也、不考其徳而徒較其藝、以第其甲乙、以為其終身資序之崇卑、而較第之者又不皆明也、倖而甲、屈而乙者不鮮矣。『楊文懿公文集』巻九「郷貢進士趙君墓誌銘」）。官歴の尊卑につき、楊守陳は後年に記した別の文章において、「進士登第者はかならず目立った要職を授けられ、一年のあいだにたびたびその職を遷す者や、数年もせずにわかに高位を極める者がいるが、教官の場合は、かならず九年の任期満了後に業績が査定され、人事の昇降がおこなわれ」、落魄の生涯を送る者が多いと解説し、それを「輿論」は憂慮したと記してもいる（同巻一五「送戴太尹序」）。

天順六年（一四六二）山東郷試の主考官は、正統九年貢士の教授林宗と宣徳四年貢士の教授周琳であり、同考官は正統・景泰期の貢士で学正二名、教諭一名、訓導二名という構成、同年浙江郷試の主考官は、正統九年貢士の教諭伍福と正統六年貢士の教授方玭であり、同考官はやはり正統・景泰期の貢士で教授一名、教諭一名、訓導三名である。偶然の結果という可能性もあるが、ここに儒士はひとりもいない。教官を含めた官僚社会において、科挙出身者の優位が進行していた。その趨勢のなかで儒学教官、なかでも副榜挙人を経ての儒官は、その崇高な職責や正榜に準じる資格にもかかわらず、落伍者としての悲哀を強く感じていた。

二　成化・弘治期

（一）副榜挙人と儒学教官

副榜挙人の処遇に「輿論」が憂慮したとは前述のとおり楊守陳の記録だが、かれはその同じ文章のなかで、朝廷による問題への対応策についても言及している。「今の礼部尚書姚公」が上奏し皇帝の認可を得て、優秀な教官を朝廷で審査し、二名に「県尹」職を授けたというのである。姚公とは姚夔、皇帝とは成化帝朱見深を指す。

副榜挙人への処遇にも改善が見られ始めた。成化元年（一四六五）二月、巡撫湖廣左僉都御史王倹が上申した「八事」のなかに、「師儒」の精選を願う一条があり、そこに、「学識」に欠ける監生ではなく副榜挙人を儒学教官に就ける要請が記され（『明憲宗実録』巻一四・三〇六頁）、そして同年十月、吏科都給事中沈珤らは、儒学教官のなかでも学正と教諭には副榜挙人を就け、教官でも下位の訓導は五十歳以下の監生に、しかも試験のうえ授けるよう提案し、それが認められた（同巻二二・四二九頁。黎淳『黎文僖公集』C/1330巻一一「送資県学教諭魯国英序」）。

一方、各省郷試における考官の選任に関しては、成化十五年（一四七九）十二月、監察御史許進が新たな提案をおこなった（『明憲宗実録』巻一九八・三四七五頁）。近年の郷試は「私情」による考官の選任が横行し、答案の「校閲」が精確ではない、との現状観察にもとづき、北京と南京の両郷試は翰林官から考官を選ぶことで合格者に「人を得て」いるのだから、各省郷試でもそれに倣って主考官を任命すべきだ、というのである。しかし成化帝は、各省が独自に主考官を招く現在の方法は「祖宗の旧制」であり、しかも長年施行されてきたとの理由から許進の上奏を斥け、しかし今後は、不正行為が発生しないよう、巡按御史と「布按二司」とに相互監察をおこなうよう命じた。

許進の改革案は、前述した周叙の提案に近く、京官の派遣を求めるものだが、かれの前には「祖法」が立ち塞がった。とはいえ外簾官による内簾の考官への干預は深刻の度合いを増しており、そこで礼部は、迂回策を採ることで事態の解決をはかった。教職全体の資質を向上させ、かれらを母体として選任される考官の精度を確保しようとしたのである。

成化二十三年二月、礼部は、前年の郷試における試録の誤謬を取りあげ、その原因を追究するなか、「そもそも教職は（同じ地位に）停滞しがちで、人は教官になりたがらず、それでも就職する者は、多くが学識を有さない人物で、（郷試に）招聘して答案を審査させても、めがねにかなうことは稀だ（蓋以教職易至淹滞、人不楽為、而就職者多非有学識之士、及至聘以典文、罕称其選。同巻二八七・四八四八頁）」と上奏、副榜挙人をできるだけ教職に就かせるよう、その処遇の改善を提案するとともに、郷試に際しては「才行の士」を考官に招くべきことを願い出た。ここで処遇の向上とは、挙人身分で教職に就いた者に対し、再度の会試受験までの在職九年という条件を撤廃することと、九年間の業績が顕著な場合、御史か知県への推薦を許すこととの二点である。礼部の意向は大筋で認められたが、右の前者については、六年間という軽減措置にとどまった。それでもこの推薦制度は「近制」と認識され、実際に推挙された教官も存した（柯潜『竹巌集』C/1329巻一〇「送順徳教諭黄君序」）。

礼部の提案は、副榜挙人が有する資格を前提として、かれらに対し、外簾諸官の圧力にも屈しない志操と、厳正でかつ学問的にも優秀な審査をおこないうる識見との双方を求めるものである。こうした認識それ自体は、考官を選任する側にも共有されている。そしてその結果として、副榜挙人の資格をもつ儒官への考官就任要請が集中し、それがまたその儒官の評判を高めた。

たとえば正統十三年会試副榜で宜興県訓導に就いた林智は、三十数年の在職期間中、浙江で一度、江西で二度、郷試考官をつとめたが、郷試の年には「藩省が先を争って」招聘しようとし、またかれが選んだ合格者は、その後、多くが「知名の士」となった（徐溥『謙斎文録』A1/1248巻三「林勿齋先生墓表」）。天順四年会試副榜で新蔡県学の教諭となった汪秉忠は、その後、江西金谿県学教諭時に順天・福建・山西の郷試を、浙江臨海県学教諭時には河南・山東の郷試を担当して門生は「二、三百人」を越えるほどであったという（程敏政『篁墩文集』巻二六「贈温州教授汪君序」）。このような事例は決して些少ではないのだが、伝記資料に記載される以上の詳細さで、その考官就任の情況を知ることは、なかなかに難しい。以下、儒学教官林光の事跡をたどり、かれを考官に招いた地方官との具体的な関係について紹介しておきたい。

（二）儒官林光の郷試考官就任事情

林光（字緝熙、号南川）とは、前章にも触れたとおり陳献章の高弟として知られる人物である。正統四年（一四三九）、広東東莞県に生まれ、成化元年（一四六五）郷試に合格、翌年の会試下第後、陳献章に師事し、成化二十年（一四八四）の会試を受験して副榜合格者の資格を得たのち、浙江嘉興府平湖県学の教諭を授かり、同二十二年には福建郷試の主考官に選ばれた。その次の郷試の年である弘治二年（一四八九）にも湖広郷試の主考官をつとめ、同五年には順天郷試の同考官となった。県学教諭の任期満了後は山東兗州府儒学教授に陞進、しかし間もなく母親が亡くなり、喪が明けた後、浙江厳州府学教授に補せられて、国子監博士に転じ、同十七年（一五〇四）、襄府左長史に抜擢された。当時、王府の長史は太学教官の栄転先のひとつであったという（呉寛『匏翁家蔵集』巻六二「宋助教先生墓誌銘」）。その後、正徳八年（一五一三）に致仕し、同十四年（一五一九）、八十一歳で逝去した。(13)

成化二十二年当時、林光の年齢は四十八である。五十歳以下三十歳以上という景泰三年の規定どおりの着任だが、続く弘治二年と同五年の場合には、年齢制限が適用されなかったようである。林光を徴聘した福建の官僚に関しては、かれの文集が収める「郷試録序」に、斯文を尊重する福建鎮守太監陳道と士類の興隆をはかる清戎御史張昺とが「相いともに協力し」、巡按監察御史董復が詔勅を奉じて、「郷試に先立ち林光らを招聘した」と記される（『南川冰蘗全集』巻二「福建郷試録序」。本章では以下『全集』と略記する）。序文はさらに、左布政使章格や右参政劉大夏など郷試の実施に携わった官僚名を挙げる。

この定型的な序文において、太監の陳道に関する言及は儀礼的なものであろう。張昺は、『八閩通志』（巻三〇）

「秩官」の記事に拠れば、浙江慈谿の人、成化八年の進士であり、同二十年に清理軍政監察御史の任に就いていた。また董復は、浙江会稽の人、成化十一年の進士であり、二十一年の着任である。そもそも右の人士は、どのようにして林光の学識や人格を知り得たのだろうか。

平湖県学教諭に赴任した林光は、成化二十二年二月初一日の日付けで上奏をおこない、学政に関わるすべての官員、学生の「廉恥」を養うことによる「士風」の改善を訴えた（『全集』巻一「論士風疏」）。その文章には、地方高官による儒官への圧迫を非難する一段や、副榜に合格しても教職を逃れるために年齢を詐称する不法行為を糾弾する主張も見える。章拯が撰述したかれの「墓誌銘」に拠れば、進言はまことに懇切で、訴えのとおりに実行することが許されたものの、地方の輿論は逆にそれを嫌ったという（同附録「南川林公墓誌銘」）。「墓誌銘」には教官としての実績について、林光自身を手本とするよう教育をおこない、「士風」は大いに変化したとも記される。

こうした具体的な功績はもとより、地方の学政を改革しようとする林光の認識に対し、それを高く評価する知識人が存在したはずである。上奏文が呈された直後の同年四月ごろにかれが福建からの徴聘を受けた（同巻四「与陳明之進士」）、というその時期が推察の根拠である。[14]「墓誌銘」には、ついで、「提学官による歳考の際には、つねに（学生の答案を）林公にわたして校閲させた。巡撫彭公が按臨された際には、（彭公は林公に対し）賓師の儀礼で待遇した（提学歳考、皆嘗付公自校閲、巡撫彭公按臨、処以賓師之礼）」と記される。この「巡撫彭公」すなわち彭韶が、儒官林光を高く評価し、福建の高官に対してかれを推薦したその当人だったと推察する。

彭韶は福建莆田の出身であり、天順元年（一四五七）に進士登第、雲南按察使などを経て、成化十四年、広東左布政使に陞任し、その任地において、講学活動に専念する陳献章と出会っていた（林俊『見素集』A1/1257 巻一九「明資善大夫太子少保刑部尚書彭恵安公神道碑」)。かれは巡撫朱英とともに、陳献章に対して出仕を勧め、同十八年には成化帝に上奏し、「醇儒」であるかれを徴用しないのは国家の損失だとまで主張した[15]。成化十七年、陳献章のもとには、正統三年(一四三八)に再建された江西白鹿洞書院の「教事」を主宰させようとする依頼状も届いていた。依頼者は江西按察使の陳煒(号恥菴)であり、陳献章に拠れば、陳煒は「斯文」の「作新」をみずからの責務と考え依頼を寄こした(『陳献章集』巻一・一八頁「贈李劉二生還江右詩序」)。この時は張元禎や彭韶も書状を送り、依頼を受けるよう勧めた。かれらの共同作業は、学問活動の刷新という目的の達成に、その意図が収斂するわけである。

一方、林光は、その時期、師匠のもとで研鑽を重ねていた。ただし成化二十年春、上述の朱英による推薦を得て十数年ぶりに会試を受験し、「乙榜に中」たる結果となり、教職を授かった。彭韶が巡撫応天蘇松等処の任務に就いたのは、その直後のこと、そして成化二十二年八月、彭韶の赴任地を耳にした陳献章は、林光に手紙を書き、この幸運を弟子のために慶賀した(同附録四『陳献章詩文続補遺』九八〇頁「与林緝熙書二六」)。彭韶は、巡撫として赴任したのであり、当地の学政を直接監督するわけではないのだが、陳献章は、最終的な決裁において彭韶はその関与を「避嫌」しないだろう、とも告げていた。学政の監督に関しては、成化年間に先立つ天順六年正月、専任の提学官による督学制度が復活していた。

成化後半、福建の莆田には、彭韶が「友」と称する同郷の黄仲昭が暮らしていた[16]。黄仲昭は成化二年の進士であり、或る事件に坐し南京大理評事の職を辞して帰郷、父母の没後も出仕せずにいた。黄仲昭には、同年の進士である荘昶という知友がおり、その荘昶と陳献章とは「心学」を奉じる同志であった。また成化十四年進士登第の林俊も莆田の出身であり、かれは成化十九年、京師において陳献章と出会い、その門生となった[17]。かれら福建莆田の郷紳は、陳献章の学問という共通項を媒介に、一種のネットワークを形成していた。

そもそも張昺ら福建の高官は、その職務上、郷試の円満な執行を願っていただろう。そのためには、地元の有力者との協力関係を築いておくことが必要であったはずである。そこでかれらは、考官選定の際にも彭韶らの援助を仰ぎ、他方、彭韶らもまた地方高官のかかる事情を承知のうえで、自派の目的を遂げうる人物を推薦した、と見ることができる。この時の郷試主考官の選定において、規定に違反するような人事はおこなわれていない。しかしながら、それでも林光は、たんに外簾の人士のみならず福建の郷紳までもが期待するとおりの仕事をおこなった。ただしそれは、あくまでもかれの自発的な判断にもとづいていた。

かれの「墓誌銘」は、福建郷試に関する記事ののちに、陳道や章格による事前の介入をかれは峻拒した、と特記する。また、この時の右参政劉大夏について、劉世節所撰『劉忠宣公年譜』には、「劉公は提調をたばね、(合格者に優れた)人士を得ること盛大であった」と記される。さらに、郷試終了後、陳献章は任務を終えた弟子をねぎらい、「福建での主考の仕事について、高い声望が盛んにひろまっている。こころより慶賀する。伝え聞くに、郷試録のすばらしい文章は、思うにすべて「総裁」の手に成るものであろう。まだ一見するにいたらないこと、恨めしい(主考閩藩、令誉藹然、可賀可賀、伝聞郷試録好文字、想皆出総裁之手、恨未及見耳。『陳献章集』巻二・二一六頁「与林郡博六」)」とまで述べた。

弘治二年(一四八九)湖広郷試において、実施時の巡按御史は史簡という人物だが、林光を招聘したのは、試録の序文にも記されるとおり史簡の前任の姜洪である。(18) 姜洪は南直隷広徳州の出身であり、成化十四年に進士登第、成化帝崩御直後の成化二十三年十一月、巡按直隷御史として「八事」を上奏し、その第四条「(朝臣の)邪正を辨じる」項目において、「学問淵博、議論持正」としての陳献章ら、「忠直敢言」としての林俊ら、才能も行動も「皆堪任使」としての彭韶らをあげ、徴用すべき人物として、かれらを推薦した(『明孝宗実録』巻七・一五〇頁)。姜洪が湖広巡按の任に就いたのは弘治元年のことである。ただしその翌年、或る事件のため巡按から降格され、夏県知県にうつっていた。そのかれが郷試考官として各地の教官を物色した場合、陳献章の人脈に連なる林光は、その有力な候補者であったはずである。林光が成化二十二年福建郷試の主考官をつとめたその功績もまた、当然、考慮されただろう。

一方、この人選に関係した可能性のある湖広の郷紳としては、湖広華容の出身の劉大夏を挙げることができる。かれは、福建での邂逅以来、林光と親交を深めていた。しかも弘治二年春には広東右布政使に転任し、陳献章とも知り合うとともに、林光の老母を気遣ってもいた(『全集』巻四「与劉時雍大参」、同巻五「与劉方伯書」)。また「嘉魚の二李」と称された李承芳・承箕の兄弟も湖広の出身であり、とくに弟の李承箕は、成化二十二年の郷試合格後、陳献章と師弟関係を結ぶ人士であった。かれは、郷里の黄公山においてその兄とともに講学活動を続けるなか、陳献章のもとを幾度か訪ねていた(『陳献章集』巻一・一五頁「送李世卿還嘉魚序」、『湖広総志』巻五四「献徴八」)。

巡按監察御史姜洪は、当時の規定にしたがい、教官林光を、学識と人格のともに優れた人物として湖広郷試の主考官に徴聘した。ただしその判断は、如上かれが湖広に赴任する以前より潜在していたものであり、劉大夏や李氏兄弟のような湖広の人士や彭韶などにあっても同様だっただろう。要するに、姜洪は、かかる関係者の意向を代表して林光を徴聘した。

弘治五年(一四九二)、林光は、「南方藩省」から郷試考官をつとめるよう非公式な打診を受けていた。その機会を利用して、かれは広東に帰省する計画を立てていたのである(『全集』巻五「奉陳石斎先生」)。ところが「不意」

に、順天府郷試同考官に就くよう命令が届いた。そこには「たとえほかの地方から事前の招請があったとしても、君主の命令は（如何なる人士でも）奪取しがたい（縦有他処預請、君命難奪）」との一文が記されており、かれは帰省を断念した。その後、旧知の友人である林汝惇（福建莆田人）もまた、同じ試験の同考官に徴聘されたことを知った。林汝惇は林光と同年の会試受験者であり、また副榜挙人の資格で教職に就いてもいた。かれらは順天府に向かう途上で合流し、「舟を聯《つら》ねて京に入」った（同巻二「贈別順天府通判汝惇林先生之任序」）。林光を同考官に推薦した人士やその経緯は未詳だが、郷試主考官としての二度の実績が判断の根拠となったことは間違いない。

かれの「墓誌銘」は、この順天郷試も含めて「（林光は）すべて三度、科挙試験の審査をおこない、いずれも然るべき人物を獲得したと称され、人びとはその鑑識眼に感服した」と記す。林光が、策問の模範答案として、自身の思想内容を反映させる文章を書いた可能性に関しては、本書第二章において検討した。かれは、学問上の師友や政治的な同志による協力のもと、考官としての職責を、その規定以上に果たしたわけである。多数の人士による協力という後押しが、かれに対してこのような仕事をおこなわせた。郷試考官とは、地位や出身の異なる多様な協力者を媒介する人脈の結節点であった。されば副榜挙人という資格は、この結節点の形成を容易にさせる前提条件であり、またそれを完備ならしめる文飾にも相当する、とみなせるであろう。

（三）外簾の干預と弘治の改革

林光が関わった福建と湖広、二度の郷試では、内外両簾の科場関係者のみならず、いわゆる郷紳や思想的同盟者までもが心をひとつにして目的の遂行につとめたわけだが、それでも外簾の優位という全体構造に変わりはない。その優位性を、通常の外簾官は、内簾への干預として具体化した。丘濬は、成化二十三年（一四八七）に完成、その後上呈し、刊行を許されたその『大学衍義補』のなかに、外簾による干預を批判する一段を置き、そうした現象が瀰漫した原因を、考官を儒学教官に限定した景泰三年の規定に見出した。

そもそも（郷試の）試験官に関しては、……（祖法の施行から）時を経て（地方官学の）教官だけを徴用するとの建白がなされ、招聘される人物は誰もが各地の有力官員に昵懇な者であった。（事務官も）おおむね（登第したばかりの）新進士であり、志操を堅持することが難しく、もっぱら（有力官員のひとりである巡按御史が担当する郷試の）監臨官に聴従するだけで、内外（両簾）の権限はみな（監臨官に就いた）御史に委ねられた。科場における問題作成や試録の刊行、答案の考査や人物の選抜などは、どれもその一人が牛耳り、いわゆる彌封や謄録（といった不正防止策）も、画餅同様になった。（謹若夫考試之官、……後乃有建言専用教官者、其所礼聘無非方面之親私、率多新進士、少能持守、一惟監臨官是聴、内外之権悉帰御史、凡科場中出題刻文、閲巻取人、皆一人専之、所謂彌封謄録、殆成虚設。『大学衍義補』巻九「清入仕之路」）

ここで新進士への言及は、提調官と監試官を除く外簾諸官に関するものであり、たとえば成化二十二年広東郷試では、成化二十年進士登第の収掌試巻官と謄録官が各一名、同年の浙江郷試でも、二十年進士の収掌試巻官が一名、任命されている。景泰四年福建郷試の場合、受巻官や彌封官、対読官などはみな監生出身者であり、天順六年山東・浙江両郷試の場合もそう変化はない。新進士の任用は、丘濬がこの一文を著したその当時の現象だとみなせ、ここにも科挙出身者偏重の影響がうかがえる。

丘濬は、右の一段に続けて明朝の「旧例」に言及し、科場における監臨官の職務が法令違反者の「糾察」に限られていることを確認する。だが監臨官を担当したいわゆる十三道監察御史は、両簾の官員に関する人事権を掌握しており、この点に担保されることで、「出題刻文」から「閲巻取人」まで、郷試の全過程を壟断しえた。この傾向は、たしかに、景泰三年の規定を契機として増強されたものであろう。ただしすでにその徴候が正統以前からあらわれていたことは、上述のとおりである。

丘濬はまた、如上の観察を述べたのち、考官は「学行誉望」ある者を唯一の基準として「有司・教職・見任・致事」を区別せずに選び、かつ内簾と外簾の交通を厳格に取り締まるなどの提案を示し、それが「祖法の旧」に復帰する方法だとまとめた。弘治年間、内外両簾の関係をどう整えるかに関しては、多様な議論が提出されていた。

弘治四年十月、礼部都給事中林元甫等は、郷試考官がその職責を侵害されている現状を糾すべく、考官の選任を各省の提学官に委ねる提案をおこなった（『明孝宗実録』巻五六・一〇九〇頁）。あわせて、「簾外の五経官を巧みに立て」る違法行為を犯してまで考官の権限を奪うような横暴を非難しもした。

科挙五経義の答案は、規定上、まず同考官が分担でおこなった。それは景泰元年、すべての郷試において、同考官による「専経の考試」をおこなうことが許されて以来の方法であろう（正徳『大明会典』巻七七「礼部三六・郷試」）。初場の試験である五経義は、いずれか一経を選択して答える方式が採られており、それに対応して、たとえば『周易』担当の同考官は、『周易』を選択した受験生群の五経義の「硃巻」を分担して考査するとともに、同群の初場四書義三題、第二場の論一題と通常選択される表一題および判語五条、第三場の策五題という複数科目の「硃巻」をも、あわせて批閲する体制が敷かれていたのである。されば「簾外の五経官」として巧妙に準備された外簾官もまた、受験生による三場すべての答案を、違法にも読み得たかもしれない。この時の弘治帝による裁定は、「簾外官は干預を許さない」という当然のものであった。

弘治八年四月には、監察御史曹鳳が上奏をおこない、各省郷試の主考官は翰林官から派遣し、同考官は巡按御史と布按二司の官員が合同で推挙するとともに、その推薦者名を記して責任の所在をはっきりさせるよう要請した（『明孝宗実録』巻九九・一八二二頁）。そしてこの要請の後半は、同十年に裁可された「科場条格」に採用された。「条格」は楊一清が記した弘治十一年「陝西郷試録序」（『石淙文稿』巻二）に載るものであり[19]、地方高官の専横を抑制する方策のひとつとして、郷試の受験資格者を提学官が独自に選ぶことを許す一条も記されていた。

当時、外簾諸官が内簾の考官とは別の場所で合否判定をおこなう行為については、「防閑」つまり内簾官による不正の防禦だとする認識が存したものの、謝鐸（浙江太平人、天順八年進士）は、それを「関節」、科場の外部とひそかに意を通じる違反行為だと斥けた。かれによる「維持風教疏」「計開」第二条の一段であり、万暦元年の序文を持つ薛応旂の『憲章録』（巻四一）は、この「上言」を弘治十四年（一五〇一）の発言にかける[20]。当時、謝鐸は「国子監管祭酒事礼部右侍郎」の地位にあったのである。この条文には事態の解決策も提示され、謝鐸は、要するに主考官の身分の低さが原因であるから、今後は、「両京の大臣」に命令しその「部属」の官僚から「文行」のある者を選んで朝廷が派遣する方法を実施するよう主張した。そして弘治十六年（一五〇三）八月、礼部が上奏をおこない、郷試考官任用方法の変更を求めると、弘治帝は、「職任」に拘泥せず「人を得る」ことに徹するよう、裁可をくだした（『明孝宗実録』巻二〇二・三七六五頁）。

この時の礼部の上奏にも外簾の干預は「簾内の弊を防ぐ」ことが目的だとする或る人士の認識が示されるとともに、干預の方法が具体的に記されてもいる。「府州の県官」を受巻官や彌封官などにあてかれらに「黒巻」を査閲させ、合否判定の相談材料とする、というものである。「黒巻」とはいわゆる「墨巻」、受験生自筆の答案であり、受巻官が内簾から得た墨巻に対し、彌封官は受験者の姓名を密封して隠し、それを謄録官にわたして筆跡が特定できないよう朱筆により謄写させるのだが[21]、不正防止策の根幹を揺るがすが如き、あからさまな祖法違犯がおこなわれていたわけである。

さて、弘治十七年実施の浙江郷試には成化二十三年進士で南京光禄寺少卿の楊廉が、山東郷試では弘治十二年進士で刑部主事の王守仁が、それぞれの主考官に選ばれた。ただし両省以外は、依然として教職を主考官に招いたとされるが[22]、それでも各省郷試としては新たな試みであり、成化以来の諸臣の努力も、なかば実を結んだと言えるだろう。

とはいえそれも、当時、礼部右侍郎であった王華の個人的な関係にもとづく僥倖であったのかもしれない。王華は王守仁の父親であり、また王守仁を考官に招聘した巡按山東監察御史の陸偁は、浙江寧波の出身にして、王守仁と同年の弘治五年に進士登第を果たした人物である。一方、楊廉は、成化二十三年会試における第三名合格者であり、その時の筆頭同考官がやはり王華であった。楊廉は任官後も程朱学の研鑽を重ね、皇太子に対して四書を講じる役目を担っていた。

考官についた楊王両者は、それぞれに、改革の目的が内外両簾の職掌区分を遵守する点にある旨を、試録の前序に記した[23]。ただし、そう述べる一方で王守仁は、かれの年譜に記載されるとおり、程文の作成を含めて試録全体の編纂に携わった。その程文の内容は、この時期におけるかれの学問理解をまとめたものだと覚しい[24]。

弘治十七年の改革は、一回の実施のみで頓挫した。楊廉は、或る官員に宛てた書簡のなかで、改革反対者のひとりである王藩の主張二点に反駁を加えた。その第一点は郷試に「京官」を用いるべきではないとするものであり、楊廉は両京郷試の例を反証としてあげる。批判の第二点は、「京官」を各省官員の下列に置き考官と同格にあつかうのは「君命」を侮辱するというもの。対して楊廉は、会試や両京郷試でも主考官が同様の処遇を受けているとして、王蕃の批判は荒唐無稽で、しかも「善類」を傷つける悪意がその背後に存すると強調した（『楊文恪公文集』C/1333 巻四八「与范給事允卿」）。

南京監察御史王蕃によるこの反対意見は、同年十二月に上奏された「六事」の第三項に記される（『明孝宗実録』巻二一九・四一三一頁）。その一段には、楊廉は「省親」を理由に南京に居たが実際は「親に背く」不孝を、王守仁は「養病」を理由に刑部主事を休職中であったが実際は「詐病」であり君主への不忠を犯している、との個人攻撃もまた挟み込まれた。「先朝、偶《たま》たま一たび行うと雖も、然れども群議、紛起す」とは、正徳十年七月に礼部がこの試みを回顧して述べた覆議の表現である（『明武宗実録』巻一二七・二五四八頁）。礼部から考官就任を打診され尻込みをした京官が、この時あるいは存在したかもしれない。制度改革の主張は継続的におこなわれていたものの、それを実現させるだけの土壌はまだ整備されていなかった。しかしそれでも、この一件は後の人士にとって恰好の前例となった。

三　正徳以降

（一）進士教職の重用

明朝において、進士登第者は第三甲の場合でも「正八品賜同進士出身」の資格が与えられた（正徳『大明会典』巻二「吏部・類選」「諸司職掌」項）。一方、地方教官の品階は、府学教授だけが従九品であり、それ以外の教職は「未入流」とされた。進士登第者が教職に就く行為は、降級処分によるものでもないかぎり、位階秩序を乱す要因のひとつとみなされただろう。ただし成化元年（一四六五）制定の命令に、「進士及び内外の見任官にして科目出身、教職に就くを願う者は、聴《ゆる》す」という一段があるとおり（同前「事例」「凡教職」項）、教職を志願する進士登第者は皆無ではなかった。

たとえば成化十一年進士登第の林准（福建莆田県人）は、弘治二年、肉親をみずから扶養するため教職を希望し、「員外郎」の役職から常州府学の教授職を得た（康熙『常州府志』巻一四「職官」）。弘治十二年進士登第の蕭士安（江西泰和県人）は、正徳四年、鳳陽府臨淮県学の教諭に就いた。(25) 正徳六年第二甲進士登第の王道は、翌七年、翰林庶吉士から学職への補任を願い出て、応天府学の教授職を得た。(26) 以上三名のなかで、王道が郷試考官に就いていないことは確認できるが、林蕭二者が考官に招かれたか否かは未詳である。一方、考官就任の事跡がわかるのは、景泰五年進士登第の鄭華（福建莆田県人）と弘治九年進士登第の張鳴鳳（山東清平県人）である。鄭華は江西廬陵県儒学教諭として成化十三年浙江郷試の主考官を、張鳴鳳は順天府薊州儒学学正として正徳五年浙江郷試のそれをつとめた。

また正徳五年の場合、広東郷試の主考官には、弘治十二年進士登第で南直隷常州府学教授の劉才と同三年進士登第で山東臨清州学学正の何洽とが招かれた。教授劉才は、かつて主事であったが降格人事により教職に就いていた。成化十一年進士の馬中錫によれば、かれが登第した当時、吏部は進士による教官就任を「例において左遷」とみなしていた（『東田集』D1集/41巻二「贈進士林徳温教授四明序」）。そうしたなか、馬中錫は、五十歳にして進士に合格した林時潤（字徳温、成化十四年進士）が、自発的に寧波府学の教授に就くことを称賛すべく、右の一文を著した。

いわゆる進士教職を郷試考官に徴聘する行為は、副榜挙人にして儒官に就いた人士を招くそれ以上に、資格重視の姿勢が顕著である。弘治十七年郷試という前例が、進士教職という存在を、副榜挙人のそれより高く評価させる契機となったと思われる。右にあげた正徳五年郷試の考官は、その後に昂揚したであろうかれらを注視する気運の所産に相違ない。

正徳九年（一五一四）五月、進士登第者と教職との品級格差を調整する規定が公布された。工科給事中の頼鳳が、進士登第者を各地の教官に就けるとともに、その際には「稍さか俸禄を加」えるよう要請すると、吏部は、「旧制」に拠れば規定を曲げた俸禄の改変はできないとしつつも、「近例」を確認した結果、「陞進（してほかの官職に就任）すべきではあるが、もとからの教職を授けられることを希望する者には、陞進時相応の俸禄を支給することを許可し（当陞而願授原職者、許支応陞之俸）」、また今後、教職就任を申請する進士には、その「甲第の品級」を維持するよう「覆議」の文書を上呈した（『明武宗実録』巻一一一・二二八〇頁）[27]。吏部の官僚は、進士登第者としての品級を尊重し、位階秩序の安定をはかった。一方、上奏をおこなった頼鳳は、進士を地方学官に就けることで、その全体的な資質の向上を企図したとみなせる。かれの主張は、当時における郷試考官の問題と連動するものであったわけである。

同年の翌六月、広東道監察御史の楊時周が上奏し、各省郷試の考官も、「両京の進士出身の官員」から、才能や学問を有しかつ「士論」が認める人士を探すべきだと主張した（同巻一一三・二二九七頁）。ただしこの時の礼部の覆奏は、各省の御史に対し「教職の学行ある者」を招聘するよう強く求めるにとどまった。では、当時の巡按御史は、如何なる観点から教官の「学行」を識別したのか。

この年の春、南直隷儀真の人である蔣承恩は第三甲進士となり、浙江厳州府儒学教授の職を得ていた。そして十一年（一五一六）秋の山東郷試では主考官に徴聘された。かれを招いた監臨官は巡按山東監察御史張羽であり、弘治十八年（一五〇五）の進士登第である。かれはその後、河間府知府に就いたおり、漳川書院を創建して人材の育成に尽力し、郷試の場でも成果をあげた（呂柟『涇野先生文集』D1／集61巻二八「明南京工部右侍郎中梁張公配淑人呂氏墓誌銘」）。(28) 正徳十一年の試験において、同考官のひとりには四川順徳府儒学教授の汪文明が招かれている。汪文明は湖広崇陽県人であり、呂柟撰述の「墓誌銘」には、正徳二年郷試合格のその翌年、会試「乙榜」で楽安県学の教諭に就き、順徳府学教授に昇進後、山東郷試に招かれ、「校閲」は精確で明晰、この時の合格者は優れた人物を得たとの評判が立った、と記される（同巻二七「贈工科給事中鹿門汪君墓誌銘」）。張羽にあってもまた以前の官員と同様、蔣汪両者の進士や副榜挙人という資格こそが、その優れた「学行」を判断する根拠であった。ただし張羽の場合、その視野には甲第者も含まれており、かれらの資格の相違は、主考官と同考官を分けるための根拠としても用いられたわけである。

さらに注意すべきは、蔣承恩が、登第後わずかに二年を経ただけの新進士であり、正徳五年浙江郷試の張鳴鳳や、同年広東郷試の劉才や何洽とは、その官歴の深浅において異なっている点である。進士登第者がただちに願い出て教職を得る場合、その品階から推せば教授職以外には就き得ない。張羽は、教授蔣承恩を選んだ時点で自動的に新進士を考官としたわけだが、それでもかれには、郷試主考官には官歴の浅い人士の方が望ましい、との観念が存していたように思う。

弘治十七年の改革では、京官である考官と外簾官との席次が問題となった。ただし楊廉も言うとおり、会試においても考官は外簾官の下位に位置する役職である。しかし進士登第の年次が外簾官よりも古い教官を考官とした場合、その年次の前後が、上下間の儀礼的関係を乱す要因となりかねない。新進士を考官に選ぶ方法は、かかる紛糾の火種を招聘の当初から払拭しておく点に、その意図があったと覚しい。正徳年間、郷試の現場では、進士登第者を考官に選任する場合でも如何なる形式がより穏当であるか、検討が重ねられた。当然、その背景には、外簾官による内簾への干預を、どう防止するかという問題もまた存していた。

（二）内外両簾の協働

正徳十年（一五一五）十二月、徐文溥（浙江開州人、正徳六年進士）が呈した上奏文にも、巡按御史の専横を非難する言葉が見える。「（外簾の提調官・監試官を担当する布政・按察）二司の官員はひれ伏してその顔色をうかがい、考官は縮こまって命令を聴き、五経の試験での同考官による分担の合否判定も、すべて監臨官に聴従した（二司俛仰承風、考官局縮聴命、五経分校於各所去取、一聴於監臨。『明武宗実録』巻一三一・二六三〇頁）」。外簾官が「簾外の五経官」を巧妙に立て、考官の審査を無視していたことは前述のとおりであり、この上奏でも同様の弊害が指摘されている。

そもそも巡按御史は、何のために郷試の全体を壟断しようとしたのか。権力の誇示や私欲の追求というのが、見やすい理由である。徐文溥は干預の実例として、「合格させようとする受験者の硃巻の記号を内簾に示し（或用字号以示内簾）」それに従うよう暗に求める、「簾内に進入して己が見解を考官に下知する（或進簾内以諭己意）」、「合格者告知表を裂いてひそかに意中の受験者の名前と交換する（或割榜而私自換易）」などの行為を列挙したうえで、「悪事には多様なタイプがあり、弊害は些少ではない（為弊多端、所害不少）」とまとめている。

弘治年間、或る外簾官は、内簾への干預を不正の「防閑」だと主張していた。その強弁に対し謝鐸は、これが新たな「関節」だと切り返したのだが、後述するとおり、正徳年間以降、行為者の主観においては、私欲の遂行を目的とせず、科場の弊害を解決する苦肉の策だとして干預を敢行する外簾官、およびその認識に賛同する地元の知識人が出現している。先に示した正徳十一年山東郷試の人選は、地方教官からの招聘という当時の制度にしたがいつつ、その教官の資格を細かく配慮するものであった。巡按御史張羽は、かかる配慮が考官の資質確保につながり、合否判定の精度向上に結実すると考えた。そうした思考は、景泰三年のこの規定が明文化される以前からの伝統的慣習でもあった。

ただし資格を重視するだけにとどまらず、内外両簾が積極的に協働し、考査の方向性を定める実施態勢も、一方ではこころみられた。林光が考官に就いた成化弘治の際の事例は、そのさきがけ的な位置をもつ。とはいえすべての郷試がそのような協働を実現できるわけでもなく、その制度化もまた至難である。朝廷は考官の資格に注視せざるを得ず、輿論もその方針を支持した。その趨勢が弘治十七年の改革を導いた。資格重視の精神は、前述の如く改革が頓挫しても受け継がれた。しかしそれと平行して、内外両簾の協働という態勢もまた、一定の人びとによって研究された。以下、そうした事例を列挙しながら当事者の意識をうかがうとしたい。

正徳十四年（一五一九）湖広郷試に招かれた或る外簾官の事例から、紹介を始めたい。王守仁の高弟である欧陽徳は、その「族兄」である欧陽席のために墓誌銘を撰述し、そのなかで欧陽席が外簾官をつとめた際の情況を、つぎのように記録した。

（欧陽席は）澧州通判に左遷されると、湖広郷試の時期にあたっては、外簾において事務を執った。御史は外簾官に言いつけて、受験生の答案原本を考査し、内簾（の判断）と照合させた。合否を取捨する際に、（欧陽席は）その去就をかけて大いに議論した。（既下遷澧州、会湖広郷試、執事外簾、御史属簾外官、校試巻墨本、与内簾参定、至取舍異同、以去就力争。『欧陽徳集』巻二五・六五九頁「族兄西洲先生墓誌銘」）

試録に拠れば欧陽席は正徳三年の進士であり、辰州府通判の職位で受巻官を担当した。かれはすでに澧州から異動していた。右の一文は、答案の優劣を議論する場における欧陽席の態度を称賛するものであり、かれが規定上、判定への干預を禁じられた外簾官であることは不問に付され、外簾官による積極的関与など日常的習慣の如く描写されている。(29) 違法と合法との界限が曖昧化しつつあったと覚しい。

嘉靖四年（一五二五）実施の浙江郷試では、嘉靖二年進士登第の余姚県知県楚書（陝西寧夏左衛人）が外簾官のひとりに選ばれた。(30) そこで浙江山陰の人である倪宗正（弘治十八年進士）は楚書に対して文章を贈り、その前半では内外両簾の交渉を禁じた祖法について概述しつつも、後半において、それとは異なる近年の情況を以下の如くまとめた。そこには、外簾諸官の関与についての積極的な意義が、明快に述べられる。

近年以降、旧来の制度に依拠しつつもいささかそれを変えて時代に通じさせ、そこに「人法兼任の微意」を宿した。（外簾の）数多い執事官にあっても、やはり分担して答案を考査した。かくして内外廉という呼称が出現した。選抜された人士は、からなず内外両簾の意見が一致した人物だが、時にはその間で評価の高低が存した。故に執事諸官の責任は、以前に較べて軽いものではなくなった。ただ事務を執るだけではないのである。その職責をになう者は、考査の態度が一定しており、個人的な損得勘定に流されない。（この点は）判断の公平さを示すに十分だ。連綿と折り重なる答案に対し、その鑑定にはブレがない。見識の明晰さを示すに十分だ。指令書を受けて文章を執筆しても、即座に完成。才能の鋭敏さを示すに十分だ。狡猾な胥吏もその隙をうかがえない。仕事の機密性を示すに十分だ。……かくの如く、志操を保持する者はこの体制によって自身を顕示し、喜んでその一員となった。（比年以来、因其旧而稍変通之、以寓人法兼任之微意、於百執事復責以分閲試巻、於是有内外簾之称、其取者必内外相符、而或低昂於其間、故百執事之責、比旧尤匪軽、不徒執事而巳、当其責

者、持衡均平、不徇偏私、而足以見其意之公、連篇畳巻、品藻不差、而足以見其識之明、受簡属文、旦夕立就、而足以見其才之敏、巧吏奸胥、無所投隙、而足以見其事之密、……此有志者欲因之以自見、而喜与之也。『倪小野先生集』D1/集58巻一「贈大尹楚石渠入簾序」）

「人法兼任の微意」とは、科場の人員の意向と祖法とをともに尊重する奥深い意図、といった意味の表現である。その「微意」をやどした体制の意義について、倪宗正は「公、明、敏、密」の四点にまとめた。外簾の関与を肯定する実施体制への、当時における最大公約数的な説明だとみなせよう。そのなかの「敏」に関する言及は、程文の作成を意味するが、この点は後述する。「公」と「明」とが答案の審査に及ぼす効果であり、かれは、外簾官の協力を得てこそ、厖大な数量の答案は正確かつ安定して査閲が可能だと見た。また、合否判定への関与に意欲を燃やす外簾官は当時少なからず存在したようであり、かれは、そうした人士を「有志者」とすら評価した。ちなみに、この年と続く七年浙江郷試において、程文はその大部分が当時の提学官であった万潮の執筆だ、との記録が残っている（『献徴録』巻六二・一四葉無名氏撰「五谿万公潮墓碑」）。

（三）制度の再改革とその波紋

嘉靖十年四月、浙江道監察御史の李佶（四川金堂人、正徳十六年進士）が、監臨等の官員と考官との協働による判定作業の実施を上奏した（『明世宗実録』巻一二四・二九七九頁）(31)。かれもまた任地における科場の実情を肯定的に捉えつつ、さらにその制度化を狙ったわけである。だが礼部は、この進言を採らず、内外両簾それぞれにおける職掌の遵守を指令した。それはすでに、外簾の干預を防止すべく、郷試考官の選任方法をめぐる或る改革案が実施されていたからである。

嘉靖六年（一五二七）九月、張璁（浙江永嘉人、一四七五―一五三九、正徳十六年進士）が「慎科目」疏を上呈し、各省郷試の考官にも京官を派遣するよう願い出た。張璁とは、いわゆる「大礼の議」の功績で嘉靖帝から寵用され、孚敬との名を賜った人物である。かくして翌七年の各省郷試では、「旧例」すなわち弘治十七年郷試の事例も参照され、「翰林科部属等官にして学行ある者」に正副の主考官をつとめさせるよう、命令がくだされた。(32)

各省郷試の主考官に派遣された人士の進士登第年を確認する。嘉靖七年の場合、浙江・江西・福建・湖広・河南・山東の六省の試録が現存し、合計一二名の主考官のうち、正徳十二年の登第が一名、十六年が一名、嘉靖二年が五名、五年が五名である。嘉靖十年では三省の郷試録が現存し、そのなかの湖広郷試は主考官が一名欠けるという事故が生じたものの、この一名と山西・雲貴両郷試の主考官計五名のなかで、嘉靖五年の登第が一名、八年が四名である。(33)今回の改革では、新進士かそれに準じる進士としての京官が派遣された。監臨官と考官とのあいだの官歴の深浅が、十分配慮されたわけである。

だが嘉靖十三年（一五三四）からは、旧来の考官選任方法が再び用いられた。その前年に方針の転換を上奏した夏言に拠れば、七・十両年の郷試でも、弘治十七年のそれと同様、考官と監臨官とのあいだで上下関係の混乱が発生したという。(34)巡按御史はあくまでもその既得権を守ろうとした。ただし、そうして実施された嘉靖十三年の郷試ではあるのだが、少なくとも四名の進士教職者が考官に招かれた。浙江郷試には揚州府儒学教授高簡（嘉靖八年登第）と恵州府儒学教授何元述（嘉靖十一年登第）が、福建郷試には饒州府儒学教授張嘉秀（嘉靖八年登第）が、そして広東郷試には蘇州府学教授銭徳洪（嘉靖十一年登第）が就いたのである。

かれらはやはり新進士もしくはそれに準じる人士であり、その後も進士出身の府学教授は主考官として徴聘された。各種の府志を繙けば、その職官志・府学教授等の項目からは、進士の資格で教授に着任した人士を少なからず拾い出すことができる。挙例は省略するが、その数は、嘉靖以降、明末に向かって増加する傾向にある。この傾向の基底には、当時の社会において形成された進士教職に対する肯定的な認識が存する。

外簾の干預を批判する意見もまた継続的に提出された（『礼部志稿』巻七一「題行郷試條約」等）。干預の内実が私慾の行使か、あるいは公憤の発露であったのか、その実態は区別がつけにくいほどに錯綜していた。以下、その紹介もかねて嘉靖中後期における幾つかの事例をあげるとしたい。

倪宗正は、嘉靖十三年実施の浙江郷試に携わった或る外簾官の記録も残している。同十一年進士登第の陳譲（福建晋江人）が、紹興府推官の地位で筆頭対読官の職務を任されると、倪宗正は、かれの答案審査について、「うわべだけの剽窃にたけた文章を斥け、ただ聖賢の学説に違背しないものだけを合格とし（黜浮靡剽切之辞、惟取不悖於聖賢者）」、「輿論」はそれに心服したと記したのである。そのうえでかれは、「それ故、昨今の科場は、上下左右とも、恭順の心情をおたがいに抱き、朝廷の命令を遵守して、答案の文体を重視し、道を明らかにする人士を求めた。だから合格者名簿がひとたび掲示されると、（合格した）このような人士を「士」とすることをみなが理解し、試録がひとたび頒布されると、（記載される）このような程文を「文」とすることをみなが理解した（故今科場上下左右、同寅協恭（書経皐陶謨）、遵奉明論以重文体、以求明夫道者、故榜一懸、而皆知如是之士則為士、録一頒、而皆知如是之文則為文。『倪小野先生集』巻一「贈推府陳見吾序」）」とも論じた。内外両簾の協働的考査について、その効果を一般化して説いたとみなせよう。優れた人士の正当な選出が賛美され、あわせて、「人法兼任の微意」に言及した先の文章では完成までの迅速さが評価されていた試録について、その内容の的確さもまた称讃されるのである。両簾による協働の範囲が、程文の撰述をも含むものであったことに留意したい。

この時の郷試の監臨官には、巡按浙江監察御史張子立（山東黄県人、嘉靖五年進士）が就いた。浙江山陰の人である汪応軫（正徳十二年進士）の証言に拠れば、張子立は、「試験の実施に先立ち（当地の）布政按察両司の重臣と（人選について）協議し、（外簾の）有司として事務を執行し墨巻の査閲を兼ねる者を精選すると、吾が郡の推官である陳見吾がそれにあずかった（先事謀諸藩臬諸公、精選諸有司以執事兼閲墨巻、而吾郡推見吾陳侯与焉。『青湖先生文集』D1/集73巻二「文衡贈言」）」。事前の風評が伝えるところでは、張子立は自身の科挙では五経義に『春秋』を選んでおり、故に今回の解元もこの経典の選択者から出るはずであって、かかる監臨官の意向を陳譲が現場で具体化させるのだろう、とのことであった(35)。さらに陳譲までもが科挙では『春秋』の選択者であったから、この経典を択んでいた受験生は上位合格の可能性への希望に胸を膨らませたのだが、しかし実際には、聖賢の学説を基準として答案が審査されたという。

この試験の主考官に進士教授である高簡および何元述が招かれたことは前述のとおりである。また筆頭同考官には、嘉靖元年の挙人である安徽東流県教諭易時中（江西南城人）が選ばれた。易時中の働きぶりを、王慎中撰の「行状」は、「先生は厳正な態度で職務を奉じ、精確な試巻の閲読および決然とした合否判定をおこない、外簾官は（その判断を）強いて変えることができなかった。かれが選んだ合格者はみな名士となった（先生正色奉職、精閲而決取、外簾不能奪、所得皆名流。北京図書館古籍珍本叢刊本『遵巌先生文集』巻一七「行状」）」と記録する。内外両簾による協働の場においても、易時中は自説を曲げなかった。ただし試録所収の程論、第二場論題に対する模範答案は、浙江提学官の任に就いていた徐階が執筆した（『世経堂集』D1/集79-80巻三〇「君子尊徳性而道問学」）。両簾協働の場は、「人」と「文」との選出をめぐり互いが火花を散らす議論の現場であり、しかもそこには貢院の外部にいるはずの提学官までもが介入していた。

嘉靖二十五年湖広郷試には、江西南昌府儒学教授陸州（浙江海寧県人）が主考官に招かれた。かれは嘉靖二十三年登第の新進士であり、伝記に拠れば、「故事」では内簾の考官が有するはずの「品題」の権利について、「多く之を外簾に属」し、そのため陸州は、この習慣を前に「黙黙として自得せざる」状態であったが、審査の最終段階にいたり、とうとう監臨官にさからったという（『献徴録』巻八六・一〇三葉「陸公州伝」）。至公堂における議論の場で、「中式二人」の答案を抜き出して繙閲、その誤謬がひどいため「御史」に詰問したところ相手は言い返せず、合格予定のその答案は別のものに差し替えられ、同考官たちは陸州の公正な態度に感服したとされる。

嘉靖三十四年陝西郷試では、按察司副使（延安兵備副使）の薛応旂（南直隷武進人、嘉靖十四年進士）が監試官として招かれ、しかも策問五題の程策を執筆した（『方山薛先生全集』C/1343 巻四四「陝西郷試策五道」）。薛応旂は代作の事情をつぎの如く記録する。「貢院に入ると北郭公はわたしに対し、遠路はるばる来られたのですから、貴兄には試録の執筆でお手を煩わせるだけにしようと思います、と語った。試録の作業が終わり、各房の試験官が合格者数を決定するに当たり、それぞれが三通の答案を取りあげ、わたしに裁定を要請した。ただ易経（を選択受験した者）の四十五巻の答案には、一通も合格とされたものがなかった。しかしわたしは、落第点のついた答案をすべて繙き、表現と道理のともに優れた者、十五名を合格とした（入簾後、北郭謂余曰、煩公遠来、将以試録累公耳、及録完、各校文官査照中式額数、毎名取三巻、示余裁定、唯易経四十五巻、無一可中者、余乃尽繙落巻、得文理優長者十五人。同巻四「因問併記」）」。薛応旂は監臨官である「北郭公」の要請に応じて試録を編纂した。公の要請はそれだけであり、ここには、外簾官の積極的関与といっても、試録の編纂と合否の判定との間に軽重の差を設ける意識が読み取れる。一方、薛応旂は、判定への関与をあたかも自身の任務であるかの如くおこなった。考官諸士がそうした関与を欲してもいた。

嘉靖四十三年河南郷試においては、巡按御史顔鯨（嘉靖三十五年進士）が監臨官となり、科場の官員の人選にあたった。かれは、主考官に就けるべく副榜挙人で真定府定州州学学正の龔起鳳を招いたうえで、監臨官みずからが「考第」する旨を人びとに告げた。すると龔起鳳は反撥、そこで顔鯨は、かれを筆頭同考官に格下げした。かくして合否判定となり、多くの考官は外簾の意向にしたがったが、やはり龔起鳳は憤慨して、「我われを考官として徴聘しておきながら、どうして落ち穂拾いをさせるのか（胡聘我為拾落巻佳者）」と訴えた。そこで顔鯨は龔起鳳を「奇」とみなし、かれひとりと合否を審査した。この出来事をきっかけに、両者は知己の友となったという。[36] なお王守仁の高弟である王畿に拠れば、顔鯨は、この郷試の試録をかれに寄贈している。その謝礼の書簡において、王畿は、「理に造《いた》る」文章の多いこの試録を顔鯨の「手筆」と断定し、「格物致知策」に言う「人心は虚を以て徳と為す」との表現を、とくに「精造」と称讃した（『王畿集』巻一〇・二六〇頁「復顔沖宇」）。

（四）改革運動と時代思潮

倪宗正の証言に拠れば正徳嘉靖の際にはすでに「内外簾之称」なるものが存在していた。また、直隷保定の人である劉乾（嘉靖十七年進士）も、自作の年譜に、嘉靖十九年秋、開封府祥符県知県として河南郷試の「外簾考官」を担当したと記した（『鶏土集』D1/集106巻四「年譜」）。かかる称謂の存在は、内外両簾の協働的考査が社会に広く浸透していた証左である。[37]

そもそも外簾による内簾への干預の様態は郷試の現場ごとに異なっていたのだろう。その異なる様態のひとつの在り方として、まずは、関係官員による了解のもと両簾の協働がおこなわれだしたと推察される。無論そうした行為の登場には、なんらかの契機が介在したはずであり、郷試考官の選任方法を変えた弘治十七年の改革のその頓挫という出来事が、その重要な契機であったと考えられる。さらに、嘉靖七年および十年に実施されたいわゆる再改革もまた挫折した結果、郷試の現場では、多様なかたちでの協働がこころみられたのではないだろうか。嘉靖後期、両簾の協働に対する期待の昂揚が一方に存すると同時に、それへの反撥もまた増大していたに相違ない。

さて、両簾の協働を肯定する人士に特定の思想傾向が見出せるわけではないのだが、これまでに紹介したかかる立場の人びとは、概して言うならば、体制教学に対する批判的意見を有した知識人がその多数を占める。欧陽徳と王畿は王守仁の高足であり、徐階や薛応旂は欧陽徳から陽明思想を学び、また高簡は、湛若水の弟子であるとともに、王門の諸氏と交流をもった人物なのである。嘉靖中期以降、各省郷試の現場は、王門や湛門の人士がその学問を実地にためす思想的な最前線でもあった。

隆慶元年（一五六七）、内外両簾による合否判定の制度化を求める上奏が、改めて呈された。その上奏者もまた、当時、多くの陽明後学と交流を持った知識人、耿定向（号天台、湖広麻城人、一五二四—九六）である（『耿天台先生文集』D1/集131巻一「申飭科場事宜以重選挙以隆聖化疏」）。耿定向は、嘉靖三十五年の進士登第後、南直隷の学政を監督した経験を有しており、[38] 嘉靖四十四年（一五六五）には両京郷試の改革案を上奏していた（王世貞『弇山堂別集』巻八三・一五八一頁「科試考三」）。その上奏文の増訂版が隆慶のそれであり、改革の対象は、やはり両京の郷試であったと思われるが、隆慶の一文にのみ記される両簾の協働に関する提案は、各省郷試の現状をめぐるかれの認識を知るうえでも有用であろう。

この上奏において耿定向は、両簾の協働形態を詳細に考案することにより合否判定の精度向上を目指すとともに、科挙試験全三場のなかの初場の評価だけで合否の大勢を決める当時の習慣を改めようともした。かれ自身がみずからの提案を賛美して、「内外（両簾）より智慧を結集するとともに、（科挙）三場における（すべての試験の）考査を参照する。受験生の蘊蓄は、そうしてこそすべて見抜けるのであり、才能を披瀝した人士に対し、それが見落とされる憾みから免れさせることができる（夫既集思於内外、復参考於三場、士之蘊蓄、始得畢見、而羅才者可免遺珠之恨矣）」と述べるとおりである。

耿定向は、初場重視の風潮を批判して、「剽竊記襲之輩」だけが幸運を射止め、模倣をいさぎよしとしない「茂才異等」の人士は日の目を見ない、とも慨嘆した。この風潮が、暗記を得意とする受験生に対し有利にはたらいていたわけである。科挙試験の初場では四書五経の理解内容が問われた。その教義の解釈に際しては、永楽の四書ならびに五経の大全がその標準として指定されており、受験生は、まずその内容の習得につとめた。ただし体制教学としての程朱学がそもそも自己の本性の開示を追究する学問であることの反映として、科挙の答案には、国家公認の解釈をたんに羅列する以上の、体得的知識を記すことが求められた。なかんづく科挙第二場の論題や第三場の策問に対する答案には、そうした文章を書くことが要請された。だが、成化十年（一四七四）順天郷試の主考官をつとめた黎淳が、試録の序文に特筆してすでに慨嘆したとおり（『黎文僖公集』巻一〇「順天府郷試録序」）[39]、初場重視の傾向は明代中期以降も改善されず、嘉靖四十三年にもまた、この傾向を打開すべしとの命令が提示された。耿定向の提案は、こうした背景を有する当該の改革を内外両簾の協働態勢の確立と関連づけるものであった。たしかに、初場重視の趨勢を生み出した原因は、たんに受験生の側にのみあるのではなく、答案の査閲体制にも存していた。

試巻の査閲は、上述のとおり、まず同考官が、初場の選択科目である五経ごとに分かれて受験生の全答案を審査する方式でおこなわれた。耿定向が受験資格者の選抜に関係した嘉靖四十三年応天府郷試では、受験者が三三七五名、かれが見出した学生と南京国子監から選ばれた人士の総数である。この時には一一名の同考官が徴聘され、単純に割り算をするならば、かれらはひとり三〇〇束の硃巻を読まされた。ちなみに嘉靖四十年浙江郷試では四〇〇〇名ほどの学生が受験し、徴聘された同考官は八名であったから、この時の同考官に対する割り当ては、ひとり五〇〇束である。

だが査閲の日程は限られていた。耿定向は上記の上奏文に、答案の数と日数の不均衡を「そもそも近ごろの答案はその数が膨大で、たとえあまねく査閲しようと思っても、日にちの方が間にあわない（且近来巻数浩繁、即欲遍覧、日亦不給）」と説いた。それ故に期日の厳守を言いわたされた同考官は、割り当てられた答案の、初場の成績だけを基準として、当該答案全体の成績を推定する結果となった。耿定向はこの問題の解消をも企図して、両簾の協働を提案した。監試官や提調官が選抜した「文学」に優れた外簾官に対し、右の両官による監視のもと、「彌封」された状態の「墨巻」を読ませるとともに、その成績にしたがって三等に区別させ、その結果と、内簾からの成績報告とを照合して最終判断をおこなう、といった方針を提示したのである。ここで「墨巻」とは、外簾において厳重に保管されている受験生自筆の答案を指すが、その姓名を「彌封」し、かつ審査の監督役を設けることにより、かれは試験の公平性が保たれると考えた。

両簾の協働に関与する人士は、程文代作の趨勢に変化がないことから推して、この時期でも決して少なくはない。しかし耿定向の提案は採択されなかった。当時の朝廷は、中央集権的な方向に大きく舵を切りつつあったのである。

小結

本章冒頭に記したとおり、万暦十三年（一五八五）二月、内簾に試録の撰述を許さないことと、外簾に試巻の査閲を許さないこととの二点を核心に据えて提示された郷試改革案が、各省郷試の主考官には京官を派遣するとの新たな方針とともに認可された。外簾官による内簾への干預を徹底して防ぐことが、改革の目的である。たとえば同年の福建郷試では、万暦五年進士の翰林院編修黄洪憲（浙江嘉興千戸）が主考官を担当した。(40) だが、そのかれの文集にはこの試験の程策が収録される。(41) 禁令は、従前同様、具文に等しかった。では、外簾官の不正行為に関してはどうであったのか。形式上は抑制されたものの、実質的には存続したと言えそうである。万暦三十四年の自序を附す『万暦野獲編』の編者沈徳符（浙江嘉興人、万暦四十六年挙人）に拠れば、かかる隠微な情況の出現は、改革案が認められたその翌三月、巡按浙江御史王世揚（直隷広平人、万暦五年進士）が提出した意見書において、早くも予想されていた（同巻一五・三八一頁「有司分考」）。

万暦の改革案において、各省郷試の同考官には地域の推官や知州、知県から選ぶ規定が含まれており、実際にそれが実施された。同年の山東郷試を例に採れば、一四名の同考官には、山東の推官が二名、知州が一名、知県が二名招かれており、残る九名分を、山東以外の官学の儒官が占めた。同年の試録に載る員数である。王世揚はかかる選任方法の欠陥を二点指摘した。ひとつは地方高官の「属官」が考官に就いた場合、日常的な上下関係と科場での儀礼的主賓関係にねじれが生じることであり、もう一点は、こちらが大問題だとして以下のように言う。かかる地方官に対しては、「かれらに師事して講学や文章執筆の活動に従事する学生が多く、（地方官は）学生の語り口について知悉すること極めて確か、その心情に対して交流することはなはだ親密である以上、かりにいまかれらを答案の審査に就かせたとしても、かつての外簾官とどこが違うだろうか（多有従之講学作文者、其声口知之極真、其情好交之甚密、今一旦使之得典試事、則与前日外簾何殊）」。

外部人士からの請託は、かつては外簾官による内簾への干預を経るか、あるいは内簾の考官が請託者の指定した答案をこっそりみつけ出すなどといった、間接的な方法によってその意向が実現されていた。だが今後は、内簾の「知推」がその不正を、しかし不正とは悟られず容易くおこなえる、と王世揚は想定したのである。指摘を受けて朝廷は、考官選定の際に「知推」は「一、二人」にするよう命じたが、上記のとおりその指令は守られていない。沈徳符に拠れば、「知推」による考官就任は、万暦十六年以降さらに増加したという(42)。

外簾官による内簾への干預を防止するその主要な目的は、かかる請託を根絶する点にある。万暦二十九年の自序をもつ『見聞雑紀』（D1/子 242 巻八「十」）に、編者李楽（浙江桐郷県人、隆慶二年進士）は、そのような目的を遂げるためであれば、ということで江西巡按御史の邵陛（浙江余姚人、隆慶二年進士）は「内外両簾がともに硃巻を用いて」答案を審査するのが最善だと唱えた、との情報を記した。両簾の協働に賛同する意見は、依然として存在していた。あわせて李楽は、自身の見解として、京官を主考官として各地に派遣する今回の改革の場合、その費用は「不貲」計算しきれないほどであり、合格発表後にも「物議」が多数発生している以上、やはり旧来の巡按御史による「専掌」の方が利点が多い、とも附説した。一方『万暦野獲編』には、十三年以降、三度の郷試が実施され、その都度、監臨官に就いた巡按御史が、朝廷から派遣された主考官と合否判定の権限を争っており、そこで二十一年冬、万暦帝朱翊鈞は礼部に対し争論の収拾を命じた、との記事も見える（同巻一五・三八三頁「科道争為主考」）。

万暦十三年の改革以降、外簾諸官による程文の主体的代筆は姿を消したと推察する。万暦人士の文集を通覧しても、そこに収載される程文の作者のなかに、会郷試の考官以外の人士は、今のところ見当たらないからである。されればこの改革は、いわゆる「人法兼任の微意」の含意から推して、外簾官による答案の閲覧という違法行為を抑えることには成功したとみなせよう。ただしそれは、上述のとおり不正の現場が外簾から内簾に移っただけであるか、あるいは、内外両簾の協働的考査という外簾による干預の特殊形態だけを消滅させるにとどまるという、みのりの薄い成功ではなかったのか。

両簾の人士が一丸となって考査にたずさわるという嘉靖期の情況は、万暦の改革後の人びとにとって、もはや牧歌的な郷愁同然の態勢となっていた。内外両簾の関係がそうである以上、提学官による程文研究の情熱もまた冷めて当然である。加えてこの時期、提学官の職務規程は、以前に較べて禁止条項のめだつ厳格なものに更改されていたのである。

（1）王圻『続文献通考』巻四五「選挙考・郷試沿革」、『礼部志稿』巻七一「科試備考」。
（2）万暦『南昌府志』巻一二にはこの時期の教授として陳賓初・陳銓・陳淮・陳升といった陳氏が載る。
（3）楊士奇『東里文集』A1/1238 巻六「送国子学正黄信道致仕詩序」：大約今天下郡県学官、不下三千余人。
（4）『明英宗実録』（巻八六・一七一五頁）正統六年閏十一月丁卯：監察御史丘俊奏、江西郷試小録刊挙人胡韡易経家人卦彖辞義九五陽剛、謬作六五柔順。
（5）郭培貴『明代科挙史事編年考証』（科学出版社、二〇〇八年）二二頁。楊学為主編『中国考試大辞典』（上海辞書出版社、二〇〇六年）「副榜」項は、会試と郷試それぞれに副榜があるとして、会試副榜はその開始が永楽四年、廃止が康熙三年だと解説する。なお『元史』（巻一七八・四一三七頁）「王約伝」には「泰定元年、奉詔廷策天下士、第八剌・張益等八十五人、始増乙科員額至一十五人」との記事が載る。

（6）『明宣宗実録』（巻六四・一五一八頁）宣徳五年三月丙寅、同（巻一〇〇・二二三八、二二四四、二二四七各頁）宣徳八年三月己未・戊辰・壬申、『明英宗実録』（巻一五・二八一頁）正統元年三月乙亥、同（巻五一・九九四頁）正統四年閏二月乙酉、同（巻一六三・三一六二頁）正統十三年二月戊辰・三月丙申。正統七・十年は『皇明貢挙録』の記載に拠る。

（7）『明英宗実録』（巻一六四・三一七八頁）正統十三年三月丙申。王英『王文安公文集』C/1327巻二「送劉学正赴泰安州序」も会試の結果をこのように記す。「登名右榜者六百人、倶当授教官、而願入太学読書者四百二十余人、蓋年少之士、惟欲一挙登科第居顕要、以教官秩卑、不足以行其志也」。

（8）永楽期の副榜合格者数は『実録』には記されない。ただし永楽十九年、正榜が二〇〇名だった時の会試について、その主考官に就いた楊士奇は、「今歳礼部会試天下貢士三千人、中選者二百人、又選其次三百人、為副榜、例授府州県教官」と記録する（『東里続集』巻六「贈蕭汝堅序」）。かれにはまた「今年会試天下貢士、余為考官、正副五百人」との文章もあり（同巻九「送羅敬序」）、永楽期の副榜挙人は正榜より多い人数が、ただし宣徳年間よりは少ない数で選ばれていたと推察される。

（9）檀上寛『明朝専制支配の史的構造』第四章参照。

（10）『明宣宗実録』（巻七〇・一六三七頁）に拠れば、宣徳五年九月礼部尚書胡濙らは、陞進の条件が厳しい「旧例」を緩和してこの規定に改めるよう「上議」して、それが認められた。大野晃嗣氏のご教示による。

（11）たとえば広西提学僉事の黄潤玉は、正統五年、所轄の府県学の教授、教諭、訓導の欠員を、浙江寧波や江西撫州の人士によって補うよう上奏文を提出している（『南山黄先生家伝集』巻五二）。

（12）殿試の上位合格者ではない同様の事例もある。王恕『王端毅公文集』D1/集36巻二「余慶集序」：恕挙乙卯郷試不第、戊午郷試又不第、辛酉郷試始在選列、……壬戌会試不遇、乙丑（正統十年）会試中副榜、辞弗就、……戊辰中正榜。

（13）容肇祖「補明儒東莞学案―林光与陳建」（初出一九三五年、のち『容肇祖集』斉魯書社、一九八九年）、朱鴻林「明儒陳白沙対林光的出処問題之意見」（初出二〇〇五年、のち『明人著作与生平発微』広西師範大学出版社、二〇〇五年）、同氏「陳白沙的出処経験与道徳思考」（鍾彩鈞・楊普龍編『明清文学与思想中之主体意識与社会』学術思想篇、中央研究院中国文哲研究所、二〇〇四年）参照。

（14）この書簡は、林光が成化二十二年四月までは任地の平湖に居たことや、上奏文が朝廷に呈されて後、福建からの徴聘が到来したことを記す。

（15）黄瑜『双槐歳抄』D1/集239巻九「道具体用」。『陳献章集』附録二『年譜』八二三頁、参照。

（16）黄仲昭は、成化から弘治にいたる時期、『八閩通志』の編纂を主宰してもいた。彭韶はその編著の完成を祝い、序文を書き送っている（同書序）。

（17）林俊『見素集』巻二六「祭白沙陳先生」、同附録下楊一清撰「墓誌銘」、参照。なお林光は、平湖から福州に向かう途上、林俊に主考の件を手紙で伝えている（『全集』巻四「与林待用員外」）。

（18）現存する試録に拠れば、もうひとりの郷試主考官は孫鑰である。かれは浙江鄞県人であり、成化二十二年の解元だが、翌年、常州宜興県学訓導に就いた。

（19）本書において、楊一清の文集は内閣文庫所蔵の嘉靖五年序刊本を使用する。

（20）『明史』（巻七〇・一六九三頁）「選挙志二」も同様である。謝鐸『桃渓浄稿』D1/集38巻二七「維持風教疏」：奈何考試等官類、皆御史方面之所辟召、職分既卑、学亦与称恩之所加、勢亦随之、於是又以外簾之官、預定去取、或者名為防閑、而実為関節、内外相応、悉憑指麾。なお『明史』「選挙志」に関しては、井上進・酒井恵子両氏による訳注があり（二〇一三年、平凡社東洋文庫）、その当該箇所の注釈に謝鐸の履歴が詳述される。

（21）『皇明貢挙考』巻一「郷試執事官」などが載せる解説のとおり、それぞれの職務ごとに、たとえば受巻官、対読官など専門の官員が設けられる。

(22) 李濂はかれが編纂した『国朝河南挙人名録』(嘉靖二十六年自序)巻首の「歴科河南挙人総目」弘治十七年の項目に注記を施し、「是年題准、各省許聘京官一員為主考、……而(浙江・山東を除く)它省仍用教職云」と記す。同書は『天一閣蔵明代科挙録選刊・郷試録』所収。

(23) 楊廉『楊文恪公文集』巻一五「浙江郷試録序」。『王陽明全集』巻二二・九二四頁「山東郷試録序　甲子」。

(24) 鶴成久章「明代余姚の『礼記』学と王守仁」(『東方学』一一一、二〇〇六年)は、上海図書館所蔵『弘治十七年山東郷試録』に依拠しつつ、「その少なからぬ部分が王守仁の手に係り、またそうでない部分も彼が校閲した可能性は極めて高い」と判断する。ただしこの試録について、近年刊行された幾つかの王陽明全集は、「皆非陽明之作」と注記する。ちなみに耿定向『耿天台先生文集』巻一三「新建侯文成王先生世家」には、「甲子聘主山東試、識抜多名士、程録尽出其手、士林伝誦焉」と記される。

(25) 康熙『鳳陽府誌』巻一四「職官二」。ただしこの方志には「蕭士英」と記される。

(26) 『順渠先生文録』(一九三二年刊、尊経閣叢刊本)巻九「先君槐庭先生行状」、同巻一一「壬申改官南行次韻留別館中諸同年」、同附録厳嵩撰述「神道碑銘」。かれの場合、正徳六年、その故郷である山東で叛乱が起こり、一家を挙げて避難しようとしたところ、祖父が逝去し父親はその喪に服することになったため、かれだけが、教職を得た後に祖母を連れて江南に逃れた。

(27) 「今欲加其禄秩、干係旧制、不敢擅改、若進士中願就教職者、請自上裁、又検近例、当陞而願授原職者、許支応陞之俸、宜将此後願就教職者、亦依原中甲第品級」。

(28) 「創建漳川書院、群漳士高等者、游業其中、躬自督課、聘属官李一寧、為漳士時表、漳士日嚮于学、彬彬著于科目」。

(29) 欧陽徳は「劉玄洲墓誌銘」(『欧陽徳集』巻二五・六七六頁)にも、「而礼部郎有執事外簾者、繙得君文、撃節称才子、録示朋輩、咸曰此魁元中人也」と記す。

(30) 嘉靖四年の浙江郷試録は現存しないのだが、楚書の知県としての着任期間、および同七年の郷試録にかれの名前が載らないことから、かれが外簾官に就いた時期を、四年と判断した。

(31)「各省郷試考官宜会同監臨等官、掲書出題、考試官取定試巻、先期将号数発出、聴監臨官参之墨巻以定去取」。

(32)『太師張文忠公集』D1/集77巻三「慎科目」：三曰慎考官、……各省郷試、教職考官、類皆出於私薦、御史方面之所辟召、名位既卑、学亦罔顕、於是外簾之官、得以預結生徒、密通関節、干預去取、……不公之弊、莫甚於斯、臣愚乞勅各省郷試主考、臨期許令吏礼二部、査照旧例、訪挙翰林科部属等官、有学行者、疏名上請、分命二員、以為主考。鍾芳『筠谿文集』D1/集64巻五「送職方盧君主試帰朝序」は、嘉靖の改革を「恒而達之天下、則自今日始」と言う。

(33)この数には、嘉靖十年の広東郷試主考官をつとめた王慎中を加えることができる。王氏は五年進士であり、郷試では「録文佳、得士多」と称される（『李開先全集』七八二頁『李中麓間居集』巻一〇「遵巌王参政伝」）。

(34)夏言『桂洲先生奏議』D1/史60巻七中「題請郷試主考遵照旧例　嘉靖十二年十月初六日」：近以京官主試委属、一時補偏救弊之法、可偶一行之、若遂踵為常規、似又不能無弊、況上科差出考官、与巡按御史、毎因争較礼節、競生嫌隙、以致妨誤試事、……伏乞聖明定奪、奉聖旨、考官只用教職、京官不用必差。そのほか同巻一四「科挙疏」、『明世宗実録』（巻一五五・三五〇五頁）、『明史』（巻一九六・五一九一頁）本伝、参照。

(35)茅坤の自撰年譜には、この時の試験において、自身の答案に対する内外両簾の評価の食い違いがあったことを、関連した人員名を挙げながら具体的に述べる。五経義で春秋を選択した人士を解元にするとの風評についても、事情は複雑であり、当初張子立は書経を選んだ茅坤を解元にする予定だったが、内簾官の強硬な抵抗に遭い、結局かれを第十一位に置き（『茅坤集』一一三〇頁『耄年録』巻七「年譜」）、春秋選択者を解元とした。

(36)『献徴録』巻九三・四八葉王世懋撰「龔君起鳳墓志」、同巻八八・九四葉郭正域撰「顔先生鯨伝」。

(37)そのほか、嘉靖三十七年の江西郷試で第二名合格を果たした張位はその時の監臨官であった徐紳（嘉靖三十五年巡按江西監察御史）の事跡を以下の如く称える。「（徐先生）不佞某郷闈座師也、当嘉靖戊午江右秋試、先生以臺使者、寔監臨之、是年閲諸士巻、参校内外簾合取者、方入彀、品騭是精、榜中称得人最多」（『間雲館集』巻二四「寿大中丞五台翁徐老師七十序」）。張位の文集は内閣文庫蔵明刊本を使用する。

(38)焦竑撰「天台耿先生行状」（『澹園集』巻三三・五二四頁）によれば、耿定向は嘉靖四十年冬、南京学政を監督する任務に就き、その官職を変えながらも、六年間「師儒之任」に在った。

(39)「今四海之内、人文日盛、則風気日開、風気日開、則俗尚日侈、……而其侈也、言人人殊、遂幷体製皆訛矣、又況士流学文、惟初試是詳、而余試或略、主司亦因而俯就焉」。

(40) 黄洪憲を含む考官の肩書きや姓名などは、『弇山堂別集』巻八四・一五九三頁「科試考四」に載る。

(41)『碧山学士集』E1/集30巻一二「戊子（十六年）順天程策（五行・畿甸）」・「乙酉（十三年）福建程策（親賢納諫・災異・時務）」。

(40) 万暦二十二年山東郷試では一二名の同考官のなかで三名が推官、一名が県丞、残る八名が儒学教官であり、天啓七年江西郷試では一五名の同考官がすべて「知推」に占められた。

第四章　明朝提学官物語

緒言

正統元年（一四三六）五月、明朝は各地の学校を「提調」する行政官を「添設」した（『明英宗実録』巻一七・三四三頁）。各省に按察司官一名、南北直隷に御史一名を増員し、その人間が「専一」に所轄の学政を監督する制度を設けたのであり、この決定を承けて吏部は、英宗朱祁鎮に対し合計一三名の候補者を推薦した。名簿には、齢四十八を数える薛瑄の名も記されていた。かれは広東道監察御史としてすでに三年の任期を終え、継母への服喪期間が明けて雲南道監察御史への転任を命じられたその直後にこの辞令を授かり、そして「これこそ我が任務だ」と喜びに浸った（『薛瑄全集』一七一〇頁『年譜』）。かれには御史就任の当時から儒学教官への就職願望があった（同宣徳三年条）。儒官よりも職務の広い行政官としてではあるものの、宿願を果たす機会が到来した。赴任後のかれは、所轄の教官や学生の個別事情を斟酌しながら指導をおこなった。

薛瑄を含めて初代の提学官は、おおむねその名にふさわしい仕事をした。だが早くも正統後半、この制度に対しては実質をともなわない空文だとする批判が登場し、続く景泰元年、制度は廃止された。ただし英宗復辟後の天順六年（一四六二）正月、改めて「旧典」が挙行されるのだが、按察司官や監察御史つまり憲臣の増員という由来をもつこの制度に対しては、「設置しないという勝った状態には及ばない（不如不設之為愈）」との成化年間の発言以下、弘治年間の「冗員」、正徳年間の「贅」などといった同工異曲の貶価がついてまわった。だがその一方で、提学官を儒者の天職と捉える認識も知識人社会には根強く、師生の善導をかれらに期待する意識は、次第に熱を帯びていった。

弘治前半、張元禎は、江西提学官の任務から離れる盟友黄仲昭に対し、天下を治めるには賢才を育てて風俗を正すことが根本であり、賢才の育成に関しては「提学官こそがその責任を把持する者だ（提学憲臣、則柄是責者。『東白張先生文集』巻七「送江西提学僉憲黄先生致政帰莆陽序」）」と語った。正徳初期に江西提学官をつとめた蔡清も、かつて聞いた有識者の言葉として、「仕官するならば提学官に就くべきだ。何故ならば、もっぱら斯文のためにその力量を発揮し、国家のために人材を生長させる点では、ほかの官職などその足下にも及ばないからだ（仕宦当作提調学校、何則以其得専為斯文出気力、為国家生長人才、又非其他官比也。『蔡文荘公集』D1/集42巻二「与周提学書」）」との見解を伝えている。嘉靖十六年ごろ、林希元は、浙江提学官として赴任する友人の張岳を、提学官とは「文明の指導者であり、世道が転換する際の機軸だ（人文之領袖、世道転変之要機也。『同安林次崖先生文集』D1/集76巻七「送張浄峰郡守提学浙江序」）」と激励し、李開先は、嘉靖四十二年（一五六三）に記した文章のなかで、正統年間に開始された提学官、嘉靖初年に盛行しはじめた書院だが、いまは「ともになくてはならない存在だ（提学書院、倶不可無。『李開先全集』八四〇頁『李中麓間居集』巻一一「汶濱書院記」）」と特筆した。(1)

明朝の督学制度は、それへの毀誉褒貶が交錯するなかで施行され続けた。では、その当事者たちは、この喧しい世評を耳にしながら自身の職掌をどのように把握し、また実行に移したのか。一方、そうした言動を、周囲の人びとはどう評価し、反応したのか。本章では、提学官という官職に関する即自的と対他的それぞれの認識を中心に分析を加え、その考察の内容を、督学制度の沿革と関連づけながら叙述する。提学官が各省郷試の考官選定に関わるとともに、程文の代作にも携わっていた事実は、前章までに述べたとおりである。それら個別の行為もまた、かれらの自己認識の展開のなかに一定の歴史的位置をもつと捉えられるのである。

一　提学官像の形成とその展開

（一）初代提学官の奮闘

督学制度の創設を記録する上述の『明英宗実録』には、提学官として「所有《あらゆ》」る「合《まさ》に行うべき」事柄が一五条に分けて示される。(2) その第一条から第三条までは学生に対する勧学の条文であり、一、「読書作文」の前提としての「孝弟忠信」等の徳目の履行、二、知識の暗記を超えた「実学」の追究、官僚となる「将来」の備えとして「経子史」諸書を精読すること、三、試験の答案も典雅にして堅実であり「理」の説明において詳細かつ明晰な文章の執筆、がそれぞれ求められる。第四条は教官に対する「徳行」の要求と処罰規定であり、第五条には、洪武十五年頒布の「臥碑」に依拠して学校に関する「一切の事務」することが説かれる。その「臥碑」を敷衍しつつ提学官としての全般的職務を記すのが第六条以下であり、そこには、学生の資格や義務、学校に対する地方官の関わり方、「武職の子弟」の学習内容などが列挙される。

学政の再建を託された提学官は、これらの項目とくに勧学の条文をどう具体化したのか。宣徳八年の進士登第であり、天順以降は朝廷の要職にあった李賢は、広東按察司僉事に就いた彭琉の「墓表」に、提学官としてのかれの仕事を概述する。曰わく「学習規則を立て、成績評価を厳格におこない、年ごとに管轄の州県を巡回し、学生を啓発善導した。荒廃した学舎や学校の空白地域については修理および新設が二十数カ所、蔵書の不完全な官学にはみな刊行して与えた（立教条、厳考課、歳歴郡邑、開導諸生、凡黌舎廃欠者、増脩二十余所、書籍不備者、咸刻而伝之。『古穰集』巻一五「中憲大夫湖広按察司副使彭公墓表」）。きめ細かな人材教育と書籍の刊行を含む学習環境の整備、これらが当時の人びとの掌握する提学官の職務内容であっただろう。この伝記は、かかる彭琉の努力により嶺南の士風は大きく変わり、科挙合格者数は中原地域に迫るほどだったとも述べる。

この「墓表」に言う「教条」とは、どのようなものだったのか。陝西提学官に就いた荘観の「行状」にも、かれは「はじめに教条を立て、つぎに規律を厳しくして、学生の徳性才能の開発につとめて期待した」とあり（『献徴録』巻九四・五三葉張楷撰「荘公観行状」）、また監察御史提督南畿儒学の彭勗に関しても、その伝記に、「指導の理念は卓越して、教条はことごとく立ち」、「寛容さと峻厳さとがそれぞれ相応しく実現され（寛厳得体）」、士風は興起したとされる（同巻九五・五五葉葉盛撰「彭先生勗伝」）。薛瑄の場合は、管轄の師生に対し、まず朱熹の「白鹿洞（学）規」を提示したとされる。この「学規」は「親義別序信」という「五教の目」を冒頭に置き、以下「為学・修身・処事・接物」の枢要を、経書の文言に拠って理念的に記すものである。

されば上記提学官が拠った「教条」もまた、その具体的内容に相違はあったとしても、いずれも儒者の理念を基本的に語る訓示であって、たんなる罰則規定とはその性格を異にしていたと思われる。ただし薛瑄は、「規則によって諸人に相対するのは、学問の末節だ」との立場から、相手の「才器」に応じて個別指導をおこなうことに、精力を注いだ。その方法に関しては、閻禹錫が撰したかれの「行状」に、たとえば学生を指導するうえで、礼儀作法、書法、書物の朗読、詩賦の創作など、それぞれの長所を探し出して評価し、万事に優れていることは求めず、しかしどのような美点をも持ち合わせない人物に対しては、手厚い礼遇ののち学校を退去させたと記される。「教条」ですらも、その役割の限定性が認識されていたわけである。

憲臣としての提学官には、学生身分の剥奪や儒学教官の罷免を要求する権限が与えられていた。正統前半、多数の儒学教官が怠惰との理由で革職されており、この権限はたしかに行使された。だが、人びとが一般に認識しまた期待する提学官像のなかに、そうした司法官としての色彩は薄かっただろう。彭琉、荘観、彭勗の三者が教職経験者であり、また正統期における二代目の提学官でも、山東提学官の斉昭や広西提学官の黄潤玉が同様の経歴を持っているなど(3)、新設された提学官に対しては、『周礼』大司徒に言う「師儒」像を重ねて捉える認識が通行していたと推察される。

(二) 天順「勅諭」の精神

だが、前章に挙げた楊守陳による回顧のとおり、初代に続く「後任」は時に「匪人」、提学官としては不適格者であり、また柯潜が述べる如く、「凡庸な者は職務を怠けるだけであり、違法行為に心を動かす者は、職務に乗じて金品を収奪することもある（庸者怠其事而已、或秉心匪猷者、又従而攘之。『竹巌集』巻一〇「送浙江督学憲副劉君序」）」などの悪行をはたらいた。正統後半、師儒の名に値しない提学官も、おそらくは存在した。ただしかれらの職務遅滞は、その上司にあたる地方官が露骨な権限侵犯をおこなっていたことに起因する側面をもっていた。この制度がいったん廃止され、その後に再開されると、勅撰の条文が改めて示され、そのなかに「本職は学校を専督して、刑名を理《おさ》めず」とかれらの職掌を明記する一方、「布政司、按察司官、及び巡按御史は、提督者の職事を侵越するを許さず」との一文を載せたように、朝廷は、提学官の不安定な立場を勅令で支えようとしたのである（『明英宗実録』巻三三六天順六年正月庚戌・六八六四頁）。

天順帝による右の条文は、これ以降の督学の現場において「勅諭」とのみ称されることが多い。その「勅諭」は全一八条、正統期のそれに補訂を加えただけの箇所も目につくが、両者には明確な相違も存する。その一点は上記のとおりであり、また「社学」の設置に関する条文も新設されるのだが、これら以外に、程朱学所説の個人的修養を励行させる一条を置くことで、徳行重視の色彩をより濃くした点にも注目したい。「勅諭」は、正統の条文に倣い冒頭三条を学生への勧学の文章とする。ただし正統の第二条をその第一条と第三条とに吸収させたうえで、新たな第二条として、「学問の実践は、（孟子に言うとおり、間違った方向に）放たれたその心を必ず（我が身に）収めなおすことであり、主敬窮理は、手を抜いたり休みがちであってはならない（為学工夫、必収其放心、主敬窮理、毋得鹵莽鹵莽間断）」云々との文章を書き加えたのである。初代提学官が立てた「教条」の性格、もしくはかれらが浸透させた理想的提学官像からの影響を、ここに見ることも可能だろう。

「勅諭」の精神は、たとえば、天順年間に南北両直隷の督学を任された陳政と陳選とが、それぞれ以下の如く具体化した。広東番禺の人である陳政は、黄佐撰述の「伝」に拠れば、提学官彭琉に見込まれて正統六年郷試に解元で合格、その後は太学生となり、景泰五年に進士登第を果たす。そして湖広道監察御史から提督北直隷学校へと遷り、九年間その任務に就いたのち、山東按察司副使に陞進しその地でやはり督学をおこなった。北直隷時代、かれは「十五項目の教条を立て、記録簿を設置し、（その記録によって）学生の精励と怠惰とを審査し、学生の資質の高低にしたがって（それぞれに目標を）遂げさせた。（その教育方針は）おおむね道徳や品性を根本に据え、作文能力は末節とした。学生を安易には見捨てず、故に学ぶ者はみなその人徳を慕った（立教条十五事、設簿書以稽学者勤惰、随其資質高下而成就之、大都以徳行為本、文藝為末、未嘗軽易棄人、故学者咸懐其徳。『献徴録』巻一〇二・四二葉黄佐撰「陳公政伝」)」という。

また浙江臨海の人である陳選は、天順四年の進士登第後、江西道監察御史を経て南直隷の督学に就き、成化七年に河南兵備副使に遷ると間もなく職務が改められ、この地の提学官となった。かれの伝記は、南直隷における陳選が「徳行」を根本にすえて督学にあたったその典型的な行為として、答案査閲の際のかれの或る姿勢を大書する。学生の答案は、公平を期すべく通常その姓名を隠して査閲する。しかし陳選は、敢えてそれを見える状態のままにして語った、「わたしがそもそも自分を信じないのならば、どうして他人から信用されるだろうか（吾且不自信、何以信於人邪。同巻九九・八葉「京学志」所掲「陳公選伝」)」。答案記載の名前に左右される小人物ではないとの自信を抱き、試験の良否はその内容だけによって判断するというのであり、そうした「至誠」に、人びとはみな感化された。南直隷を離れる際に、自身の後継として宜興県学教諭の林智を推挙した点にも（徐溥『謙斎文録』巻三「林勿齋先生墓表」)、「徳行」本位のかれの姿勢を垣間見ることができる。陳選は河南でも人びとに思慕され、かれを越える提学官はいないとの伝承すら、その地に残した（張元禎『東白張先生文集』巻一九「墓表」)。「徳行」を根柢に置く督学活動は、通例や慣習を打ち破る過激さを、時にはともなっていた。そして一般の人びとは、職務に忠実な官員よりも、むしろ型破りな硬骨漢に好意を寄せた。

(三) 提学官と地方人士

通常、提学官には地域の有力者による「請託」が殺到した。生員の身分や貢生の資格を、強引な手段によってでも得ることで、税制上のもしくは社会生活上の様々な特権を手に入れようとすることが、地方人士たちの目的である。一方、科挙の答案はもとより、提学官による定期試験や学生身分の審査には、いわゆる「彌封」の方式が採用されていた。試験には請託の成立する余地がないことを形式上、明示したわけであり、受験者も採点者も、ともにその意味を了解していたはずである。ところが提学官である陳選の方が、この約束事を破った。そしてその行為がかれの評判を高めた。

成化中期、浙江提学官に就いた胡栄もまた、陳選に似た態度を採った。しかし浙江鄞県の人である楊守陳（一四二五―八九）は、かかる行為を有害無益とみなし、長文の書翰を胡栄に送り、翻意を促した（『楊文懿公文集』巻二三「与胡憲副書」）。江西新喩の人である胡栄は景泰五年の進士登第、戸部給事中から広東、浙江と二箇所の提学官を歴任し、その後、福建按察副使等に就いた人物である。広東提学官には天順七年に任命されたものの、服喪の期間があり、成化五年六月、復帰が命じられていた（『明憲宗実録』巻六八・一三五四頁）。かくして広東に戻る胡栄に対し、楊守陳は文章を送り、かれが当地の「人を教えてその本性に復帰させる」ことを望んだ（『楊文懿公文集』巻二一「送胡僉憲序」）。陳胡両者は、思想的には同志と言ってもよい間柄であった。

胡栄は、浙江赴任直後に届いた数通の請託書を、「怡然」として受領した。そしてその理由につき、「かれらが（身勝手な）請願をしてきたとしても、わたしは公平な理念にしっかりとしたがい、かれらの私的な欲情には従わない。どうして矯激な態度でそれを拒否する必要があろうか（彼雖請囑、而吾実循公道、不循其私情、何必矯激以拒之）」と語っていた。一方、楊守陳は、その郷里にはびこる弊害を疾病にたとえ、「急」激な症状には「標」末への治療を、「緩」慢な病態には根「本」への処方をおこなうのが「賢者」の方法だとして、現今の弊害は「急」激なそれに相当するが故に、請託の一切、書翰でも面会でもそのすべてを峻拒すべきだと主張した。

この書翰に先んじて胡栄は、楊守陳に宛てて手紙を送り、「今日」の士人には、名声を追いかけて質実を求めず、欲望に従順で理には依拠せず、他人には苛酷だが自分には甘いという「三患」があると述べ、それらを糾正するための方法として「窮理守義」を説いていた。だが楊守陳は、たしかにそれは「天下の通患」だが、浙江の現状に即した対応こそが肝要だと反論した。あわせて、広東には「郷宦」が少なくその請願も容易に聞き届けられただろうが、浙江の仕官者は「雨の如き」状態で、多数の要求に応じてかれらを「悦」ばすことなどできるはずがない、として如上の提案をおこなった。さらに、このような厳しい姿勢を断乎として継続するならば、いずれは「三患」を煩う必要もなくなるだろうとも推測した。

楊守陳は、そもそも胡栄の浙江着任を喜んでいた。提学官が復活した天順以降、浙江には然るべき人物が派遣されず、「学校の人士は（貢士などへの推薦を求めて）走り寄ること河の流れの如く、仕官をめざす家格の者は（生員身分を得るための）請託を寄せること市を成すほどで、習俗も人材も日ごとに違背し破壊される状態になった（致庠校之士奔競若流、仕官之家請託成市、風俗人才日以反壊）」と捉え、しかし近年、張悦が着任して事態は改善され、ついで到来した胡栄には、正統年間の提学官であった熊紳にも匹敵する功績が期待できると見たのである。張悦に関しては、その「墓誌銘」に、浙江提学官として学生を試験した際、当初は答案の姓名を隠す「糊名」法を踏襲したが、その後「わたしがそもそも自分のことを疑ったならば、他人のだれがわたしを信じるだろうか（我且自疑、人誰信我。『献徴録』巻四二・一七葉「張公悦墓誌銘」）」と語り、請託にも不当なたくらみにも動じなかった、と記録される。かつて陳選が実行した大胆なこころみは、自己の度量と公正さとを顕示する恰好の方法として、提学官に浸透していた。

「風俗」つまり地域一帯をおおう習俗に関連して、楊守陳は、「奔競」者が他人に頭を下げ多額の金銭を費やしても権利を求め、「請託」者が恥を忍びながらも利益をむさぼろうとするそうした行為を、「事勢」や「情義」に迫られた「爾らざるを」得ざる、当世浙江の傾向だとも言う。科挙出身者を優遇する競争原理が、両浙においては土地の習慣の如く瀰漫していた。されば「奔競」や「請託」に関与しない態度はその競争からの離脱、一般の人士にとってはその生存を放棄しかねない行為でもあっただろう。そこで楊守陳は、現時点での不正もやむを得ないと見た。一方、胡栄の言う「三患」に対しては、それはだれもが間違いだと知っているが、改善することが「直《た》だ能わざる」だけだと捉えた。「風俗」の圧力がそれを不可能にさせている、というわけである。

ただし楊守陳は、「三患」の除去は迂遠だと抑える一方、請託行為に対しても、その峻拒を勧めている。かかる方法を末節への対症療法でしかないと捉えつつも、その現実的意義を肯定し、逆に個人的徳性の涵養に関しては、根本的価値をもつかもしれないが現実には効果はないと判断したのである。さらに、「矯激」さを避けた胡栄の姿勢に対し、矯激はたしかに「中道」ではないが一概に否定すべきものではなく、奢侈に傾き放蕩を好む昨今の趨勢から推して、矯激だとの風評を拒もうとしても、畢竟「流汙の行」、俗人の下劣な振る舞いへと頽落しかねない、とまで述べた。『論語』陽貨篇に言う「郷愿」にも似た空気を、胡栄の姿勢にかぎつけたのかもしれない。陳選や張悦によってかつては奏功した一種の演技にも、もはや破綻が生じていた。楊守陳は、当時一般の本末観念と、浙江の現状とを照らし合わせ、通念の方が現状から乖離していると感じた。根本に対してその欺瞞性を疑う一方、末葉への対応にこそ現実を改変する力量があると捉えたのである。

天順成化の際において、広東では学者陳献章の名声が浸透し始めていた。その地に赴任した胡栄も、かれを信奉する人士のひとりとなった。提学官として、かれは資質の優れた生員をつねに引き立て、「風俗を正し人才を成す」ことをその第一の任務とした。陳献章やその門弟を推薦する発言もおこなった（羅倫『一峯文集』A1/1251巻八「復胡提学書」）。陳献章の側もまた、胡栄に対し、かつてかれが張元禎に送った思想的書簡の内容を韻文に概括し直した詩を贈呈した。その詩は、読書経験の蓄積だけでは体得するにいたらない「道」、ないし開示し得ない自己の本性を、一切万物を超越しつつしかし万物に相即し、日常生活に密着した卑近さを持ちながらも神妙不可思議だと描写し、その本体は、万事万物と交渉する具体的な場が成立する以前の「虚」なる境涯において確立されると説くものである(4)。胡栄がこの詩の思想をどう理解したかは不明だが、陳胡両者の生涯にわたる交友から推すならば、胡栄が陳献章の思想に共感していたことは間違いない。

一般に程朱学では、格物窮理の継続により自己の本性をおおう幾多の原因を漸進的に除去して「知」の力を充実させ、本性のおのずからなる開示を追究する。一方、陳献章は、開示をめざして設定される理想的人格と現実の自分自身とを、そのような実践によってつなぐことはできないと反省し、現実の自分自身を「虚」無化させつつ、現実の場に即した自己の自立を模索した。胡栄は、既成の理想論に依存する思考の停滞性を、陳献章から学んだように思う。そして浙江着任後も、おそらくは広東時代と同様、陳献章所説の「虚」なる境涯に立ち、先入観から自由な立場で、地域人士からの請託にも対応しようとした。自己の自在な明晰さの保持という点において、胡栄は思想的自覚を抱いていた。さすればかれもまた、楊守陳と同じく、当時一般の本末観念に対する疑念の保有者ではあっただろう。

ただし楊守陳は、自己の内面を掘り下げることよりも、自他相互が相対する場面それ自体への適切な対応の方を重視した。かれは、請託等の拒絶、不正防止策の徹底、信賞必罰の履行によって、天地自然の如く「無情」であり、また天秤ばかりのように「至公」な情況が現出すると捉え、その時点では請託行為など消滅するだろう、とも胡栄宛の書簡に記していたのである。福建提学官をつとめた游明の業績が、そうしたかれの信念を支える確証となっていた。

江西豊城の人である游明は、景泰二年つまり楊守陳と同年の進士登第であり、天順五年十一月、福建按察司僉事として「学校を提調」するよう命じられた。(5) 福建に着任後、六年を過ごした游明が、朝覲ののち福建で任務を続けるよう言いわたされた際に、楊守陳は、かれの功績を振り返る文章を贈った。それに拠れば、赴任直後の游明は、まず管轄の「八府五十余学」を巡回し、学籍を置くだけの幽霊学生、新進の学生を虐待する老生員、押出しは立派だが短い雅文も書けない木偶の坊など、時には一校から数十人にも及ぶ学生を「民と吏」とに落とした。そのほか、信賞必罰の考査を敢行し、故に地域の人士からは「謗議」が湧き起こったが、その姿勢を貫徹すると、改心したかれらは、游明の功績を称えて福建に長く止まることを願う歌を流行させた（『楊文懿公文集』巻一五「送游大昇序」）。前述の陳選とは逆に、この場合は司法官としての徹底した態度が、人びとの共感を呼んだわけである。

天順の「勅諭」は、正統のそれ以上に徳行を重視する。そして成化年間、陳選や張悦の如く、「勅諭」の精神を具体化すべく工夫をこらす提学官が登場した。徳行重視の姿勢を受け継ぐ点では胡栄も同様である。だがかれはその内実に反省を加えた。かれが学んだ陳献章は、既成の道徳規範に対してその形骸化傾向を明確に把握しており、胡栄の反省もまた、そうした傾向を帯びるものだったと思われる。

提学官が意識する徳行観念には、当時、このような分化が生じていた。既成のそれとそれに違和感を抱きつつもやはり徳行を重視する意識とが並行していたとみなせる。だが丘濬は、提学官のかかる夜郎自大をひとからげにして批判した。成化末年成立の『大学衍義補』に、提学官が、「中人以下の私見」しかもたないにもかかわらず、所轄の人材を統率し、その基準に合致させようとする行為を、自己の「量」、身のほどをわきまえない愚行だと非難したのである（同巻六九「崇教化」）。そのうえで督学の基準を「中人以下」に抑え、その基準にしたがって学政の一切を設計し直すよう主張し、さらには、学校ではたしかに徳行が優先されるものの、徳行の良否を試験によって確認することは難しいとして、まず審査すべきは学生の「藝業」、具体的に言えば「読書、作文、写字」だとの提案をおこなった。

楊守陳は、本末概念の本としての徳行は脇に置き、末葉である個別的事象への注視こそが、現今の提学官に必要な実践だと理解した。天順の「勅諭」が強調した徳行は、程朱学の理念をその基盤にすえる。しかしその徳行がもつ現実的有効性への疑念が、成化年間における督学活動の現場では、陳献章等の如く本体論の側面と、丘濬や楊守陳の如く現実認識の側面との双方から提起されていた。

二　督学理念の再検討

（一）徳教の限界と法の執行

成化年間の大半を郷里の福建莆田で過ごした黄仲昭は、弘治帝朱祐樘の即位後、朝廷の要職に就くべく中央に召喚されたものの、弘治三年、江西提学僉事としての地方派遣を言いわたされた。それでもかれと同郷の彭韶は、はなむけの一文を贈り、その末尾に、自身の理想とは正反対の、当時の提学官に対する観察を記した。曰わく、「法律制度を無駄に操ってそれを（提学官としての）権威としたり、人びとの意向に迎合することを（人びとが求める）喜悦とするような態度、世間にはたしかにそう振る舞う提学官が存在してきた。しかしおそらくそれは、名望の士人に期待される態度ではない（若徒操法制以為威、順適人情以為悦、世固有行之者矣、恐非所望於名輩也。『彭恵安集』巻二「送黄仲昭僉憲提学江西序」）」。

この一段の前にも、彭韶は、世間一般の提学官を批判して、「こわもてな風采をことさら保って、他人の短所を摘発し、教師や学生をきつく管理すること、胥吏への処遇の如き（好持風裁、摘発人短、箝制師生、如待吏胥）」者がいるとしたり、逆に「恩誼を売ろうとする者は、姦悪も放蕩も区別せず、いずれにも法を破ってかれらを保護し、懲罰にかけることを許さない（間有欲恩之者、不分侈僻放恣、類破法保護、不聴治罪）」などと述べている。ただしその一方で、「しかし天下には（自己の）心と関わらない道はなく、また道に依拠しない事象もない（然天下無心外之道、亦無道外之事）」との思想にもとづき、「心理の学」を講説することによって、人びとの気持ちを動かし信従させるならば、「風俗」も篤厚になるだろうと主張してもいた。

彭韶とは、広東布政使時代の成化十八年六月、陳献章を朝廷に推薦した人物である（第三章、参照）。上京を要請された陳献章に対し、かれはまた「大道にもとよりその外部はない以上、斯学がどうして支離であろうか。他者と自己、彼と我のあいだは、本末の関係で一貫する（大道本無外、此学奚支離、人己彼此間、本末一貫之。『彭恵安集』巻二「送陳公甫先生詩序」）」と始まる詩を贈ってもいる。黄仲昭に対しても、自他内外の区別を超えた万物一体の境涯における督学活動を期待したとみなせよう。かれにとってはそれが、一般の士人とは別格の「名輩」に求められる提学官としての理想像であり、「法制」に固執せず「人情」にも追従しない姿勢が可能となる思想であったのである。彭韶の目に黄仲昭は、胡栄の系譜を嗣ぐ提学官、新たなかたちでの徳行の実現を企図する師儒と映っていた。

黄仲昭の「墓誌銘」は、江西提学官としてのかれの功績について、歴史や儀礼に対する学生の知識不足を補うべく必要な書物を刊刻して提供した、との一段ののちに、通常、提学官に求められる「学生に対する審査の厳格さ、合否判定の公正さという点では、言葉を差し挟む必要もない（至於考校之厳、取舍之公、則不待言矣。『献徴録』巻八六・一一二葉林瀚撰「黄公仲昭墓志銘」）」と絶賛した。第二章に述べたとおり、かれは『資治通鑑綱目』など朱子学系の書物を多数刊行することで地域の学問振興を援助するなど、提学官としては職掌以上の業績を残していた。

三年の任期を終えて、黄仲昭は朝廷に帰郷を願い出た。かれの出版活動を手伝った張元禎は、かれを送る一文を草し、「君は帰郷する。わが江西の士風が敦厚ではなく、士論が公正ではないことを、深く慨嘆しているのではあるまいか（君帰、可深以吾江右士風之不厚、士論之不公為慨也哉。『東白張先生文集』巻七「送江西提学僉憲黄先生致政帰莆陽序」）」との言葉を、その末尾に記した。提学官黄仲昭は、江西士人とのあいだに軋轢を生じさせていた。ただし張元禎は、この一文に黄仲昭の労苦については語らず、成化二十三年に浙江提学官に就いた鄭紀と、「さきにわが江右に提学」した者とをあげ、いずれも「正道」にのっとる提学官だったが、地域の人士から誹謗中傷を受けたと述べ、つぎのように言う。「士習は因循姑息であり急激に変えることは難しく、いにしえの道は塞がれてことごとく実践することは困難であれば、そもそも（士風を）作新する契機に関しても、なお異議が提示されたに相違ない（将士習因循、難以猝変、古道窒礙、難以尽行、抑所以作興之機、尚有遺議歟）」。張元禎のこの失望感は、いったい何に由来するのだろうか。

張元禎は、かつて浙江提学官であった胡栄が、弘治前期、広西参議に就いた際に著した一文のなかで、提学官としての業績を「広東時代のようにはできなかったが、（浙江の）資質や見識に卓越した人士は、みな教化の功績を胡君に帰属させた（雖不能類広、而資質識見超卓者、未嘗不帰功化於君也。同巻一〇「送広西大参胡公之任序」）」と述べる。広東時代の遺産につき、「広東の士習は今にいたるまでも端正善美だ」と記したうえで、かかる屈折した一文を草したのである。要するに、浙江の一般人士は胡栄の理念を受けつけなかった。黄仲昭に対する江西の人びとも、かれらと同類であったのだろう。陳献章の思想にも通じていた張元禎は、胡黄両提学官の同志でもあったが、しかしかれらの理念が、少なくとも浙江および江西といった地域では督学活動の障害になること、そしてさらに、代替されるべき理念がまだ策定できていないことに対し、深く落胆していたと思われる。

一方、弘治前期における陝西一帯の学政は、成化八年進士登第の楊一清（一四五四—一五三〇）が監督していた。かれは成化二十三年に山西提学僉事に任命されたものの、まもなく母が亡くなり（『石淙文稿』巻二「劉翁墓誌銘」）、喪が明けたのちの弘治四年四月、改めて陝西への赴任を命じられた。そして翌五年、管轄の宜川県学を巡回した際には、その蔵書を充実させるべく、「当代の政書」や「四書五経」、「性理・朱子大全」、「資治通鑑綱目・五代史記」など「数百冊」の書物を、京師に人を派遣して購入させた（同巻二「宜川県重脩廟学記」）。その後かれは、七年十二月、副使となり、八年と十一年の陝西郷試に関わってから太常少卿に陞進した。

楊一清は、前任の提学官である馬中錫（成化十一年進士）が大理少卿として京師に帰還する送別の文章に、馬中錫の執務方針に関して、「刑罰を教化の補助とし、怠惰な学生は懲らしめ無駄な定員は削除した。この地の人士はかれの（賞罰に対する）厳格公正さをおそれ、手抜きをする者はいなくなった（以刑憲弼教化、懲惰汰冗、一方之士、憚其厳明、莫敢不力。同巻一「送大理少卿馬公赴召上京師序」）」と記す。人びとへの教化は、憲臣としての職掌を忠実に履行するなかでこそ果たされる。かかる認識の正当性を、かれは、実際の職務を通じて再確認したと思われる。弘治十三年、江西提学副使に選ばれた南直隷無錫の人である邵宝（一四六〇—一五二七、成化二十年進士）に対しても、同様の心得を示し、そのうえで、世間一般の提学官像に対しては、以下のように批判を加えた。


徳による教化を思慕する世間の人びとは、寛大さを基準にしようと務め、法制の執行をいさぎよしとしない。その志向は、従容としてじわりと染みこむ教化を実現しようとするものだが、ただ日に日に微温的で放漫な情況に陥るだけなのに、気づかない。しかしそれとは異なる提学官も、禁止条項を厳格緻密にふりかざし、法制の執行をのみ任務ととらえる。条例に照らしてみれば、外見に不足はないが、詩書礼楽による潤いは希薄になっている。（世之慕徳教者、務従寛大、而不屑為之制、其志以成優游漸漬之化、顧日入於委靡頽放之地、而不自知、其不然者、苛防密禁、惟法是任、視其条格、非無足観、而詩書礼楽之澤微矣。同巻四「送憲副邵君提学江西序」）

現状認識という点では、彭韶が黄仲昭に贈った一文とほぼ同一だが、ただし楊一清は、彭韶とは異なり「徳教」の弊害を重く捉え、刑罰の行使をむしろ推奨する。そのうえで、両者のさじ加減につき、「かの弛張寛猛の適宜さについて、（それを判断する）契機は「我」にある。慎重に執行して案配よく実施し、放恣にして自己を見失うことなく、苛酷にして他人を苦しめてはならない（若夫弛張寛猛之宜、其機在我、慎操而酌施之、勿縦以失己、勿苛以病人）」と述べる。法令の厳格な執行という方向性のもと、「我」に対しては禁欲的な態度を要求するのであり、たとえば「条約や賞罰」についても、「自分が遵守できてはじめて他人にも遵守が望める」と言う。

楊一清は、正徳四年、四川提学官に赴任する楊二和（江西進賢人、弘治六年進士）に対しても、憲臣としての自覚を持った督学活動を勧めたうえで、「ただし法制や条例のなかに必ず根本たる風俗を篤実にする意図を込め、管轄の人士に対して規範を遵守実行させながら、日ごとに正しい方向に趨かせ、督責する必要がなくなったのちに、首尾良しとみなせる（但於法制条格之中、必有敦本厚俗之意、使一方之士循矩蹈矱、日趨於正、而不俟督責之者、然後為善。同巻七「送憲副楊君提学四川序」）[6]」と述べる。温厚な風俗の実現が制度の理念であることは承知のうえで、その境涯にたどりつくまでは規則や教条の徹底した履行が必要だと捉えた。かかる公正厳格な実践にたえうる人格として、かれは自己抑制的な主体としての「我」を想定したわけである。

(二)自己認識の成熟とその背景

楊一清の文集には、弘治五、八、十一年の各陝西郷試録、および八年の雲貴郷試録に対する合計四題の前序が収録される。弘治五年に関しては後序も載る。当時、試録序の撰述は基本的に主考官が担当し、各省郷試の場合、時には外簾官が代作していたと推察される。一方、提学官による代作は、この時期、おそらくは異例であった(7)。しかし異例とはいえ、このような行為の出現は、地方官僚社会における提学官の役割が向上し始めたことを意味するだろう。

弘治四年(一四九一)十月、礼科都給事中林元甫らが各省郷試における弊害を上奏し、巡按御史の専横を抑制する幾つかの方法を提示した。そのなかには、考官選任の際には提学官の意見をも参考にすべきだとの提案があった(『明孝宗実録』巻五六・一〇九〇頁)。そこで明朝は、巡按御史への命令として、提学官に対し日常の巡回で所轄の教官を等級づけて考官を選ぶ備えとさせ、「もし適任者がいない場合には、他省の提学官が等級づけた人選にしたがい別に推挙せよ(若有不堪、即従彼処提学官於等第内別挙。万暦『明会典』巻七七「礼部三五・科挙・郷試」)」との条件を示した。各省郷試の現状を改善する一環として、明朝は提学官による地方官への牽制効果を期待した。

弘治九年(一四九六)、広東順徳の人で成化二十三年進士の蘇葵が江西提学僉事に任命された。そのおりに楊廉は、この人事が提学官を重視する政策の一環であることを、下記のように述べた。かれが弘治十七年実施の浙江郷試において進士の資格で主考官に任命されたことは、すでに紹介したとおりである。その巡りあわせに先立ち、かれは、地方教官にしても提学官にしても、その資格を重視する方法が、朝廷の採る対処法だと捉えた。

わが王朝は、人材の育成につとめて留意している。近年、教官に適任者が得られないことを憂慮して、挙人をかき集めてそのポストにあて、（挙人の資格が無い）歳貢やほかのルートからの赴任者も、必ずその選抜を厳しくした。また提学官に適任者が得られないことを憂慮して、時には「館閣」の者を派遣して、そのポストに補任した。「館閣」の者が地方官吏に就くことが無くなってから久しい。（それを改めたのだから）まさしく提学という任務をとりわけて重視したのだ。（国家於作養人材、拳拳注意、近歳以来、慮校官或不得人、率網羅挙人以充之、間有歳貢与他途者、亦必甚厳其選、復慮提督憲臣或不得人、時出館閣以補之、夫館閣之不外補也旧矣、豈非独重茲任乎。『楊文恪公文集』巻一二「贈僉憲蘇君提学江西序」）

ここに言う「館閣」の人士とは翰林院士を指す。蘇葵は、登第後、翰林編修に就いていた。弘治九年春の会試では同考官を担当する予定だったが、権臣の事前要請を拒絶したために、提学官として地方に派出されたという（『献徴録』巻九〇・九葉「順徳県志」所掲「蘇葵伝」）。そうした政治的背景が存していたとしても、翰林院士という文雅な資格の所有者を提学官に就けるというこころみが、ここに実現した。(8)

同十年、礼部は「科場条格」を上奏して裁可を受けるのだが、そこには「小試」の権限をもっぱら「提学憲臣」に委ね、諸他の官員には関与させない、という項目があった。ここで「小試」とは、各省郷試の受験者を決定する試験を指すのであり、この条格の一件は、楊一清による弘治十一年陝西郷試の試録序に記される（『石淙文稿』巻一「陝西郷試録序」）。

この規定が設けられる以前、郷試の受験資格者は、巡按御史による最終選抜によって決定されており、提学官は、それに先立つ資格者の予備的選定に関わるだけであった。たとえば『成化二十二年浙江郷試録』の序文には、提学副使李士実が「みずから郡県の学生を視察して、その優秀者を選抜し、巡按御史において覆覈し、千九百有奇の人数を得て、近ごろ（かれらは）貢院に入った」と記し、『弘治五年江西郷試録』の序文も、提学僉事黄仲昭による選抜で、試験に赴く者が「四千有奇にいたる。そこで巡按御史は、布政使や按察使と会同して、厳しく覆試を加え、その過半を淘汰した」と述べるとおりである。「覆試」の実態は未詳であり、さらに、弘治十一年福建、弘治十四年江西の各郷試録序にも巡按御史による「覆試」の記事があって、巡按御史の力量に抗しきれない朝廷の脆弱さがうかがえるものの、それでも各省郷試の現場では、提学官に固有の職務を認める動きが起こっていた。そうしたなか、弘治十七年秋、山東と浙江の郷試では、地方教官ではない進士合格者が、しかも各地の巡按御史らによる選任ではなく、朝廷の決定として、主考官に任命されたのである。

さて前述の蘇葵は、江西への赴任後、白鹿洞書院を再興させて朱子学を講じる一方（楊廉『楊文恪公文集』巻四五「与蘇伯誠」）、土地の「権貴」による圧力に対抗すべく奮闘した（李夢陽『空同集』A1/1262 巻六四「蘇先生入白鹿洞先賢祠告文」）。かれの前任であろう黄仲昭が苦しんだ情況に大きな変化はなかったわけだが、かかる江西の現実に対し、楊一清から憲臣としての活躍を期待された邵宝はどう立ち向かったのか。かれの江西勤務は弘治十三年から十八年までであり、その後の正徳十年初頭、邵宝は山西提学副使として出立する林魁に一文を贈り、提学官時代に構築されたであろうかれの督学理念をそこに記した。鎮江府知府であった林魁（福建龍渓人、弘治十五年進士）の提学官任命はその前年十一月のことである（『明武宗実録』巻一一八・二三九一頁）。

邵宝は、まず楊一清の言葉を「学政は寛容と苛烈のつりあいを斟酌すること（学政当酌寛厳之宜）」と総括し、さらに自身の経験に依拠して、寛容と苛烈の斟酌は「相手にもとづき自分にはゆだねない（以人不以己）」と理解し、ついで靳貴から聞いた「学術は是と非の実際を区別すること（学術当択是非之実）」との主張を、是非の判断は「自分にもとづき相手にはゆだねない（以己不以人）」と把握した。そしてその前者に関しては、「そもそも相手（にもとづいて寛厳のつりあいをとると）は随従ではなく因循する意味であり、相手が因循するに相応しい人物でなければ、自分に随従する（夫人非其徇之謂而因之謂、非人是因、則惟己之徇矣）」と、後者を「自分（にもとづいて是非の実際を区別すると）は委任ではなく明察の意味である。自分が明察でなければ、相手に委任する（夫己非其任之謂而明之謂、非己是明、則惟人之任矣）」と敷衍したうえで、以下の如き結論を導き出した。

そうであるから寛厳のつりあいを斟酌する鍵は「権」に存し、是非の実際を審判する鍵は「識」に存する。識は道によって充たし、充ちれば博、博であれば精密、精密であれば区別しえない是非の実際はない。権は徳によって堅持し、堅持すれば安定、安定すれば融通無礙、融通無礙であれば成功しない寛厳の斟酌はない。（是故酌寛厳之宜者存乎権、審是非之実者存乎識、識以道充、充則博、博則精、精則何不辯之有、権以徳執、執則定、定則通、通則何不済之有。『容春堂後集』A1/1258 巻三「送按察副使林君提学山西序」）

そもそも楊一清にあって「寛厳」の釣り合いをはかる契機は「我」自身であり、法令を執行する当事者の禁欲的姿勢を、かれは第一に要請した。一方、邵宝は、それを斟酌する際には「人」に因循すべく「己」を基準にはするなと述べるのだが、かれがここに言う「己」とは、楊一清が否定する「我」内の欲望にほかならず、斟酌の主体に関する楊邵両者の基本認識は同一だとみなせる。ただし邵宝は、楊一清が重視した法制よりも、その自在な運用の方に注目した。それ故に、運用の場面において斟酌される対象としての「人」の方を、判断の基準にすえたわけである。

邵宝は林魁に贈った同じ文章において、学ぶ者とは世の中のためにはたらく存在だと述べ、「それ故、法律制度で人びとを治めるにも、そこに「師道」は相即し、それを自己に成就させながら人びとを保養すれば、かれらを感化して奮い立たせる契機は、たしかにその行為のなかにあるのであり、いわゆる「章程」は第二義的な位置をもつ（故官以綱紀師道存焉、成諸己而養乎人、其感孚振作之機、固將有在矣、而所謂章程者次之）」ともまとめる。「章程」もまた「教条」と同様の規定であろう。邵宝は、明文化された教条よりも提学官自身が体得した「師道」を根本的だとするわけである。

それでもかれは、弘治十七年七月に湖広提学官としての赴任先で没した姚文灝（江西貴渓人、成化二十年進士）の「墓誌銘」において、督学の場で姚文灝が「条教」を詳細に提示したことを述べ、その教条の「大要は聖賢の学問にもとづきつつ、当時の規定を参照することで、うわべを飾るだけの姿勢を厳格に排除した（条教甚悉、大要本聖賢之学而参以時制、痛革浮靡。『容春堂別集』巻七「奉議大夫湖広按察司僉事姚君墓誌銘」）」と記す。そうした姚文灝のおそらくは前任者であった陳鳳梧（江西泰和人、弘治九年進士）が、そもそも教条を重視していたのであり、陳鳳梧は湖広において、天順の「聖制を推衍」した一八の条項にみずから作成した三一の教条を加え、「郡県」にて刊行配布し学生の規則としたという（韓邦奇『苑洛集』巻八「資善大夫都察院右都御史贈工部尚書陳公伝」）。

弘治前期、明朝は、提学官に対し各省郷試における地方高官への牽制効果を期待した。陳鳳梧による詳細な教条の作成は、朝廷の方針を拡張して再確認しつつ自己の権限を人びとに公告し、かつ湖広という個別の現場に相応しい督学活動の展開を目的とする行為であったとみなせよう。弘治十一年ごろ北直隷の提学御史の任に在った邵蕃（浙江余姚人、成化二十年進士）の「墓誌銘」に、かれが「規条を厳立」したと記され、同十四年広東提学僉事の在職中に逝去した宋端儀（福建莆田人、成化十七年進士）の「墓誌銘」にも、かれは「教法を厳立」したとある[9]。かれらにやや先立つ時期、楊一清は、徳行に傾斜しがちな当時の提学官像を改めるべく、憲臣としての原点に回帰する方向性を提示した。その方向性が、各地の督学の現場では、教条を厳守する活動へと展開した。さらに、江西に赴任した邵宝は、楊一清から得た理念に補訂を加え、「章程」の意義を一定程度みとめつつも、それを運用する場面での自他相互の関係にこそ注視する思想を構築した。

弘治初期、彭韶は、「名輩」が就くべき提学官に万物一体の境涯における督学活動を期待し、当時の提学官が「法制」に固執し「人情」に追従する姿勢に対してはそれを厳しく批判した。だがこの理念は、督学の現場に誇示される地元有力者からの圧力を前にして、挫折を余儀なくされていた。楊一清の主張はこの理念と正面から対立する性格のものだと思われるが、一方でそれを鍛錬しなおす歴史的役割を備えてもいた。その理念再編の作業を実際におこなったのが江西提学官邵宝であり、以上、弘治正徳の際にいたるまでの一連の過程からは、提学官による自己認識の成熟ぶりを見て取ることができるだろう。そしてまた、提学官に対する各省郷試への関与要請の増強、およびそれと表裏する地方官僚社会でのかれらの地位の相対的向上が、かかる自己認識の深化と相互的な因果関係を結んでいた、とも推察されるのである。

(三)　職責と信念のはざまで

福建晋江の人である蔡清（号虚斎、一四五三―一五〇八）は、「六経子史、及び周程張朱の性理書」を独習し、成化十三年の郷試において解元合格、同二十年に進士登第を果たした俊才であり、また「宋儒の道、朱子に至りて始めて大成を集む」と主張するとおり、朱熹の熱烈な信奉者でもある（林希元『同安林次崖先生文集』巻一四「南京国子監祭酒虚斎蔡先生行状」）。

正徳元年、かれは江西提学副使として赴任すると、学生への丁寧な指導はもとより、白鹿洞書院の復興など職責を超える仕事にも励んだ。だが、それでもなお督学の活動に限界を感じ、友人宛の書簡のなかで、答案の査読に忙殺されて疲労困憊、帰郷して静かな学究生活を送った方が良いかもしれない、と弱音を吐き、「そもそも他者を導く実践といっても、ただ文章（の善し悪し）を査定する作業をおこなうだけであって、それ以外、学問の本質に関する事柄にまでは手が回らず、どうやらそれを実行することもかなわそうだ（且及物之功、惟有考較文字一節得行余、根幹上倶未能及、而計亦未必能行也。『蔡文荘公集』巻二「又（与李宗一書）」）」などと不満を漏らした。(10)

蔡清は、自身が奉じる朱子学と提学官としての職務との断絶に悩んだ。その断絶は、いわゆる修己と治人の両局面において、ともに存在した。提学官としての活動が自身の学問的向上とは無関係に思われると同時に、治人の実践として見ても本質的ではないと感じられたのである。蔡清は、虚斎を名のるとおり、みずからを「虚」なる状態に保つことで、「動」中に「静」なる境地を実現する思想を構想していた（同前「与黄徳馨書」）。かれに心酔した陳琛が著した会試の答案に対し、或る考官が、陳献章の門下が書いたものでなければ蔡清の文章だ、と推察したとおり（『小山類稿』巻一六・三〇三頁「江西提学僉事紫峰陳先生墓誌銘」）、かれの構想は陳献章の思想とも近似するのだが、ただしそれでもかれの主観において、それは程朱学の延長線上にあった。だがそうした思想も、督学活動を展開する官員としてのかれには、安寧をもたらさなかった。結局かれは提学の職を辞し、(11)その後、南京国子監祭酒の地位が提供されたものの、ほどなく病没した。

蔡清に先立って江西提学官であった邵宝は、督学の現場にその身を投げ入れつつ、現場に適合する思想を作り上げようとした。この思想も蔡清と同様、その主観においては、程朱学の理念と合致していたに相違ない。ただし両者を比較するならば、蔡清の方が邵宝よりも自己の思想に対し、繊細な感覚を抱きつつ接していたとは言えよう。おそらくはそれ故に、蔡清は、提学官を続けるなか、その自己同一性に疑いを抱いた。科挙受験者の養成に関わる職務が、自己実現の障壁として立ち塞がったのである。しかしそれを障壁と捉えさせたのがかれ自身の思想であるならば、かれは自縄自縛に陥っていたともみなせる。

弘治正徳の際、各省郷試の現場では、以下に示すとおり提学官に対する需要を高めていた。蔡清もまた、受験勉強で悩んでいる江西の学生を助けるべく、「諸経及び論表策判等」の程文の優れたものを選定し、批点を加えた参考書を編纂刊行している（『蔡文荘公集』巻三「刊精選程文序」）。挙業の現状に対する認識を十分に培っていたにもかかわらず、しかしかれは、こうした行為を「今日の分内の一細事」と低く見た。督学の現場に身を寄せながらも、それ故に最終的局面においては自己の信念に殉じたのが、蔡清という人物であった。

浙江慈谿の出身である姚鏌は、弘治六年に進士となり、十六年には礼部員外郎から提学僉事に選ばれ、広西学政の監督を命じられた。その四年後の正徳二年にはいったん親族の喪に服し、同五年の復職後、副使に陞進のうえ福建提学官に就いた。当時、福建の生員であった張岳は、姚鏌に郷試の受験資格を認定されるのだが（『小山類稿』巻一九・三七二頁「岐溝富平之敗何如策」末尾自注）、かれは、その後、提学官としての姚鏌の業績を振り返り、広西において作成したその「条規はきわめて峻厳」であったと述べつつも、「かれの性格は坦率で、そのまごころは篤実、人びとを感化し善導する点では、言葉や条約（の限定）を超えるものがあった（其心地光明、誠意懇切、感発化導、又有出于言語条約之外者。同巻一四・二七〇頁「東泉姚公祠堂記」）」と記す。教条に拠る一方においてそれをも超える督学活動をこころがける点で、その活動に対するかれの認識は、邵宝のそれと揆を一にするとみなせよう。

姚鏌の文集には、正徳五年の「広西郷試録序」、および八年と十一年の「福建郷試録序」が収録される（『東泉文集』D1/集46巻一・巻二）。三点の序文のうち、前二者は提学官時代のものであり、後一者は福建右布政使に転じた時の文章である。また、後二者に関しては当該の郷試録が現存しており、これらがその前序に相当し、十一年の郷試ではかれが提調官をつとめていたことが分かる。十一年郷試の場合、この時期の各省郷試の慣習として、かれは主考官に代わって序文を執筆した。一方、提学官が序文を著す習慣は、楊一清の「陝西郷試録序」という先例はあるものの、当時、おそらくは一般的ではなかった。しかし姚鏌は、敢えて郷試の業務と関わった。

広西提学官時代、かれは幾たびか上奏文を呈している。『東泉文集』（巻八「広西学政」）所収の上奏文のなかで、第一番目に載る文章は、広西出身の進士登第者を増やすべく儒学教官の資質を向上させることを主題としており、文中かれは、会試の副榜挙人を広西の儒官として派遣してくれるよう願いでた。第三番目の文章も同様であり、江西や福建からの人士の派遣を要請し、あわせてかれらの賃金は十分まかなえることを伝えた。この要請は認められ、「江西等処の五経挙人」である朱祿らが招かれた。そして姚鏌は、かかる手段によって実際に成果があがったことをも述べ、優秀な学生「一百余名」を省会に集めて特別な教育を施すことを、そのつぎの要求とした。これらの上奏文には、科第者の育成にかけるかれの情熱が充溢している。こうした情熱が、試録序の作成という提学官の職掌を超える行為へと、かれを導いた。

弘治年間、郷試受験者の選抜は提学官の専権事項とされたが、その規定は空文に近かった。前述の陳鳳梧は、弘治後半、湖広提学官であった時にこの指令を守るよう巡按御史に申し出ると、「大体」をわきまえる者であったその相手は、かれの要請を受け入れた。しかし山西提学官時代の巡按御史は聞く耳を持たず、陳鳳梧は何度も上奏し、「制の如くせよ」との上命を後ろ盾とすることで、ようやくその不当な干渉をやめさせた（前掲、韓邦奇所撰「陳公伝」）。なお『実録』に拠れば、正徳五年（一五一〇）六月、陳鳳梧の上奏を聞き入れた際の皇帝朱厚照の言葉は、「巡按御史にはもとより監臨官としての職務があり、邪悪な行為に対しては摘発すべきだが、試験に関しては提学官（の職掌）に属する。（布按二司の官員も含めて）各官は、当然、干預してはならない（巡按者自有監臨職任、如有姦弊、則当糾察、考試属之提学、各官宜勿預。『明武宗実録』巻六四・一四一〇頁）」というものであり、正徳帝による「勅諭」の再確認は、山西だけではなく全国的にもその効果が及んだとみなせる。韓邦奇が撰述した伝記は、陳鳳梧が学生の答案を詳細に査閲するうえで、「一巻は一人の功名なり」と述べたこと、つまり答案の一枚一枚が学生の将来を左右するとの覚悟を抱き、答案を繙読していたことをも記録する。

各省郷試において、巡按御史など主要外簾官に就いた官員が内簾の考官に不当な干預をおこなうといった事案は、明朝初期以来の慣習でもあり、その傾向には、中期以降、拍車がかかっていた。ただし巡按御史の個性も多様であり、不正に身を沈める者がいる一方で、明朝の祖法を厳守する官員もたしかにおり、さらには、試験の精度や効率を高めるべく、逆にこの慣習を利用した人士も存在したと推察する。とりわけ弘治から正徳にいたる時期、各省郷試における提学官の役割が上昇するにともない、かかる巡按御史は、科挙への取組に熱心な提学官を巻き込んで科場の業務を遂行したのではないだろうか。

要するに、内簾に干預する主要外簾官のひとりに、提学官が加えられた。郷試の業務に対し、提学官が直接関与することは、職掌上それまではありえなかった。また弘治以降における職責の拡張にしても、その範囲は「条格」に明文化されていた。だが正徳年間、この職責拡張傾向は、郷試の現場において、法令の規定以上により強く感じられていたように思う。姚鏌とはそうした空気を敏感に察知して職務を遂行した人士であり、一方、蔡清は、なし崩し的な情勢の変化に対し、その信念のもと随順することを拒んだ提学官だったのではないだろうか。

(四)各省郷試への積極的関与

提学官の関与は、当初、序文の代作にとどまっていた。正徳十一年湖広郷試録の序文は、前後二題とも提学官張邦奇(浙江鄞県人、弘治十八年進士)が執筆した(『紆玉楼集』C/1336巻一)。しかしその関与が程文の作成にまでも拡がることは、時間の問題であった。江西南昌人である劉節は、弘治十四年の解元にして十八年の進士登第であり、その「神道碑」に拠れば、正徳八年に四川提学僉事を拝命、四川では「条約」を説いて「倫理」をととのえたという。雲南兵備副使を経て同十四年、広西提学官に就くが、その年の郷試では、監臨官がかれを雲南にとどめて提調官とし、かれは雲貴郷試録の「釐正」にあたった。また広西でも嘉靖元年の郷試において、「士を得て文を録す」こと四川のようであった(『献徴録』巻四六・六四葉黄佐撰「雪臺劉公節神道碑」)。

劉節の文集には、「代作」と注記された論文が二題と、「表」が二題、「対策」が十題収録される(12)。その点数は郷試二度分の答案に等しく、かれが関係した正徳十一年四川郷試、十四年雲貴郷試、嘉靖元年広西郷試のいずれかの程文だとみなせる。ここでは、劉節が提学官であっても、また外簾の提調官に就いたとしても、郷試への取り組み方にほとんど区別がなかったような伝記の叙述に留意したい(13)。

嘉靖四年と七年の浙江郷試では、当時の提学官であった万潮(江西進賢人、正徳六年進士登第)が程文の多くを撰述した。試録を読んだ「士大夫」は、かれであってこそかかる文章を書くことができると語った、という(『献徴録』巻六二・一四葉無名氏撰「五谿万公潮墓碑」)。提学官による程文の代作は、科場内部の秘密ではなくなっていた。嘉靖四年浙江郷試に関しては、内外両簾が協働して答案の審査に携わったことを、浙江の郷紳である倪宗正が伝えている(前章参照)。一方、七年実施の郷試は、全国各省に対し朝廷から京官が、各地の主考官として派遣された。郷試主考官の選任方法は変わったとしても、提学官万潮は一貫して程文の作成に関わっていた。

　各省郷試の主考官を京官から派遣する方法は、嘉靖七年と十年の二度の実施だけで取りやめになった。そして十三年、制度再変更の時機に際会し、郷試の実施責任者は従前にも増して考官の選任に配慮した。少なくとも三省の郷試において、進士登第の資格をもちつつも儒官に就いていた人士が、主考官に招かれた。前章にも紹介した事例だが、浙江郷試には、揚州府学教授高簡（嘉靖八年進士登第）と恵州府学教授何元述（嘉靖十一年進士登第）が、福建郷試には、饒州府学教授張嘉秀（嘉靖八年進士登第）が、広東郷試には、蘇州府学教授銭徳洪（嘉靖十一年進士登第）がそれぞれ徴聘された。

　この時期、浙江には徐階、福建には潘潢、広東には田汝成が、提学官として着任していた。また徐階は郷試の程論を、潘潢は策問五題のなかで第一問から第三問までの都合三題の程策を著した。徐階の文章は『世経堂集』巻三〇に「君子尊徳性而道問学」と題して、潘潢のそれは『樸渓潘公文集』巻三に「省試御製大全書策」・「省試史策」・「省試師友策」としてそれぞれ収録されるのである(14)。

　郷試考官の選定に際しては、提学官による事前調査を参照するという規定が、弘治年間に作成されていた。高簡や田汝成は湛若水の門弟であり、銭徳洪は王守仁の高足、また徐階は、銭徳洪と同門の欧陽徳によって陽明思想に開眼した人士である。人物調査の目的は、学識と徳行のともに優れた儒官の発見にある。ただしかれら提学官は、その目的を満たす条件のひとつとして、みずからの思想傾向との異同という項目をひそかに加えていた。

　儒官林光が主考官として招かれたのは、成化二十二年の福建郷試および弘治二年の湖広郷試の実施に際してであった。その人選には前述の彭韶およびかれと地域的学術的な繋がりをもつ人士たちが関係しており、かつまた決定の際には、陳献章門下としての林光の思想傾向が、有力な判断材料になったと推察される。徐階らによる如上の行為にはかかる先例が存するのだが、両者のあいだには、提学官による制度的関与の有無という差異がある。正徳嘉靖の際における提学官は、考官選任の事前調査に関する規定が作られた当初に較べて、各省郷試への関わりの度合いを高めていた。

地方の学政は、そもそも科挙受験者の育成のみを目的とするものではないのだが、この点に重きを置いて制度が設計されていることは否めない。ただし提学官は、弘治年間以降、受験者を独自に決定し考官選定の準備をおこないはしていたものの、日常的に学政を監督するだけであり、三年に一度実施される郷試それ自体には携わってはいなかった。しかしその情況が変化した。かれらはあたかも主要外簾官の如くみなされ、郷試運営の一翼を担った。提学官としての在職期間のすべてを、各省郷試に関連づけながら送ることが可能になっていた。

徐階は、嘉靖三十年ごろに記した一文に、儒学の学官は学生に対する信賞必罰の権限が弱く、礼部は教官や学生を教化しようにも「無素」、日常的な回路がないというそれぞれの問題を、提学官は各地の学校を巡回し、かつみずから人びとの学習を監督することによって一挙に解消することができると説き、この官職の重要性を強調した（『世経堂集』巻一三「送憲副双臺林子督学湖南序」）。徐階の認識において提学官とは、憲臣として法令を遵守し、かつ礼部の代理人としてその意向を学政に反映させる存在なのである。礼部の意向とは、この一文に「礼部は天下の士を合わせて之を三試し」云云との文字があるとおり、科挙の理念の実現に集約されるものであろう。「三試」のなかでもとくに各省郷試に対する多大な貢献が、提学官には期待されたわけである。そして実際に、かかる期待にこたえうる環境が、その元来の職掌を超えて形成されていた。林希元が形容した如く、提学官はまさしく「人文の領袖」たる者としての位置を与えられており、それ故に督学の現場は、以前にも増して、思想的熱量を上昇させることになった。

三　思想闘争の最前線

（一）江門湛若水の戦略

嘉靖八年七月、湛若水は南京吏部右侍郎から北京の礼部右侍郎に転じた。かれは南京時代、新泉精舎を開設し多くの門弟を育成したが、そのひとりに浙江銭塘県の人である田汝成がいた。かれについてはすでにその履歴の一端を紹介しているが、そもそも田汝成は、嘉靖五年の進士登第後、儀制司署郎中に就き、同十一年七月、提学副使として広東への赴任を命じられていた。そして湛若水は、弟子でありかつ属官でもあるかれに対し、新たな職務への着任を祝う一文を贈った。その主旨は、湛若水が構想した「二業合一」の勧めであった。以下に、その一部を引用する。

或るひとが言った、そもそも田君は合一の学問を新泉精舎で講究していた。それに拠って（学生に科挙の）文章を教え、（学生の徳行の）模範となる。その如何なる在り方を合一と言うのか、と。（答える。）そもそも合一とは、内面に向かっては心をおさめ、外界に向かっては事物をおさめる。内面では心をおさめるから、徳性は崇高になり、外界では事物をおさめるから功績は広大になる。徳性と功績とがひとつになるのが、内外を合わせる学問である。……模範となって内面を変化させ、文章を教えて外面を変化させる。内面の変化とは徳行のことを言い、外面の変化は道藝のことを言う。（これは）徳行と道藝なるものが合一するということについて言う。合一とは、内外を合わせる学問について言う。それ故にこの道理では、自分を確立することができてその後に他人をも確立させることができ、自分が道に到達してその後に他人をも道に到達させる。その極致はひとつである。それ故に他者と自己とのふたつの区別が消尽するそのことこそが、合一と言うことなのである。（或曰、田君蓋嘗講合一之学于新泉矣、其斯以為訓詞乎、其斯以為模範乎、何謂合一、夫合一者、内以治心、外以治事、内以治心、故徳崇焉、外以治事、故業広焉、徳業之一、合内外之道也、……模範以化其内、訓詞以化其外、化内者、徳行之謂也、化外者、道藝之謂也、徳行道藝者合一之謂也、合一者、合内外之道之謂也、是故斯理也、能立己而後能立人、能達己而後能達人、其致一也、是故物我両尽、合一之謂矣。『泉翁大全』巻二二「贈督学憲僉田君奉勅之嶺南序」）

この一文は、挙業と徳業の合一から進み、自他内外の相即ないしそうした区別の撥無にいたるその過程を説くものである。湛若水のもとで研鑽を積んでいた田汝成にすれば、主旨の把握は容易であっただろう。ただし、この理論と督学活動との関連性を改めて諭された点には、新鮮さを覚えたかもしれない。田汝成は、広東での任務終了後、嘉靖十九年ごろには福建提学副使にも就いた。その福建時代に著した文章からは、かれの湛学理解の確かさを知ることができる。

わが増城の湛先生は、天が生み出した民びとを導く先覚者である。その学問は自然を根本にすえ、その教学は場面ごとに応じて天理を体認することを実質とし、その方法は助長もせず忘却もしないことを基準とする。内外をあわせ、「精」でありかつ「一」でもあり、（その実践には）したがう階梯があり、集約する根本もあって、聖学を闡明し迷路を打開するに十分である。（我増城湛子、天民之先覚也（孟子万章上篇）、其道以自然為宗、其教以随処体認天理為実、其功以勿助勿忘（孟子公孫丑上篇）為度、合内外、兼精一、循之有序、而会之有本、

足以闡聖学而開迷途。『田叔禾小集』D1/集88巻四「武夷山甘泉精舎記」）

ただし湛若水による「二業合一」論の発信は、まことに戦略的であった。かれは、督学という行為を、湛門の弟子による思想的実践の機会とのみ捉えはしなかった。自身の学問と旗幟を異にする人士にも自説を伝え、その広汎な普及をはかったのである。よってその標的は、提学官等の学政関係者に絞り込まれた。上述の潘潢は徽州婺源の人であり、正徳十四年応天府郷試の解元、翌十六年に進士登第を果たし、嘉靖九年六月、礼部精膳司郎中から江西提学官に任命されたが、その直後に赴任先が福建に変更されていた。湛若水は、転出する潘潢に送別の一文を贈った。そこに、「徳藝は一貫也、上下は一本也、心事は一致也、体用は一原也」とまとめる「二業合一」の主張を記したうえで、「我が贈言を迂闊と思うかもしれないが、それでもなお赴任したら試してみよ」との言葉を末尾に置き、督学活動に応用することを勧奨した（『泉翁大全』巻二一「送福建提学憲副潘君赴任序」）。

提学官としての潘潢に関しては、「規条を厳しく」し、書肆に置かれた「教えを壊す」書物を焚かせるなどの厳格な側面と、管轄の「童子」を学校に集めたり貧しい士人を救済するような寛容な側面とが伝えられる（乾隆『婺源県志』巻一五「名賢」）。思想的には、王慎中の証言に拠れば「宋の朱子を宗として、その真言を法程」とした朱子学者であり（『遵巌先生文集』巻一八「祭潘封君文」）、たしかに潘潢自身、王守仁による「心の明覚なる側面を知と言う」とする理解は、「大意」に関しては分かっているとみなせるが、致知を致良知と解釈するその学説は、「文章に拘泥して主旨を見失っている（泥文失義。『瀼渓潘公文集』巻三「物格致知」）」と述べている。

湛若水はまた、嘉靖十年三月、広西提学官に任命された主客司署郎中張岳に対しても、「二業合一」を説く一文を贈った（『泉翁大全』巻二二「送広西提学僉憲張君惟喬之任」）。張岳とは、前述のとおり福建提学官姚鏌に見出され、正徳八年の郷試では解元となり、十四年に進士登第を果たした人物である。嘉靖初期、張岳は浙江紹興において王守仁と面談し、『大学』の三綱領に関するかれの理解を聞いてそれに疑問を抱いた。王守仁は、「親民」という行為と自己の明徳を明らかにする行為との相即を説いたのだが、張岳は、『中庸』の戒謹・恐懼など、明徳を明らかにする行為は、「親（新）民」に進む以前の自己修養ではないかと応じた（『小山類稿』巻六・一〇〇頁「与郭浅斎憲副」）。かれの立場は、王守仁から「旧説」に纏いつかれていると批判されたとおり、朱子学のそれである。張岳は、王守仁との応酬を、嘉靖七年当時、福建巡按御史であった聶豹にも伝えており、その後、聶豹が撰述した張岳の「神道碑」には、かれの学問が「伝注を守り、程朱を宗とする」と記される（『聶豹集』巻七・二一六頁）。

張岳に贈った湛若水の文章は、両者の対話形式によって構成される。天に淵源する性、道、教に古今や遠近の違いはないとする湛若水に対し、挙業中心の昨今の教学を、広西という僻遠の地でおこなうことに懸念を抱く張岳は、その教学の「古人の道」に合致する点を問い、徳行と道藝との双方の実現可能性をたずねた。すると湛若水は、周敦頤『通書』（陋第三四）の「聖人の訓えは耳から入り、心に感じ、それを内面に蓄えれば徳行となり、社会で具体化すれば事業となる」といった言葉を引用しつつ、徳行と道藝との一致を説いた。そしてそもそも科挙の考官は、受験生による道藝の言葉を審査することでかれらの徳行をも了解するとし、かかる科挙制度に「先王」の意図を寓することが「二業合一」だとした。さらに、張岳の認識も自分のそれと同様であるに相違ないとの推測を書き添え、こうした認識を「潤沢」し「力行」するのは張岳次第だ、とその実践を依頼した。

（二）体制教学側の反撥

「二業合一」論は、程朱学をその理念とする明朝の国家教学を学習しつつも登第を唯一の目的とする受験生の現実に対し、その現状を肯定する一面をもつ。ただし湛若水の視線はその先にも及び、自他内外の一致へと人びとを誘うものだが、程朱学を信奉する提学官にあってこの主張は、右の如き学生に対し科挙の理念の浸透をはかるうえで、恰好の端緒となったはずである。かくして湛若水は、その門弟に対しては自己の思想の根幹を把握するよう求めるかたわら、かれの思想に必ずしも同調しない人士に対しては、相手が受容しやすい表現を用いて自説を伝えた。「二業合一」それ自体の実践を通じて、かれ自身の主張である内外合一の認識がその実践者に根づくことを期待した戦略にほかならない。

嘉靖十六年四月、御史游居敬が湛若水を弾劾した。その「学術は偏頗であり、志操や行動は不正で虚偽だ」と批判し、かれの書物を王守仁のそれとあわせて発禁処分にするとともに、門人が創設した書院を毀つよう要請したのである（『明世宗実録』巻一九九・四一九一頁）。湛若水の戦略が奏功していることを逆に物語る上奏である。游居敬の主張は認可されなかったものの、体制教学側の巻き返しは、すでに始まっていた。

蔡清を郷土の先賢として尊崇する林希元（福建同安人）は、前述の張岳と同様、提学官の経験者でもある。(15) 林希元は正徳十二年の進士登第であり、嘉靖九年ごろ広東提学僉事の任にあった。一方、張岳は広西提学僉事についで同十二年四月、江西提学に転じ、左遷の時期を経て十六年ごろには浙江提学副使に陞進した。

林希元は、江西にあった張岳に対し、かの地では王学が盛行しており、その情況を改めるには、口先の言葉によってではなく実力行使が必要だ、と説いた。(16) 張岳もその意見に賛同して啓蒙活動をおこなった。その様子を観察して林希元は、「若者は新説に浮かれて伝注をないがしろにし、年配者たちはそれを歎いた。張岳は赴任すると、その弊害を徹底的にあらためた。すると士人の習慣は変化し、年配者たちは溜飲を下げた（後生喜新説而忽伝註、諸老患之、浄峰至、痛革其弊、士習為変、諸老快焉。『同安林次崖先生文集』巻八「贈張浄峰郡守考績序」）と描写した。張岳は、提学官として赴任したその先ざきで「学約」を公示したという。かれの文集の「雑言」には、その一部が含まれる。下記の一文は、おそらくそうした「学約」の一条であろう。

そもそも聖賢が人びとを教導する際には、語黙動静、親兄弟や師友にしたがうなかで謹しみの心を尽くし、恭敬惻怛の心を涵養しつつ、それを自立の根本として、つねに聖賢の書物を反復熟読、その内容を切実に体認したうえで、自覚的な行動や学習の際にその方向性をくらまさないようにするだけである。ただちに悟れるような簡便な近道など元来なく、また、人びとを支離滅裂で浅薄な無用の俗学に安んじさせることも、これまでなかったのである。（凡自古聖賢教人、不過使之致謹於言語動静、事親従兄、隆師親友之間、養其恭敬惻怛之心、以為田地根本、而時将聖賢言語、反覆詳読、切己体認、使其行著習察（孟子尽心上篇）、不昧所向而已、初未有簡径捷法、可以直下頓悟、亦未嘗使人安於支離浅陋、如俗学之無用也。『小山類稿』巻一八・三四八頁「雑言一九」）

張岳のかかる発言は、居敬窮理を学問の柱にすえる朱子学者の主張にほかならず、また「経明行修、博く古今に通じ、文質の中を得て、名実の相称う」人士の選抜という（『明太祖実録』巻五二・一〇二〇頁、洪武三年五月）、明朝科挙の理念を奉じた正論でもある。張岳が浙江に赴任する直前、陳儒（嘉靖二年進士）がその地の提学官に就いていた。陳儒による官学の管理方針に対し、地元の郷紳でもあった姚鏌は、以下のように讃美した。

わが提学副使陳公は、典雅博識の学問と清廉磊落な性格とによって、勅命を奉じて浙江の学政を監督するや、たちまち憂慮を抱き、任地に赴くや否や、ただちに厳しく教誨を作成して、異説を排斥、（正学の）旗印を立てて学生を指揮し、また正学を尊崇してそれを標準とした。性や道を講究する方法は、ひとえに程朱学を本旨としており、学ぶ者はかくして旧来の態度を改めた。（我文宗憲副陳公、以純雅博大之学、清介磊落之操、奉上命視学于浙、廼有憂焉、甫下車、即厳為教詔、■（一字不明）闢異説、立標幟以麾之、復推崇正学以為之的、所以講明性道者、一以程朱為宗、学者既以改観易聴矣。『東泉文集』巻二「歳考録序」）

陳儒の前任者は徐階であり、徐階の前は林雲同（字汝雨、福建莆田人）である。林雲同は嘉靖五年の進士登第であり、湛若水のもとで学び、嘉靖十二年二月、提学官に任命されるとともに、その師から「二業合一」論の実践を勧奨されていた（『泉翁大全』巻二三「送督学林君汝雨之浙江序」）。されば提学官陳儒は、湛学もしくは王学という「異説」の影響下にあった浙江の学生に対し、程朱学を教授してかれらを「改心」させたことになる。嘉靖年間、程朱学を信奉する提学官は、湛王両学としのぎを削りながら、教学の挽回および保守に専念した。その存在意義を問われる厳しい情況に置かれていたことが、かれら体制教学側の人士に対し、正徳期の蔡清には決して強くなかったかたくなな態度を採らせてしまったと推察する。

（三）王門欧陽徳の対応

さて王門の人士は、程朱学者の過剰な反撥を見聞するなか、自派の伸張を慎重にこころみた。その中心人物のひとりである欧陽徳もまた、湛若水と同様、提学官に就く知己門弟に文章を贈っている。ただしその対象は、みずからの同志にのみ限定した模様である。

欧陽徳は、内外両簾による協働的考査の態勢を、日常的な風景の一齣であるかの如く捉えており、また嘉靖二十八年会試では主考官を担当し、自身の思想を、論や策の程文に託してもいた。人びとに王門の教説を伝えるうえで、科挙という制度が大いに役立つことを知悉していたとみなせよう。その同じ年、かれは江西提学に就く胡汝霖（四川綿州人、嘉靖十四年進士）に、下記のような一段を含む文章を贈っていた。

大学に「致知は格物に在り」と言う。良知という虚霊なるものが、対象に感じて動き、そうしてあらゆる変化が発生する。故に「万物は皆な我に備わる」というその「物」は、（主客関係が成立するその場の）外なる存在ではない。（良知が判断する）是非善悪は、おのずからそうである明晰さを具えており欺けるものではない。故に「物あれば則あり、民之れ彝を秉る」というその「則」も、外なる存在ではない。……明徳を天下に明らかにするとは、良知の虚霊なるはたらきを天下に推し窮めることであり、万物はそれぞれに在るべき在り方を実現する。どうして（それらが）外なる存在であるだろうか。……青厓先生胡仲望氏が江西の学政を監督する。そもそも学問が不明であるのは、監督者があるいは道に違背しているからだ。胡先生は思うに道を得た人物である。先生は、自身の明徳を天下に明らかにしようと思う者である。その行為は志操に合致し、その文章はその行為に合致する。人びとを学問の場で監督する際には、必ずや、法律や禁令の外側に超越した姿勢を示すだろう。（大学曰致知在格物、良知虚霊、感動而万変出、故万物皆備於我（孟子尽心上篇）、物非外也、是非善悪、自然之明昭不可欺、故有物有則、民之秉彝（詩経大雅烝民）、則非外也、……明明徳於天下者、致良知虚霊之用於天下、而万物各得其理、有外也歟哉、……青厓胡子仲望督学江西、夫学之不明、督之者或非道爾、胡子蓋有道矣、胡子欲明其明徳於天下者也、而行称其志、文称其行、其督人於学、将必有出於法制禁令之外者。『欧陽徳集』巻七・二四五頁「贈青厓胡子督学江西序　己酉」）

この一文に示された『大学』解釈は、かれの師匠である王守仁のそれを踏襲する。王守仁はその『大学問』において、大学を、天地万物を一体とする大人の学問だと定義する。そして経文の「「明明徳」とは万物一体の「体」を確立することであり、「親民」とは万物一体の「用」を到達させることだ。故に明徳を明らかにするには、「親民」という具体的場面においてそれをおこなう必要がある」、とその基本的思考方法を明示したうえで、「君臣、夫婦、朋友から山川・鬼神・鳥獣・草木にいたるまでも、「親」しまない存在はなく、すべての存在に対し、我が一体の仁を到達させて、そうして我が明徳はくまなく明らかになり、天地万物と本当に一体となる。そのことを「明徳を天下に明らかにする」と言い、「家が斉い、国が治まって、天下が平らかになる」と言い、「性を尽くす」と言うのである」とまとめる。[17]

王守仁の理解は、すでに張岳との問答でも紹介したとおり、明明徳と親民という大学三綱領の前二者を体と用との相即的関係で捉えるものである。「親民」という具体的な主客関係の場面においてのみ自己の明徳は明らかになるのであり、そうした場面を離れた抽象的な思念のなかに、しかも固定的な本体の如きものとして「明徳」を想定してはならない、というのである。つまり、自他一如の明徳がその場その場において顕現するわけであり、その意味において、「大人」は天地万物を一体とする存在だとみなされる。かかる親民の実践は、如何なる官職にあったとしても、さらには官職の有無に関わらず、だれもが履行すべき人間として当然の在り方であるに相違ない。

欧陽徳も、「大人の学」をそのように理解していただろう。しかしそのうえで、かれは、督学の現場においてこそ「大人」としての責務が適切に果たされると考えた。提学官と学生ないし地方教官とがともに学び合う環境において、法律や禁令の制限に縛られることなく万物一体の仁が実現されることを期待したのである。本書第二章に紹介した欧陽徳による山東提学官李寵への大きな、しかし謎めいた期待もまた、実はこうした内容を中核にすえるものであったのではないだろうか[18]。

結語

提学官の重要な職責である学生の成績評価をめぐっては、その広大な管轄区域のなかでどれほど丁寧に実行できるだろうとの懸念が、この制度の創設以降たえず提出されていた。かくして嘉靖二十三年（一五四四）六月にも礼科右給事中陳棐が、「江西・四川提学副使陸時雍・周復俊」の職務怠慢を弾劾したうえで「五事」を提案し、提学官に対しては三年の任期内において「歳考二次」を守るよう訴えた（『明世宗実録』巻二八七・五五四五頁）。広東帰善の人であり嘉靖三十一年郷試合格の葉春及もまた、隆慶改元の年（一五六七）、詔勅に応じた上書において学政全般の改革を求めるなか、督学の実態を批判して、「所轄の地域は千里四方、あまねく監臨することができず、学生は一万余名、その学業を一度すら問いただせない。任期の三年を待たずに転任の知らせが届けば、いそいそと去ってしまう（地方千里、不能遍臨、学徒万余、不能一訊、未三年以遷報、又挈挈而行矣。『石洞集』A1/1286 巻一「応詔書二」）」と描写した。職務に対する責任感の薄い提学官のほか、地域の人士に「恩を市《う》り」、就業年齢にも満たない「五尺の童」や学行ともに劣悪な「閭巷」の若者に対して学籍を与える提学官すらも、従前同様、やはり存在していた（汪道昆『太函集』巻一・六頁「送呉先生視学山東序」。嘉靖三十六年記）。

だが嘉靖年間とは、提学官に就くうえで職責への意識を強く自覚する者が増加し、また周囲の人士による任務完遂への期待もとりわけ昂揚した時期であったと思われる。しかしそれもまた、全体的に見れば大同のなかの小異でしかなかったのかもしれない。隆慶五年（一五七一）五月、礼部は、山西道監察御史陳文煥（江西臨川人、嘉靖四十四年進士）の上奏にもとづき、提学官の引き締めをおこなった。いわゆる「臥碑」や「勅諭」の遵守、学生の審査ではその学力だけではなく「徳行」もあわせて審査することなどは従来どおりの指令であるのだが、それに加えて、「講学という名目を声高に唱えて、名利を追求するような習俗を増長させてはならない（不得倡為講学之名、以長奔競之習。『明穆宗実録』巻五七・一四〇〇頁）」とも説いたのである。(19) 陳文煥に拠れば、「ただ作文能力を基準に評価するだけで品行は審査しなかったり、あるいは講学にかこつけて虚名をつり上げ、素性の怪しい人士を庇護して長者風の温厚さを示す（祗尚文藝而不察行検、又或仮講学以躐虚声、庇非類以示長厚）」のが、この時期の提学官であった。

王門の人士を中心とするこの時期の講学活動が、その周囲に多様な職種の人びとを集めたことは周知のとおりである。ただし陳文煥の価値観からすれば、かかる人士は秩序を乱す烏合の衆でしかなかった。さらにかれは、活動の主宰者である提学官がそうした輩を歓迎した結果、綱紀の紊乱が助長されたとも捉えた。講学批判の言説は、この時期、王学それ自体に対する非難をも含意する。提学官を標的とする陳文煥の指弾にも、そうした護教意識がうかがえるわけであり、嘉靖中期以降、王門人士が展開していた提学官への積極的な働きかけは、かかる反撥を招くほどに成果をあげていた。されば必然的に、各地における提学官の、国家教学の正当性を揺るがしかねないその活動に対し、それを抑制しようとする政治的圧力もまた高まっていたはずである。

万暦三年（一五七五）五月、時の首輔張居正が「請申旧章飭学政以振興人才疏」を上呈すると、それに依拠して督学の「勅諭」が改訂され、天順の「勅諭」と差し替えられることになった（『明神宗実録』巻三八・八八三頁。万暦『明会典』巻七八「礼部・学校・風憲官提督」）。先例をふまえやはり全一八条よりなる万暦の「勅諭」は、天順の「勅諭」と同様、その第一条で、学生に対し「経書を体認」するよう勧める。だがそれとあわせて、そうした学習をするのならば「門戸」を標榜したり集団で空論をたたかわす必要はないと断じ、「（日常の学業とは）別に書院を創設して群衆と徒党をくみ、地域の無職無頼の輩に声をかけて招き寄せ、無駄な議論をおこなって本業をすたれさせ、そうして名利を求める門戸を立て、請託に繋がる道を開くようなことは許さない（不許別刱書院群聚徒党、及号召地方遊食無行之徒、空談廃業、因而起奔競之門、開請託之路）」とも規定した。[20] そして張居正は、同七年一月、天下の書院を毀つ命令をくだすのである。

万暦の「勅諭」を通覧して目を惹くのは、禁止事項を説く文章の多さである。「不許」の文字が一八箇所において使用される点が、それを象徴する。天順の「勅諭」の場合、この語の使用回数は一一回であった。明末清初の王夫之（一六一九―九二、崇禎十五年湖広郷試挙人）も条文の酷薄さを看取しており、康熙二十一年にあたる年（一六八二）にその自序を著した『噩夢』のなかで、天順の「勅諭」はいずれも「人才を勧奨する」条文だが、万暦の改訂版にいたっては、「まさに悪党や盗賊を詰問制裁する如く、学生を不肖の輩とともに捨て置き、かれらを強制的に拘束する（則如詰姦制盗、置士子於不肖之中而勒束之。『船山全書』第一二冊・五六九頁）」ものでしかないと非難した。

王夫之にとって督学とは、そもそも布政司の職掌であって人びとを「教養」する行為であり、刑罰により民衆を拘束する按察司の仕事ではなかった。[21] 加えてかれは、万暦初期の政治を張居正による「変法」、法家に分類される申不害や商鞅の間違った理論に依拠するものと位置づけるのであり、万暦の「勅諭」が如上酷評されるのも当然ではあった。

万暦期の提学官は、司法官としての色彩を強めていた。一方、万暦十三年（一五八五）における科挙改革の結果、外簾による内簾への干預という不正行為は、少なくとも表面上は抑制された。それ故、提学官による外簾への協力も、この改革を契機に減衰したと推察されるのだが、提学官による自己規制は、十三年以前から進行していたかもしれない。

それでも隆慶二年の進士である李維楨（湖広京山の人）の文集『大泌山房集』（D1/集153巻一二一）には、「策三道陝西郷試」「一問儒学」「二問秦事」「三問武職」と注記される策問と対策とが載る。李維楨は、万暦三年に陝西参議から提学副使に陞進しており、それらは万暦四年陝西郷試の策問と程策、ただし「三問武職」は武郷試のそれだとみなせる。かれが万暦の「勅諭」を奉じていたことは、かれによる「陝西学政」第一条が、督学活動は「憲司」としてのそれであることを確認したのち、「ましてや新例は甚だ厳しく、どうしてそれに違犯できようか」（同巻一三四「公移」）と述べる点から知られるのだが、それでもかれは、嘉靖期以来の習慣にしたがい程策を著してはいた。万暦の「勅諭」は提学官への規制を強める性格の規定ではあった。だが李維禎が確認した如く、その精神それ自体は、職掌の原点に回帰させるだけのことであったとも言えるのである。

嘉靖期の一部提学官こそがむしろ、その原点から逸脱した特殊な存在であったのかもしれない。嘉靖という時代において書院と提学官とは不可欠な存在だ、と高唱した李開先の如く、提学官をとりまく人士もまた、この官職を極度に美化ないし誇張して捉えていた。だが、それもまた明朝において提学官が創設された当初からの、錯綜した因果的連鎖のもとで形成された認識に相違ない。その端緒は、提学官に対して徳行をとくに要請した創設時の社会的認識であり、また、それを制度化した天順の「勅諭」である。ただしその後、この既成の徳行概念は動揺し、一方にそれを基礎づける思想内容への懐疑があり、他方、徳行重視の姿勢それ自体への批判もまた提出された。とくに後者の批判は強力であり、成化弘治の提学官は、憲臣と師儒とのあいだでその身の置きどころを定めかねていた。

陳献章の思想を背景とする自己認識を貫こうとした胡栄、浙江の現状にかんがみて胡栄を批判しつつも「請託」の峻拒を主張した楊守陳、憲臣としての督学活動を強調した楊一清、楊一清の見解に同調したうえで法制の自在な運用が可能な主体認識を構想した邵宝、こうした人士の努力は、それぞれに理想的な提学官像を造形するこころみであった。注目すべきは、かかる言動の蓄積の過程において、体制教学はもとより、それを批判すべくして登場した陳献章の学問もまた、その社会的有効性が検証されていた点である。明代中期における督学の現場は、その時期の思想史を映し出す鏡であり、そして次第に、現場それ自体が、思想運動の舞台そのものと化した。

提学官は、当初、監臨官である巡按御史らの要請にしたがい、受動的な立場で各省郷試の現場に関わったと思われる。しかし提学官としての自己認識が深まり、督学の現場それ自体の思想性が高まるにつれて、かれらと科場との関わり方にも変化が生じた。その能動性の上昇である。そしてその上昇した能動性に対し、明確な思想的形式を附与したのが、湛若水の「二業合一」論であり、また王守仁の万物一体論であったと思う。提学官をもその一員とした郷試の現場は、各自がその職掌の遵守につとめる定例の官場であると同時に、構成員が一体となって活動する思想世界としても現前した。内外両簾の協働態勢は、かかる思想活動がその都度創出しようと望んだ科場の理想状態のなかで、比較的多くの人士が選択した形式であったと推察される。前例はすでに存していたが、それを自覚的に採用し、かつ推進した主体的存在が、湛王両学の人士なのであった。

ところで王夫之は、張居正が提学官に対して強硬に法律の執行を求めた結果、悪辣な学生や貪欲な官吏による「嘱託」の習慣が逆に激しくなったと述べ、厳格な規制がかえって情況の悪化を煽った、と万暦の情況を総括する（前掲『噩夢』）。だが、浙江桐郷の人であり隆慶二年進士の李楽に拠れば、万暦中期における提学官の行動は怠惰なものであり、浙江地方では、かれらのおこなうべき歳考がすでに六年間も実施されていないと言う（『見聞雑記』巻六「六十」）。そしてかれは、年に一回、試験が実施されていた学生時代を回顧しつつ、いつの頃から「旧規」が「廃壊」されたのか分からない、とも述べる。

北宋の蘇軾は、『史記』「老子韓非列伝」に想を得て、商鞅や韓非は老荘の神髄を把握できず、ただ「天下を軽んじ」「万物を斉《ひと》しく」する術だけを習得して残忍な行為も平然とおこなった、との理窟を立てた（『経進東坡文集事略』巻七「韓非論」）。それを借用するならば、「無為」を決め込む万暦の提学官は、法制の厳守を説いた張居正の悪評だけを隠れ蓑として、その私慾を暗々裏に逞しくしたと言えるのかもしれない。

（1）楊循吉（南直隷呉県人、成化二十年進士）も、弘治十六年撰述の文章に、「学校は為政者を生み出す土壌であり、提学官はまた士人の基本である。その任務はまことに重い（学校者出治之地、而提学使又士之本也、任亦重矣。『松籌堂集』D1/集43巻三「奉詔視学之堂記」）」と説いた。

（2）本章に述べるとおり、関連の勅諭はのちに二度、改訂される。徐永文『明代地方儒学研究』（中国社会科学出版社、二〇一二年）表二―二には、それらが一括して掲載される。

（3）山東提学僉事斉昭は、監生から長清県訓導、河南道監察御史を経ての就任であり（康熙『山陽県志』巻一二「人物」）、広西提学僉事黄潤玉は、郷試合格後、建昌府学と南昌府学の訓導から交阯道監察御史等に就いた後の着任である（『献徴録』巻八八・一〇四葉楊守陳撰「南山黄公潤玉墓碣銘」）。斉昭が監察御史に選ばれた理由を、『実録』が「以理刑考称也」と記す一方（『明英宗実録』巻二〇三景泰二年四月・四三四〇頁）、『県志』は「以学行聞」と述べる。斉昭自身は司法官としての資質を備えていたが、世間は、提学官にも就いたかれの学問徳行の方を評価したとみなせる。

（4）湛若水撰『白沙子古詩教解』「答張内翰廷祥書、括而成詩、呈胡希仁提学」（『陳献章集』附録一・七一〇頁）：古人棄糟粕、糟粕非真伝。眇哉一勺水、積累成大川。亦有非積累、源泉自涓涓。至無有至動、至近至神焉。発用茲不窮、緘蔵極淵泉。吾能握其機、何必窺陳編。学患不用心、用心滋牽纏。本虚形乃実、立本貴自然。戒慎与恐懼、斯言未云偏。後儒不省事、差失毫釐間。寄語了心人、素琴本無絃。

（5）『明英宗実録』（巻三三四・六八四一頁）天順五年十一月庚申：命監察御史厳洤・陳政於南北直隷提調学校、陞南京刑部郎中張和為浙江按察司副使、南京工部郎中劉昌河南副使、刑部主事王慶湖広僉事、游明福建僉事、太僕寺丞李齢江西僉事、鄒允隆広東僉事、国子監博士王濬広西僉事、助教鄭貞山西僉事、馮献陝西僉事、学正陳良弼四川僉事、知州周濠山東僉事、教授邵玉雲南僉事、倶提調学校、以吏部会廷臣薦挙也。この記事の存在は大野晃嗣氏のご教示による。庚申に先立つ同月の癸丑には「提督学校風憲官を復設する」命令が下されており、翌年正月に「勅諭」を公布する以前、再開後の提学官人事名簿がこの段階で出揃っていたわけである。氏の学恩に感謝する。

（6）この一文において楊二和に関しては「進賢楊君公甫」と記されるだけである。『弘治六年進士登科録』には江西進賢の人として楊二和の記事があり、その字を「恭甫」と記す。

（7）弘治十一年（一四九八）の浙江郷試において章懋（浙江蘭谿人、一四三六―一五二一、成化二年進士）が撰述した試録序は、「戊午七月、林僉憲、求代考官作」という注記の如く、提学官からの要請を受けたものである（金華叢書本『楓山章先生集』巻七「郷試録序」）。

（8）弘治後半の浙江提学官李遜や、同末葉の張邦奇なども同様の資格を持つ。

（9）『献徴録』巻九四・六六葉李本撰「邵公蕃墓志銘」、同巻九九・一三八葉黄仲昭撰「宋君端儀墓志銘」。

（10）「七月間復多考了三千三百人、連日夜看巻、頗疲労、旧疾復作、況平時在此、世事亦甚多端、却不如在家林、蔬食菜羹、早眠晏起、朝経暮史、朋聚友集、為自在脱灑也、且及物之功……」。

（11）ただしかれが職を辞した直接的な理由は、江西の皇族である寧王との関係悪化である（『蔡文荘公集』巻二「与孫九峯先生書」)。

(12) 劉節『梅園前集』D1/集57巻二八「君子先慎乎徳　代作」・「聖人仁之至　代作」、同巻二九「表」二題および「問漢武用人如何」・「問治道復古同異如何」・「問用人理財得失如何」・「問智胆得失如何」・「問廉吏」・「問兵荒」・「問名臣言行」・「問守成之道」・「問大儒奏議」・「問蘇明允衡論与令政治相合如何」と題する十首の対策。

(13) 正徳十一年応天府郷試の解元にして翌十二年探花の崔桐(揚州府海門人)は、湖広提学副使として嘉靖十年郷試の受験者を選抜し、その後、任地の布政司右参議に遷る。かれ自身の或る文章に拠れば、十三年秋、「士を湖藩場屋に監試」した。ただし別の文章では、当時「楚の学政を督」し、かれの郷里にほど近い如𡈼県学教諭の陳清源と「同に場屋に事える者、凡そ二旬」、その答案査閲の精確さを知るとともに、試録所掲の陳清源の文章を読むたびに、その典雅な内容に感心したと述べる(『崔東洲集』D1/集72-73巻一二「賀東暘陳先生被薦序」、同巻一六「東暘陳君墓誌銘」)。正確な事情は不明だが、しかし崔桐にあっては、提学官が考官と貢院で協働作業をおこなった、との文字を残すことに、なんの違和感もなかった。

(14) 『樸渓潘公文集』は尊経閣文庫所蔵のテキストを使用する。

(15) 両者に関する思想史的研究としては、小島毅「張岳の陽明学批判」(『東洋史研究』五三—一、一九九四年)、同氏「明代の士大夫—林希元の場合—」(『東洋の知識人—士大夫・文人・漢学者—』朋友書店、一九九五年)参照。

(16) 『同安林次崖先生文集』巻五「与張浄峰提学書」:陽明之学、近来盛行江右、吉安尤甚、此惟督学者能正之、前曾以語(陳)思献、竟置空言、今執事想不待予贅也、然今日事勢、似非浅浅言語能救得、須大擦刮一番、譬之劇疾、非参苓蓍黄能療也。この一文に登場する陳琛(字思献)は嘉靖七年に江西提学官に推薦されたものの辞退した朱子学者である。

(17) 『王陽明全集』巻二六・一〇六六頁「大学問」:明明徳者立其万物一体之体也、親民者達其万物一体之用也、故明明徳必在親民、而親民乃所以其明徳也、……君臣也、夫婦也、朋友也、以至於山川鬼神鳥獣草木也、莫不実有親之、以達吾一体之仁、然後吾之明徳始無不明、而真能以天下万物為一体矣、夫是之謂明明徳於天下、是之謂家斉国治而天下平、是之謂尽性。

(18) 欧陽徳は、福建提学の任にあった朱衡への書簡でも「大人の学」を実践するよう勧めている（『欧陽徳集』巻五・一九六頁「答朱鎮山」）。

(19) 中純夫「張居正と講学」（『富山大学教養部紀要』二五—一、一九九二年）は、『明穆宗実録』（巻四三・一〇七五頁）隆慶四年三月庚午の記事である礼科給事中胡檟による提学官非難の文章を紹介する。

(20) 前掲、中氏論考、参照。

(21) 『船山全書』第一二冊・五六七頁『噩夢』：牧民之道、教養合而成用、……督学官司教者也、宜為布政使司之分司亡疑、而以按察使司官為之、欲以刑束天下士乎。

Ⅲ　挙業と徳業

第五章　湛若水「二業合一」論とその思想史的位置

緒　言

前章では、嘉靖前期、礼部の高官であった湛若水が、提学官として赴任する数名の人士に対し、挙業と徳業との一致を説く「二業合一」論をはなむけの言葉として贈った事例を紹介した。科挙受験のための勉強も自己の人格の陶冶も、内外相即の観点からすれば同一であるとするこの言説は、挙業にのみ勤しむ一般受験生に対しては、その現状を一面において肯定しつつも、なおかつ徳業に目を向けさせ、またそれらの両立に苦悩する良心的学生には、挙業に取り組む勇気を与えるという効果をも、おそらくは有したであろう。

さて、動機の多様な学生を如何にして鼓舞し、中国近世士大夫にとっての至上命題とも言える修己と治人との両立という理念の実現へと導くか。官僚選抜の制度である科挙が社会に浸透するとともに、いわゆる道学の形成期にもあたる北宋期からしてすでに、そしてまたそれ以降も、この課題をめぐり、人びとは知恵を絞りつづけた。

たとえば程頤は、本来の学問に費やす時間が受験勉強のために奪われると訴えた人士に対し、まず、ひと月のなかで十日間「挙業」に従事すれば、それ以外の時間は勉学に使えるはずだ、と現実的な対応策を示したうえで、しかし志操の堅持こそが肝要であることを、「それ故、科挙という作業は、勉強時間の妨げになることを憂えるのではなく、ただ当人の変節を憂えるだけだ（故科挙之事、不患妨功、惟患奪志。『二程集』四一六頁『河南程氏外書』巻一一）」と述べた。朱熹もまた程頤の立場を受け継ぎつつ、さらに、聖賢の書物を読む識見の高い人士は「利害得失」を度外視して受験するから科挙は何の妨げにもならず、かりに孔子が「復《ま》た生まれ」たとしても応挙せざるを得ないわけだが、科挙など障礙にはならない、とした（『朱子語類』巻一三・二四六頁）。そして朱門の饒魯（号双峯）は、師説を服膺したうえで、「義理と挙業とは初《もと》より相妨げること無し」と断じ、午前中は経伝によって「義理」を探究し午後は挙業に取り組むならば支障はないとか、道学に傾き始めた当時の科挙の趨勢をも背景に、「ましてや挙業で扱う文章は義理に依拠するものにほかならず（況挙業之文未有不自義理中出者）」、その義理が洞察できたならば、当人の「挙業」は精確さを増すだろう、と主張した[1]。

これらの訓戒は、書物をとおして順次のちの世代に伝えられた。朱熹は、右に引用した言葉を含む程頤の教誨を、呂祖謙との共編『近思録』巻七「出処進退辞受之義」にまとめて載せ、朱門の弟子は、上記朱熹の断案をも合わせて全三〇条の問答を、『朱子語類』巻一三「力行」の巻末に、「以下、科挙の学を論ず」と注記しつつ一括して掲げた。そして永楽の儒臣たちも、『性理大全書』巻五五「学」の末尾に「科挙の学」という細目を立て、そこに程頤の発言を四条、朱熹のそれを一四条おさめるとともに、亀山楊氏、北渓陳氏、潜室陳氏、双峯饒氏の主張を各一条、収録した。程朱二子による右の文言が、先行する二著の抜粋であることは言うまでもない。景泰二年進士登第の楊守陳が、「挙業は道を学ぶ妨げにはならない。先儒がそもそもかつてそう語っている。自分もそこで受験勉強をおこないつつ、心力を集中して義理に身を浸し、歳月を重ねることで、いささか分かるようになった（挙業無妨於学道、先儒蓋嘗言之、余因作此而専心一力涵泳義理、至于日久、粗若有得。『楊文懿公文集』巻一二「書旧易義後」〕」と述べた時にも、かれの脳裏には大全書所収の先賢による訓告が去来していたはずである。

ただし大半の考生は、こうした言説を書物のなかの建前としてのみ受け取った。ところが正徳嘉靖の際において、湛若水は、それらをみずからの思想に取り込み、かつ世間に対しては、「二業合一」なる口号を自身の思想の代名詞の如くに発信した。かれの戦略は功を奏し、この主張は嘉靖期の士大夫社会に浸透するのだが、一方では、「二業合一」の思考に論理的欠陥を見出して修訂をこころみ、議論の止揚をはかる人士も登場した。明代中期後半における思潮の展開とも切り結ぶ内容を、この主張は含んでいたわけであり、また、そうした議論の登場を要請する現実のなかで、当時の人びとは科挙に臨んでもいた。本章では、以上のような思想史的意味を帯びる「二業合一」論を主題として、湛若水による立論の意図や思想的ないし個人的背景、さらには後人の多様な反応やその方向性について考察を加える。

一　「二業合一」論とその思想史的前提

（一）「二業合一」という天理の体認

湛若水は、成化二年（一四六六）十月、広東増城県に生まれた。初名は露、字は民沢、後に名を雨と改め、若水に落ち着く。字も元明と変えていた。弘治五年（一四九二）秋、郷試に合格するが翌年の会試には下第、そのつぎの年の二月に陳献章の講説を聞き、ただちに従学を決意した。弘治十三年二月の陳献章の死を経て、十七年、母親命のもと南京国子監に入り、翌年春、四十歳の年に会試に再挑戦して第二名合格および第二甲第三名の進士登第を果たした。翰林院に配属後の正徳元年（一五〇六）、王守仁と交友関係を結び、同十年、母親の逝去にともない帰郷、喪が明けてからも「養病」を理由に故郷にとどまることを許され、十二年冬、西樵山大科峯に書院を開いた。朝廷への復帰は嘉靖帝即位直後のことであり、嘉靖十九年（一五四〇）夏、南京兵部尚書の地位で致仕、それ以降は述作と講学に明け暮れ、三十九年四月、長逝した。(2)

湛若水の思想全体において、「二業合一」論は如何に位置づけ得るのか。かれは、書院活動に傾注していたその当時、或る友人に対し、自説を誇示しながらその内容を以下のように解説した。

挙業と徳業とが合一であること、これは小生にとって確乎不易の学説である。何らかの事象に出会った場合、みずからの持ち前に従ってそれに対応する。その事象をみずから疎外するような意識をもってはならない。学問は、（自身が直面する）その事その時に従ってみずから納得し（自身を）しっかり安定させることを重視する。この心とこの理とを（その事その時ごとに）実現させることができたならば、挙業でもそのほかのどんな事象でもおのずと隅ずみまで明晰に徹底される。山中で（の書院活動）も山を降りて（の宮仕え）も、どちらでも（構わないとは）この考え方だ。（挙業与徳業合一、此区区不易之説也、若遇有事、随分応之、不可有外事之心、学貴随事随時体認操存、得此心此理在、挙業百凡、亦自精明透徹也、出山在山、皆此意。『甘泉先生文録類選』巻一八「答蔡元卿」。本章では『文録』と略称する。）

「二業合一」論とは、ただ挙業だけを念頭に置いた現実への応急的対策などでは決してなく、かれ自身の学問観の直截な表明にほかならない。弘治十年（一四九七）冬、かれは陳献章に対し、以下のように告げていた。北宋の程顥や南宋の李侗による「体認天理」との発言に触発され、「天理」を「随処に体認し真に把握することができれば」、「日用」の場における一挙手一投足すべてが天理としての本体そのものであり、学問をおこなう者はそれを涵養して保持するだけであることが分かった、と（『泉翁大全』巻八「上白沙先生啓略」）。すると翌年、陳献章はこの晩年の弟子を激励し、「日用の間に随処に天理を体認する」というこの「一鞭」への覚醒を認めたのである（『陳献章集』巻二・一九三頁「与湛民沢一一」）。書院活動に専心していた時期の湛若水にとって、挙業は「日用」そのものである。この特定的な日常に「随」った体認が、「二業合一」論として結晶したとみなせよう。

　かかる体認には、如何なる内実が備わっていたのか。かれは書院への参加を呼びかけた或る書簡に、徳業も挙業も聖賢の書物を読む点では同一の「業」すなわち実践だと記したうえで、「徳業に志せ」ば読書は精密になって義理の理解や作文の技能も向上し、受験という行為もすべて「吾が自得の実事」になるとして、「故に聖学は（世間の人びとが考えるのとは異なり）かえって挙業に対して大いに助けとなる。妨げだとの憂慮などまったくない（故聖学反有大助於挙業、何相妨之患。『文録』巻一七「湯民悦」）」と説いた。

　「志」や「妨」の語が使用されるとおり、この言説それ自体は、『性理大全書』にも載る宋儒の発言の発想の圏内にある。ただしかれの体認は、宋儒の認識を突き抜けたところに存していた。かれは続けて、「だが助けになるものがある云々と言うのではやはり（両者を）二つに分裂させる（然而言有助云者、猶二之也）」と述べ、そして分裂の結果、「支離の患」が発生して「道」が不明になったことを、「孔子の文章と性道とが二つに分かれたので、世間のみなが聖学を理解しなくなり、心と事物が二つに分かれたので、聖学は明晰さを欠き実践されなくなった（夫子之文章与性道二、則挙世不知聖学矣、心与事物二、則聖学不明不行矣）」とまとめたのである[3]。

　「心」と「事物」との合一に関する認識も、やはり陳献章の理観に依拠するものである。かつて陳献章は、門弟の林光に対し、「此の理がかかわる事柄はこの上なく広大だ。内外なく、終始もなく、どこにでもいたりつくし、一瞬もはたらきをやめない。それが体得できれば、天地も自分が打ち立て、あらゆる変化も自分から生じ、そして世界はかかる自分に包まれる（此理干渉至大、無内外、無終始、無一処不到、無一息不運。会此則天地我立、万化我出、而宇宙在我矣。『陳献章集』巻二・二一六頁「与林郡博七」）」と語った。そして「随時随処」にこの理が充満しているとの認識を前提に、「それぞれの場面に応じてその「本来」に任せきるならば、どうして手足を労するようなことさらな実践をおこなう必要があろうか（色色信他本来、何用爾脚労手攘）」とも述べていた。

湛若水は、書院において同学と聖賢の書物を熟読しかつ深思するその環境、世間的に言えば挙業に勤しむその現実の全体に、天理の発現を垣間見た。「有助」の二文字すらも右に見たとおり「支離」と捉えられた如く、かれのこの体認においては、徳業と挙業との行為としての差異はもとより、実践主体とその対象という内外の区別すらも撥無されている。与件としての現実を否定せず、その現実と主体的に関わるなかで、そうした自分自身と外界の諸事象とが一体化する感覚を得たわけである。その事象が、この時は、たまたま挙業であった。ただし挙業が体認の契機となったことは紛れもなく、かくしてかれは、この一体状態を、とくに「二業合一」と表現した。そしてまた、かかる闊達な体認が拓けたことにより、世間の学問が抱える欠陥を、より明晰に把握できるようになった。

正徳十五年（一五二〇）六月、湛若水は「大科書院訓規序」（『文録』巻六）を著すのだが、それに先立ち、書院での規律を『大科書堂訓』（『泉翁大全』巻五）全七二条として項目化した。そこにも「二業合一」の主張は盛り込まれており、下記の一条には、二業を分裂させて捉える思考への批判が、その意図とともに明記される。

一、科挙は本朝の制度であり、学生がもしそれに従って学習しないならば、まさしく（愚者や賤者のように）今に生まれて古に戻ろうとするというもの。天理では絶対にない。孔子や孟子が（今に）また生まれたとしても、科挙に拠って頭角をあらわしたはずだ。だが孔孟の実践は、昨今の挙業を習う者とはまったく異なる。孔孟は、必ず根本に依拠して実践するからおのずと異なるのである。故に挙業は道を損なうようなものではない。実践者が自分で自分をダメにするだけだ。学問をおこなう者は、挙業を自分と関係のないものとしてはならない。それを無関係とすることは、まさに「外物」であり、その弊害は些少ではない。（一、科挙乃聖代之制、諸生若不遵習、即是生今反古（中庸第二八章）、便非天理、雖孔孟復生、亦由此出、然孔孟為之、亦必異於今之習挙業者、孔孟必在根本上発出自別、故挙業不足以害道、人自累耳、学者不可外此、外此便是外物也、為病不小。同第四五条。『二業合一訓』「教肄」第一三条）

ここで「外物」とは、先に「外事之心」と表現されたそれと同様、現実の諸事象と主体的に関わろうとしない態度を意味する。この態度を、かれは『大科書堂訓』の別の一条において「支離」と呼び、「内外・本末・心事を分けて両途と為す」ものとも説明した（同第四八条。『二業合一訓』「教肄」第一六条）。さらにこの分別意識を解析し、「内面の判断を正しいとして外来の知識を間違いとし、心だけを重視して事物をないがしろにする弊害（是内而非外、重心而略事之病）」が、そこには存すると見た。そもそも内面重視の主張は、名声や富貴を盲目的に求めるような、自己疎外的態度への批判を含意する。しかし湛若水から見れば、内面重視の観点から「本を立てる」ことを一義的に優先させる主張の方が、非難されるべきであった。かれにおいて天理には「内外本末心事之間」がない。かれはこの点に自信を抱けばこそ、「内を是とする」者は、本来は内外の区別を超えているはずの「外」界と真正な関係態を作ることができず、翻っては自己の内面に関しても正しい認識を築けない、と推断したのである。

内外を超えた「理」に関する陳献章の発言は、湛若水が撰述した「明故翰林院検討白沙陳先生改葬墓碑銘」（『文録』巻二〇）にも収録される。この「墓碑銘」の撰述には或る因縁が絡んでおり、それが「二業合一」論の案出とも一面において関係する。引き続きこの主張の意図に関連する事柄を考察するが、その意図にも学術史的な背景が存するのであり、まずはその点の検討から始めるとしたい。

（二）胡居仁と陳献章

天順六年（一四六二）正月の督学制度の復活に先立ち、江西提学官には、広東潮陽の人である李齢が任命された。かれは、宣徳四年広東郷試に合格後、会試では副榜挙人となり、広西賓州の儒学学正に就いていた。その後、中央官となり景泰五年の会試には同考官にも選ばれた。かれは成化元年（一四六五）に江西に赴いた。その業績に関しては、師生双方に対し学問と徳行の研鑽を求めたとされる（『宮詹遺藁外編』F/五17巻六、張廷益撰「送江西学校宗主李先生致政還東序」）。また江西北部の白鹿洞書院を再興し、その洞主に胡居仁（一四三四―八四、号敬斎）を招聘するなど、省内の優等生に対する学習環境をととのえもした。

胡居仁は江西余干の人であり、少年期、挙業からは得るものがないと判断し、臨川において「義理の学」を講じていた呉与弼（一三九一―一四六九）に師事、「旧学」を棄てて求道生活に入り、久しく廃れていた「喪礼」を復活させたことから「縉紳」に「特立独行の士」と認められ、周囲の人士と講学活動をおこなうにいたっていた（『献徴録』巻一一四・二六葉陸瑞家撰「敬斎先生居仁伝」）。白鹿洞書院への招聘はその後のことであり、再建された書院に対し、江西出身の重臣彭時は、「科挙の外に出」て「夫の性命、道徳の学を学」ばせることを期待した。(4)

だが白鹿洞の看板も効果がなく、胡居仁は、書院には「挙業」すら覚束ぬ「凡才」が雲集し、「挙業」がこなせる「聡明敏達」の者は見向きもしない、と不満を洩らした（『胡文敬集』A1/1240巻一「寄丘時雍」）。さらに、挙業に優れた人士が躊躇するのだから、「英邁超卓の人」の来訪などどうして望めようか、この状態では、道徳心の涵養はおろか作文能力の向上すらもかなわず、自身の「徳業」を損なう結果となり他人の「徳業」など成就不可能だ、とも落胆した。それでもかれは、かかる事態が生じた原因を、「豪傑の士」が挙業に埋没したからだと見て、士風の現状を分析し、「まさに科挙という功利的制度がそれを損壊させた結果だが、その被害を抜け出せた者も、みな高邁に過ぎ空虚な学問に沈み込んだ（只縁科挙功利害之、能脱此累者、又皆過於高妙、淪於空虚。同前「奉張廷祥」）」と捉えた。

当時、「高妙」なる人士が向かうとすれば、それは陳献章のもとであり、胡居仁は、陳献章の学問について、「才気」ある人士は「多く之を喜び」、「中人以上」の者はかれに惹かれる、と語らざるを得なかった。ただし、「中人以下」の場合、陳献章の「駆る所」となりその弊害は甚大だ、と批判することも忘れなかった（『居業録』巻三）(5)。成化十七年（一四八一）、陳献章は白鹿洞書院の「教事」を主宰するよう依頼された。江西の地方長官たちは書院の梃子入れを謀ったわけだが、しかしかれはそれを固辞した（『陳献章集』巻一・一八頁「贈李劉二生還江右詩序」）。一方、胡居仁はこの人選に対し批判的な意見を提示しており（『胡文敬集』巻一「奉祁大参鍾憲副」）、陳献章はそうした事情を察知して、要請を辞退したとも推察される。

陳献章やその盟友である荘昶の姿勢に対し、丘濬が非難の発言をおこなったことは、既述のとおりである。丘濬は、成化十三年（一四七七）、国子監祭酒に就任後、監内で「私試」をおこない、その策問に、応挙者が習っている学問こそが先儒のいわゆる道学だと宣言し、しかし昨今の人士は挙業以外に「門戸」を立て、自分たちこそが道学をおさめていると妄言するばかりだ、と記した（『重編瓊台藁』巻八「大学私試策問三首」）。胡居仁も挙業を嫌った人物だが、祖法遵守の立場から挙業即道学と説く丘濬の眼中に、朱子学者胡居仁は入っていない。丘濬も朱子学者ではあるが、洪武帝崇拝の姿勢や『大学衍義補』の編纂からもわかるとおり、体用兼備の学問をとくに「用」の側面において徹底しようとした人物である。(6)それ故に、地方で講学に専念する胡居仁の活動に対してではなく、江門の人士が、新たな自己確立の実践を説くかたわら時には挙業を否定する言動をおこない、しかもそれが多くの人士から支持を得ていることに、祖法とは異質の「用」が生まれかねないとの危機感を抱いたと推察される。

そもそも陳献章は、正統十二年、広東郷試に合格するものの会試には落ち続けたが、国子監在籍中の成化前半、同二年の進士登第組である羅倫、章懋、荘昶らと交流、その後、広東に帰郷したかれのもとには、多くの人士が参集した。門弟に対して陳献章は、自身の覚醒体験にもとづいて「静坐」を勧め、かつまた「善端」の涵養を重視する一方、読書に関しては、自得の障礙になる場合、それを廃止させることも辞さなかった（『陳献章集』附録四・九七四頁「与林緝熙書一五」）。高弟の張詡（一四五五—一五一四）はそうした師の教法を「無言の教」と捉え（『東所先生文集』巻二「白沙遺言纂要序」）、さらに、「深悟して自得」したならば『論語』や『孟子』はその「胸中」に存することになり、書物としてのそれらは無用、とも言い放った（同巻二「論孟或問序」）。また荘昶は、服喪の明けた成化十二年以降も朝廷に復帰せず、陳献章と「心学」について議論するなどの生活を送っており、そのかれにも、「無言」こそが聖人の教えであり、言葉に拠る講学はたしかに「至精」だが、畢竟、「有言の境に落ちる」と述べる文章がある（『定山集』巻八「宿州儒学会講記」）。

ただし陳献章自身に、出仕を格別拒否するような意向はなかった。出仕と家居のいずれの場合でも、要は本心を偽るような姿勢を厳しく批判しただけであり、(7)その際には、外的規範としての聖賢の学問はもとより、自分自身をも含めてその「無」化を要求したのである（『陳献章集』巻二・一三三頁「与賀克恭黄門」）。欲念のおおいを一枚ずつ引きはがし、それが発生する自己の根源にまで反省を掘り下げるよう、かれは人びとに求めた。かかる禁欲的な徹底性が、或る種の人びとには魅力的に映った。かれらは俗流の挙業を嫌うとともに、国家教学としての程朱学に対しても、俗学を超克する理念を提示し得ていない点で飽き足りなさを感じていた。そして陳献章は、各人がそれぞれに、「無言」の境地を経て自分に相応しい身の処し方を自得するよう方向づけた。

教職に就き郷試の考官をもつとめた林光が、たとえば程策のなかで自得の在り方を考究した点にも、江門の思想傾向がうかがえる。ところがこの融通無礙な教法に対し、門弟は自己の見聞に執着しそれを準「則」化した、と張詡は、かれが撰述した「白沙行状」に書き記した。そしてかれ自身は、それでは本当に「先生の道を知」ったことにはならないとして、「無」の更新に自得の勘所を置いた。かくして正徳前半には、江門末流の学問を、「曠に渉る」茫漠として社会性のない教法と捉える風評が広まった。湛若水にも「禅」だとの嫌疑がかけられた。かかる批判は、王守仁が正徳六年に記した文章に載るのだが(8)（『王陽明全集』巻七・二五七頁「別湛甘泉序」）、一方かれは湛若水を「聖人の徒」と捉えた。ところが王守仁の愛弟子である徐愛（一四八七―一五一七）は、江門の「曠に渉る」傾向を「其の用力処に於いて欠あり」、実践方法に欠陥があるから生じた、と疑ってもいた（『徐愛集』六七頁「答王承吉書」）。弘治から正徳にいたる時期、江門人士の活動が衆人の知るところとなった結果、その思想的ないし社会的な有効性や限界に関する認識もまた、明確になりつつあったとみなせる。

徐愛は、陳献章の学問に対する疑義を、陳献章も師事したことのある呉与弼の学問への批判と一対の事柄と捉えて提示した。呉与弼について「其の得力処に於いて未だ至らざるもの有り」と切り捨てたうえで、呉陳どちらの学問も「体用終始」を分断する認識に拠っている、と総括したのである。徐愛が評価するのは「体用一源、終始無間の地」であり、この総括は、如上概観した挙業をめぐる幾つかの意識を対比的に掌握する際にも、有益だと考える。すなわち、呉与弼やかれを継ぐ胡居仁は目標の設定を間違ったまま無駄な努力を続けるだけであり、一方、江門の場合、目標それ自体は正しく見えるが、「体用一源」の思考に徹しないが故に、目標達成の方法を捉え損ねている、という構図を描くことができるわけである。

当面する課題の内容を体用論に還元して整理するこの視座は、河南懐慶衛の人である何塘（一四七四―一五四三）の文章にもうかがえる。かれは、嘉靖三年ごろの著作である『儒学管見』の自序に、挙業の学習による応挙は仕官に繋がる「儒者の正」だと記し、それを『大学』の新民に比定しつつ、「体」としての明徳は「用」に即した「体」であり、同時に「用」は「体」に即した「用」であって、この点は、朱熹ですらも「明切」な説明を欠いていたと述べる（『柏斎集』A1/1266 巻六「儒学管見序」）。科挙に対する人びとの認識は、体用一源という理念との照合のもとで再構築されようとしていた。「合一」論に立脚する湛若水もまたかかる思潮の影響下にあったことは、言うまでもない。

（三）　湛若水と王守仁

正徳九年（一五一四）後半、湛若水は王守仁に対し、『大学』の格物理解に関する見解の相違を確認すべく書簡を送った（『文録』巻一七「与陽明鴻臚」）。かれは、格物の「物」を「心意の著する所」と捉える王守仁の理解に対し、「心を舎《お》」いて物の理を「外に求める」硬直した格物説への批判としては有効だと評価する一方、しかし人の心は天地万物と一体である以上、その心はすべての物を包含し、それ故、この場合の格物の実践も「外に在る」ことはなく、格致する心も「外に在る」わけではないとまとめ、この観点から王守仁の見解が帯びる瑕疵を指摘して、「外物の病から免れず」と伝えた。また或る書簡においても、「程子の所謂る「体用一原、顕微無間」とは格物の実践がそれであり、そこに内外の区別はまったくない（程子所謂体用一原、顕微無間、格物是也、更無内外）」と宣言し、彼我双方の見解の相違は「心」の捉え方の違いに帰着すると述べ、王守仁のそれは「腔子裏」の「心」、身体的限定性を帯びた個々人の「心」でしかない、と記した（同巻一八「答楊少黙」）。

湛若水は、王守仁の見解を、実践者の主観性に偏る傾向が強く、内外の一体性への認識も不徹底である結果、内外一体の事象における外的側面への目配りに欠ける病弊を持つと捉えた。だが王守仁からすれば、こうした批判は自説への曲解と映っただろう。正徳八年、かれは旧知の王道（一四八七―一五四七）に対する書簡に、理や義や善などはすべて「吾の心」の個別表現にすぎず、それ故、「心外無物、心外無事、心外無理、心外無義、心外無善」であると述べている（『王陽明全集』巻四・一七四頁「与王純甫二　癸酉」）。そして湛若水の「随処体認天理」説に対し、それこそが逆に「外に求める」ものだと反論した。

王守仁は、正徳十四年に記した方献夫（初名献科、字叔賢、号西樵、弘治十八年進士）宛ての書簡において、湛若水の主張は「大」なるものを言い得ているが、見識の「大」なる者にはかえって「近」「切」な実践が必要であり、もしそうでなければ、その見識は具体性をもたぬ「虚見」にすぎなくなる、と述べた（同前一九六頁「答方叔賢　己卯」）。方献夫は湛王両者の友人であり、当時は湛若水と同様、郷里の広東に戻っていた。十六年、王守仁は湛若水に書簡を送り、「随処体認天理」説は「本心に依拠する偽りの無い学説（真実不誑語）」であり自説と大差ないとも評価するのだが、しかしその説を「根究」するならば毫釐の差が見出せるとも言い、また『大学』の「修斉治平はすべて格物の実践（の個別的様相）だが、しかしこの（湛若水の）ように項目ごとに分けて説くのは、やはり説明が繁雑すぎるように思う（修斉治平、総是格物、但欲如此節節分疏、亦覚説話太多。同巻五・二〇二頁「答甘

泉　辛巳」）」とも伝えた。かれのこの書簡は、つぎに示す湛若水からの手紙に対する返書だと推察される。

湛若水は、格物を「其の理に至る」と解釈したうえで、要は「随処」に天理を体認することであり、その「随処」とは『大学』八条目の心、意、身、家、国、天下に「随」うことだと説明した。それに続けて、どれも「時」に随う点では同一の実践であり、いずれも「吾が心の中正の本体」を離れる行為ではないと述べ、ただしこの「本体」については、「実体」「天理」「至善」「物」とも言い換え得る、つまり本来は言語化の不可能な絶対的存在だとし、だが人は「気習」に覆われるから「その蔽いを去る」作業が必要だと見た。とはいえその作業は、自己の完全な「良知良能」を覚醒させる啓発の行為以上のものではなく、本体に何らかの要素を加えるものではなく、絶対の本体は常に円満であることを、「それ故、毛筋ほどの作為がほどこされる場所などない（故無所用其絲毫人力也）」と表現し、「（理に至る）格物をおこなえば（それに加えるような）実践は存在せず、大学の教事は完遂される（格物則無事矣、大学之事畢矣）」とまとめた。そして一方、王守仁の格物説について、それを「念頭を正す」と解釈するならば、その「意識が正しいか否かは、なお信頼できない（念頭之正否、亦未可拠）」とも批判したのである（『文録』巻一八「答陽明王都憲論格物」）。

王湛両者は、ともに心事一体の認識に立脚している。しかし王守仁は、湛若水の言う一体論から、実践者の具体的情況に応じた一体状態の樹立へとは結実しにくい空疎さを看取した。その議論を、「大」や「虚」と形容した如くにである。そしてかれ自身は、あくまでも身の丈に合う「近」「切」な実践にこだわった。一方、湛若水は、かかる盟友の忠告を受け取ったのち、師匠の或る言葉を想起したかもしれない。かつて陳献章は、「究極の無をもっとも身近な場面で理解すれば、どのように意識を発動させても絶妙でないことはない（知至無於至近、則何動而非神。『陳献章集』巻二・一三二頁「復張東白内翰」）」と述べていた。湛若水は、この言葉を上述の「墓碑銘」

にも引用し、さらに、「そもそも至無とは無欲、至近とは切思、神なるものは天の理だ」との解釈を附した。かれの理解において、我が身に切実な思考と普遍的な天理の顕現とは「無欲」を媒介に結びついていた。つまり現実への密着と不断の自己否定との同時進行が、実践においては不可欠なのである。この点でかれは、王守仁の認識に前者へのかたよりを覚え、一方、自身の理解に関しては、書院での活動においてその正しさを実感していたと思われるのである。

正徳九年の時点で、湛若水は四十九歳であり王守仁は四十三歳。陳献章の理観を受け継ぐ前者と、龍場での大悟を経て間もない後者とは、切磋琢磨しながらも最後の一線に関しては決して譲ることがなかった。この格物論争は、如上、湛若水による書院活動の開始後に激化した。かれの「二業合一」論に「外物」批判の視点が盛り込まれていたことは、上述のとおりである。つまりこの主張には、分ければふたつの意図が、しかし双方が密接に絡みあいながら存していた。そのひとつが王守仁の論難に対する反駁であり、もうひとつは、江門の学問を「禅」だとする一般認識への応酬がそれである。換言するならば、かれらに託されていた同時代的課題への回答を、湛若水は「二業合一」論として提示したわけである。

ここにはさらに、湛若水の個人的な動機も絡んでいた。陳献章の逝去直後、その行状の執筆はかれが担当した。しかし張詡は、かれの草稿を一読するや師の事跡について「未だ備わらざること多し」と見てその「補葺」をおこなった（『陳献章集』附録二・八六八頁、張詡撰「白沙先生行状」）。張詡は正徳九年後半に没している。そして十六年十一月、湛若水は、師の改葬を期に「墓碑銘」を著し、そこに、師が張詡を「禅矣」と評した記事を載せた。陳張師弟を切り離したうえで、江門への非難は張詡の罪であることを、碑文に刻んだわけである。湛若水は、かつての恥辱をはらすとともに、世間に対しては、自分こそが江門の真正なる後継者であることを公言したとみなせるだろう。

二　「二業合一」論の反響

（一）「二業合一」論の発信

嘉靖元年（一五二二）、湛若水は翰林院編修の職に復すると、三年秋には南京国子監祭酒に陞進し、七年五月、南京吏部右侍郎を拝命、翌八年秋に北京に転じるまでの五年間、観光館や新泉精舎といった講学の場を主宰することにより、多くの門弟を育てた。無論その教学の中心には、上述の理観にもとづく随処体認論、あるいは「心事」「体用」の合一論が位置していた。一方、二業の合一を主題とするかれの発言は、門人たちによって一書に編まれつつあった。嘉靖四年冬、国子監での講学の記録が『雍語』（『泉翁大全』巻六所収）の名を得て江都の葛澗により編輯され、その最終「辨志」章に「二業合一訓」完成の記事が載るのである。そして五年秋、江西金谿の黄綸が、おそらくはそれを『泉翁二業合一訓』（同巻四所収）として刊行した。

この冊子には、前節で紹介した湛若水の発言も含め、かれの合一論を俯瞰するうえで十分な言説が収録される。黄綸は嘉靖元年の挙人であり、当時、南京国子監生であった。六年冬、祭酒任期の満了を機に上京する湛若水を送るべく、多くの門人が揚州に集結した。その盛況ぶりを呂柟（一四七九―一五四二、号涇野）は書き留め、そこに、近ごろ自分は湛若水と葛澗の問答を載せる『雍語』と、葛澗が「輯行」した『合一訓』を読んだと記す（『涇野先生文集』巻一六「甘泉行窩記」）。葛澗は「数千巻」の古書を有する蔵書家の子息として生まれ、かれ自身、博学をもって知られていた（乾隆『江都県志』巻二二「文学」）。黄綸は、かれの資助を得て該書を出版したのだろう。なお湛呂両者は、呂柟が進士登第を果たした正徳三年の会試に、湛若水が同考官に就いて以来の交友関係を持っていた。

湛若水の思想において「二業合一」の主張は、合一論全体の各論に相当する。門生もそれを知悉していた。「二業合一」論の発信と平行して湛若水の文集を編輯し、嘉靖八年秋、それを『甘泉先生文録類選』二十一巻として上梓したのである。その序文に、新泉精舎の一員である呂懐（嘉靖十一年進士）が、先生の議論や著述のすべては「天人を一とし、上下を斉しくし、内外を合するの道」だと記したとおり、『文録』の刊行は、湛若水思想の核心を合一論にあると捉えたかれの門弟による、その宣揚のための行為であった。(9) とはいえ「二業合一」論は、湛門の思想の代名詞とも捉えられた。

嘉靖七年、陽明思想に傾倒していた聶豹（一四八七―一五六三）は、巡按福建監察御史の任に就き任地に養正書院を創設すると、『伝習録』・『道一編』・『二業合一論』・『大学古本』の重刻をおこなった（『聶豹集』巻三・四六頁「重刻二業合一論序」）。また九年春、湛若水と西樵山以来のつきあいを持つ開州の王溱（正徳六年進士）は、江西南康知府に赴任すると管轄の白鹿洞書院において「后土神」に祈りを捧げ、その「告文」に「徳業と挙業とは支離すべからず」との一文を記すとともに（鄭廷鵠撰『白鹿洞志』巻一三「知府新闢石洞告后土文」）、翌年には『二業合一訓』の板木を作成し書院に奉納した（『白鹿洞書院新志』巻八「器皿志」附刻板）。

「二業合一」論の発信者たちには如何なる目算があったのだろうか。黄綸は『二業合一訓』序の劈頭に、この教えは「甘泉先生が世の中を救済する根本の命題である。まことに（俗学に）溺れる人士を救い、（堕落した）時代を助ける言説である（吾師甘泉先生救世之第一義也、実拯溺済時之言也）」と大書する。利己的な出世欲に惑溺した人士からその「支離の習」を洗い流し、かれらを「大同の道」へと救済する役割を、この教説は果たすとも言う。

聶豹もその「重刻二業合一論序」に、この議論は「已むを得ずして時弊を救う」ものだと記す。聶豹は、その同じ文章のなかで、自分はかつて湛若水の講説を聞き、「随処に天理を体認する」実践がその教えの本領であると捉え、「造次」「顚沛」どんな場面でも「体認」を目指すならば、受験勉強もまた「蓄徳」を進展させる実践にほかならないことが分かった、とも述べている。甘泉思想の全体を踏まえつつも、時弊に対する危機感が、とくに「二業合一」論への注目を生み出したと言えるだろう。ただしかれらこの議論の発信者たちは、徒手空拳をふるったわけではなかった。

たとえば茅坤（一五一二―一六〇一）が、世間の人びとは「二業合一」論を迂遠と評し怪訝に思ったと記録した如く[10]、その割合から言えば黄綸が批判的に描写した利己的人士が、従前同様、当時も多数を占めていただろう。かれらには如何なる理窟も通用しないかに覚しい。しかし聶豹は、財貨や女色への欲望を契機として「王道」の実現が説かれたように（『孟子』梁恵王下篇）、栄達を望むという「天下の趨勢にもとるることなく、しかし古人の学問が再興する。すばらしい。人びとの誘導に卓越した先生のふるまいは（不拂乎天下之所趨、而古人之学以復、甚矣、先生之善於誘人也）」との讃辞を、湛若水に捧げた。そして呂柟は、南京尚宝司卿に就いていた嘉靖十年ごろ鷲峯禅寺を会場に定期的な講義をおこない、挙業によって徳業の実践が阻まれていると訴える学生に対し、旧来の建前ではなく二業の合一を繰り返し説いた[11]。「二業合一」論が受容される素地の存在を確信するが故の、かかる言動であったと推察する。

挙業に対峙する人びとの認識が、構造的に変化しつつあった。湛若水は、そうした趨勢を察知するとともに、みずからがその牽引車たろうとした。相手の思想傾向に応じて表現の仕方に工夫をこらす態度に、かれの戦略が見て取れることは、前章に記したとおりである。すでに紹介した事例以外では、嘉靖十一年の夏、休寧知県の高簡が教職への転任を希望し、揚州府学教授の地位を得て赴任する時にも、かれは同趣の文章を贈っている（『泉翁大全』巻二二「送高君公敬掌教揚州序」）。高簡は嘉靖八年の進士であり、正徳年間以降、増加傾向にある「進士教職」に就いた人士である。その「進士教職」が科挙の考官として重用されるとともに、各地の提学官が、日常的には学政の刷新に奮闘するなか各省郷試の現場に対しても積極的に関与していたこともまた、前章までに述べておいた。

「二業合一」論の発信者たちは、その主張に同調する輿論の拡大を実感していた。そうした実感が、宣伝活動の原動力ともなった。だが、同調者の拡がりとともに湛若水による立論の意図は置き去りにされ、「二業合一」との言説それ自体をめぐり、かまびすしい議論がかわされることになった。

（二）王門人士の論難

王門の高弟である鄒守益（一四九一―一五六二）は、友人の項喬（一四九五―一五五二、号甌東）が編纂した『挙業詳説』の刊行時に一文を寄せ、項喬によるこの行為の意図は湛若水のそれに似ると述べて「二業合一」論にも言及した（『鄒守益集』巻一八・八七七頁「題挙業詳説」）。同書の出版責任者は茶陵州知州の曾才漢、鄒守益の故郷に近い江西泰和の人士であり、知州への着任は嘉靖二十年のことである。当時、挙業と徳業の関連性を語る人びとは、『周易』乾卦文言伝に載る孔子の言葉「君子は徳に進み業を修む。忠信は徳に進む所以也、辞を修めて其の誠を立つるは業に居る所以也」を用いつつ、自説を主張する傾向にあった（前掲何塘「儒学管見序」、聶豹「重刻二業合一論序」など）。鄒守益も右の一文に当該の文章を引いたうえで、「徳」と「業」を内外に配当、さらに、口頭で述べる「言詞」、行動に示される「威儀」、社会に展開される「事功」はいずれも「業」だと記し、逆に挙業に対しては、「言語中の一なるのみ」とその限定性を明言しつつも、「二業合一」論の意義を、「挙業を持ち上げて徳業と同列にするのは、世間の迷妄を憂慮し、人びとを聖人の学問に入るよう誘導したからである（亢挙業以与徳業並、傷世之迷而誘之以入聖学也）」と捉えた。鄒守益は、聶豹らと同様に、この論を挙業従事者の意識を変えうる良薬と称えたのだが、その一方で、挙業の誇大視には不安を覚えた。「業」の意味は挙業に局限されるものではない。だが「二業合一」論の伸張は、挙業偏重の現今の趨勢を助長しかねない、と懸念したわけである。

王畿もまた「業」の特定化に疑義を呈した。その「天心題壁」に、士人が学校に籍を置くあいだの「業」は「挙業」だが、官吏となっては「職業」を、宰相としては「相業」を、引退してからは「山林の業」をおこなうように、「その時どきの居場所に従って業は生じる。それがまさに、自分自身が徳に進んで毎日実現すべき行為だ（随其身之所履而業生焉、乃吾進徳日可見之行也。『王畿集』巻八・一九六頁）」と記すのである。もとよりかれも、「進徳と居業とは別の事柄ではない」とする立場を採る。だが、だからこそ挙業を特別視する態度は問題だと見た。この態度を元兇として「得失の念」が胸奥にわだかまり、他人の「門戸」や「見解」などが気になって天与の「聡明」を自己の主人公と為し得ない事態が惹起される、とかれは言うのである。特定的な外的環境への執着が、自在な自己実現の障礙となる、という構図である。

しかし、王畿が「随」の一字を用いて「徳」の実現を唱えたことは、随処体認論に拠る湛若水の主張の繰り返しではないのか。そのような反論も予想されるものの、鄒王両者の発言において着目すべきは、「業」に対するとらわれのない思考態度であり、またその各人各様の「業」に即して人間存在を把捉しようとする志向性、すなわち内外合一、体用一源の境涯に関する再検討の意識であるように思う。かれらは「二業合一」論の挙業を特定的に誇張する論調に触発され、それ故にこの論が抱えこんだ限定性を乗り越える方向で、議論の一般化をはかったとみなせよう。同様の発言は、かれら以外の人士にもうかがえる。引き続きそうした主張を紹介し、「二業合一」論への論難が如何なる方向へと展開したのかを概観するとしたい。

季本（一四八五―一五六三、号彭山）は浙江会稽の人であり、正徳十二年進士登第ののち王門に入った。[12] かれは、嘉靖三十三年の自序を附すその『説理会編』（C/938巻五「脩業」）に、まず「天下に無業の学なし」と記し、治者は「教養」をその「業」とするが、農民は田地の耕作を、商賈は貨物の流通を、工人は器物の製作を、女性は機織りを、それぞれに「業」とし、人間としては「貴賤」の違いが、事業としては「小大」の異なりがあるものの、「徳を脩める」点では同一であり、いずれも「之を徳業と謂う」と述べる。そして一方、そうした「業」を使って「食を謀り」、他人に知られることを求める行為に対しては、否定する意図のもと「之を挙業と謂う」と捉えた。「謀食」語は、『論語』衛霊公篇の「君子は道を謀り、食を謀らず」に拠る。

季本は、「業」のなかに「利を計るの心」が混入することを排除しようとした。「天爵」としての「業」に対する専念を求めたのであり、この境涯において「業」の「貴賤」「大小」は問われない。その地位や職業・性別に応じて為すべき「業」を人間はそれぞれにもつ、との思考はまことに一般的であり、また「挙業」を功利的な行為として否定するその価値観も程朱学の伝統に沿うものだが、「徳」に相即する限りにおいて一切の「業」を平等に評価する季本の見識は、王畿のそれと揆を一にする。

嘉靖八年会元の唐順之（号荊川）は博学の文章家として著名であり、また王畿の学問を信奉した学者としても知られる。嘉靖三十九年に亡くなったかれは（正徳元年生）、或る教官に宛てた書簡において徳藝の一致を主張した（四部叢刊本『荊川先生文集』巻五「答俞教諭」）。ここで「藝」とは基本的に制藝すなわち挙業を指すが、唐順之はそれを時に六藝や技藝へと拡げた。書簡の主旨は、この教官に対し、学生を教える際には「挙業の中に即し」

また「古えの六藝の中に即し」つつも、かれらに経典を窮め、自己の内面を掘り下げる方途を示すことにより、功利的な競争心を消し去ることを望む点にある。そうした教学を、唐順之は「挙業中の徳行道誼」もしくは「六藝中の道徳性命」と表現した。しかしこの書簡には、「博雑技藝を好む」かれ自身の性向への弁明も記される。「藝之精処は即ち是れ心の精、藝之粗処は即ち是れ心の粗、二致にはあらざる也」、と心藝の相即を論拠として、自分の「技藝」は内面の真率な表現だ、と言うのである。唐順之は、相即の論理を用いつつも季本とは逆の方向、すなわち個私的な「藝」に視線を絞り、その「藝」の意義を高唱した。徳藝一致の論理のもと尊重される対象は各人各様であって構わず、自分にとってはそれが「技藝」だ、という開き直りがこの一文からはうかがえる。

王畿に師事した莫如忠（南直隷華亭人、嘉靖十七年進士）は、「近来の前輩」に「二業合一論を作った人士がいるが、それは「贅」だ」と結論づける書簡を、友人の周思久（湖広麻城人、嘉靖三十二年進士）に送っている（『崇蘭館集』D1/104巻一五「復周柳塘書」）。周思久は、かつて王畿が「士人たるもの、そもそも受験勉強を一、二年ほどうっちゃり、身心に直接かかわる学問に優先的に取り組めば、かえって良い（士人且将挙業丟下一二年、先去理会身心之学却好）」と語った話を或る儒学教官から聞き、それに対し、王畿の発言は「病状に対応して処方箋を立てた」応急処置であり、「もとより挙業と聖学との区別などありはせず」挙業に従事する者も「聖賢の言語」を「反身体験」するならば、まさに「挙業即聖学」だと、莫如忠に告げていた[13]。それに答えて莫如忠は、王畿の発言は挙業の過小評価だが貴兄の場合はその逆だ、と応じたうえで、「挙業は学問をおこなう妨げではないと言うのは良いが、挙業即学問とするのは「賓主」の関係を混乱させることになる」と自説を述べた。

「二業合一」の主張に同調する周思久に対し、莫如忠はその安直さを懸念する。両者とも、王門の人士がこれまでに提示した見解をそれぞれに吸収しているとみなせるが、ただし莫如忠の場合、「合一」論をめぐる議論からは距離を置こうとした。「学問」を追究せず、議論それ自体を目的とするような情況に、嫌悪感を抱いたのかもしれない。それ故に、議論の発端であるこの主張を、無用とまで言い切ったわけである。

(三) 嘉靖期の知的財産

王門の諸氏が湛若水の意図を離れたところで「二業合一」論を取りあげ、批判する現状は、湛門の人士にとって、必ずしも歓迎できるものではなかったはずである。ただしかれらは、陽明思想に対する肯定的な理解を深めてもおり、そこで「二業合一」論に対しては、「挙業」の含意を拡張させる方向でその修訂をこころみた。

浙江永康の人である程文徳は、金華の学統を受け継ぐ章懋（号楓山、一四三六―一五二一）の門人であるとともに、王守仁や湛若水に師事した人物でもある。湛若水に拠れば、かれは嘉靖十六年末の時点において、「十七年間、その門下で研鑽を積んでいた。[14] 正徳十四年の郷試合格後、会試を受験すべく上京したおりに、翰林院に復帰した湛若水に弟子入りしたと推測される。一方、王門には嘉靖三年からの従学である。同八年、程文徳は榜眼での進士登第後、翰林編修となり、その同年の秋に南京から遷ってきた湛若水と交流を深めた。十一年七月、両親の長寿を祝う一文を湛若水に依頼すると、かれから天地、陰陽、剛柔、夫婦の「合一」を説く文章を贈呈された（『泉翁大全』巻二二「賀程氏双寿序」）。

同年十月、程文徳は翰林院の同僚の上奏文が嘉靖帝の逆鱗に触れたことに連座して、広東信宜県の典史に左遷され、[15] ただし総督陶諧のはからいで嶺表書院の主教に就くと、「書院論学」上下篇を著した。その上篇では「立志」の重要性を述べ、下篇には「挙業の心学に於ける、一也」との一句を掲げた。「夫《そ》そも言なる者は心の声也」と捉えるのが程文徳の「心学」である。そのうえでかれは、応挙の際の言葉が「心に根ざ」すならば、それは

「言と雖も即ち徳也」、その後そうした言葉に拠って政治をおこない、民びとを治めるわけであるから、かかる言葉を学生が追求してもそこに過誤はない、と断言した（『程文徳集』巻二二・三二二頁「嶺表書院論学」）。仕官後の政事をも「挙業」の応用とみなし、その全体を心学の実践と位置づけたわけである。

蔣信（一四八三―一五五九）もまた、嘉靖二年以降、南京国子監生として湛若水から指導を受け、湛学への深い造詣を育むとともに、嘉靖十一年（一五三二）の進士登第後は、王門の人士とも活潑に交流をおこなっていた。或る時、かれは友人の書室「立斎」にちなむ文章を著した（『蔣道林先生文粋』巻四「立斎説」）。一文の後半において、かれは、「（科）挙を業とする」受験勉強は内面の平穏を乱しかねないが、それが何故「徳に進む」ものと評価できるのか、との疑問を立て、「挙を業とすることは（鏡が物を）映し出すこと。その鏡に塵が附着していては、映し出すことはできない（業挙、照也、塵其鑑、其能照乎）」との譬喩により、問題の解決をはかった。

かれはすでにこの文章の前半で、「（自己の内面が）中立で（内外いずれにも）偏らなければ、外界の事物に即しながら（心という鏡はその物を）映し出し、鏡はつねに光り輝く。これが内外の一致であり、それ故に（事物を認識する意識としては）動きだしたように見えても、しかし（その主体自体は）動くことがない（中立不倚、即物而照、而鑑常烱烱爾也、内外一也、是故動而無動）」と述べている。この鏡物論を前提とすることで、後半でも「故に（心を）中立にしている者は、或る時には挙を業とし、別の時には（他人と）応酬しても、鏡はつねに鏡であることを失わない（故夫中立者、時而業挙焉、時而応酬焉、而鑑常不失其為鑑也）」と説明し、この境涯が徳業、体用、内外、それぞれの「合一」だとまとめた。「業」の内実を「鑑」の照らし出す対象全般へと拡げ、同時に「鑑」の自在さをも確保する議論だとみなせよう。

だが鏡物論を用いた主客関係の説明は、二項対立的思考の枠組みから抜け出しきれない憾みを帯びる。それに較べれば、季本や唐順之の如く、「業」ないし「藝」を坦率に「徳」の自己表現とする主張の方が、内外相即と呼ぶに相応しい。内外を区別するその分別心をとり払おうとする意識の有無が問題なのであり、つぎに示すふたつの発言は、その意識すらをも撥無しようとするものである。

薛応旂（嘉靖十四年進士）は嘉靖十年ごろに南京国子監生となり、当時、国子司業であった王門の欧陽徳と出会うことで陽明思想に開眼した人物である。かれは、浙江提学官であった嘉靖三十年当時、所轄の学生に対する訓令文書のなかに、近年、「門戸を標榜」し「二業合一之論を為す」人士がいるが、「そもそも二であって合一と謂う以上、まだ二つに分かれている（夫謂二而合一、則猶為二也。『方山薛先生全集』C/1343巻四七「行各属教條」「計開」）」との一節を挟み込んだ。そして、挙業関連の書物はいずれも「此の道を発明する」ものであり、ただ科場において使用されるから応挙の人士はそれを「挙業」と呼ぶにすぎず、それを内面に存すれば「徳性」となり、言葉として発すれば「文章」となるだけで、元来、「二業」といった考え方などは存在しないと主張した。

また晩年の欧陽徳に師事することで王学者としての道を歩みはじめた王宗沐（一五二三—九一）も、嘉靖三十四年の江西提学官着任時、「講学」に熱中して「挙業」を軽視する当地の学生に対し、両者は「一原」だと断ずる教誨をおこない、そのなかで、近ごろの儒者に「二業合一之論」があるが、「本原」について明晰さを欠くために人びとの疑念を十分には打破できていない、と述べた（『敬所王先生文集』D1/集111巻二八「江西学政」「計開」第二条）。挙業にしても講学にしても、その本源は「心」に存し、しかもその「心」の透徹したはたらきは、たんに人倫秩序として具体化されるだけでなく、日常的な動作や卑俗な作業もまたそのはたらきにほかならない、との解説のもとかく語ったのである。かかる「心」認識に立脚して為される「二業合一之論」への批判もまた、分別する意識を乗り越える意図のもとに遂行されている。

「二業合一」論をめぐる賛否両派の議論は、その全体が嘉靖人士の知的財産であった。江西泰和県の出身である胡直（一五一七―七八、号廬山）は、そうした意味での先人の遺産を有効に活用しつつ、議論を開展させた人物である。かれは嘉靖二十二年（一五四三）の郷試合格後、欧陽徳や羅洪先といった王門の高弟に従学、一時は厭世観の虜となるが発憤して江蘇句曲県学の教諭職に就き（『明儒学案』巻二二・五一九頁「困学記」）、三十四年秋には河南郷試の主考官に招かれた。そして翌年春、会試への再挑戦後、第二甲進士での登第を得、万暦元年（一五七三）には広東按察使となり、同年秋実施の広東郷試では監試官をつとめた。

隆慶年間、郷里に居た胡直は、福建将楽県の教官として赴任する崑陽子から学生教育の優先事項について質問を受けた（『衡廬精舎蔵稿』A1/1287巻二七「滄洲別語三首、贈蕭崑陽子之将楽」）。崑陽子とは胡直と同郷の蕭元岡、隆慶元年（一五六七）の挙人である。質問に対し胡直は「挙業を後回しにするな」と応じた。そして、「本」を重視する伝統的教誨と相違する言葉にとまどう崑陽子に、「末に即きて本を先に」するだけであり、「末を絶ちて本を求め」てはならない、と諭した。士大夫にとって挙業への従事は、両親への孝養や衣食の整頓と同様、一日も中断し得ない行為であり、仕える際には誠心を発揮することが、衣食を整える際には貪欲でないことが大事であるのと同じく、挙業の場合はひたすら聖賢の宗旨をつかまえるだけだ、と言うのである。

ここでは、「本」を抽象的に想定するような実践に疑義が呈されている。「本」の確立は、「末」に即したものであってこそ真実だとみなせる（同巻二十八「六錮」、参照）。この境涯にあっては、「本」はもとより尊重されるが、同時に「末」の完遂もまた志向されるわけである。かかる認識を前提に、胡直は蕭元岡に対する回答のなかで、以下の如く「二業合一」論を批判する。

この主張は徳業の広大さが分かっていない。だから挙業を（徳業と同格にまで）持ち上げることになったのだ。そもそも挙業は諸業のひとつに位置する以上、またどうして（徳業との）合一を言う必要があろうか。だから、挙業が徳業のなかにあって合わせる必要もなくひとつであることが分かれば、およそ自分にとって欠かせない行為、たとえば挙業であっても、どれもみな君子が本を先にし徳を立てる現実の場である。どうしてそれが末であることを理由に後回しにできるだろうか。（是未見徳業之大也、故以挙業抗言、且挙業既居業中一業、又奚必言合哉、故知挙業在徳業中、不合而自一、則凡吾身所不可少、若挙業者、皆君子所為先本而立徳之地也、詎可以其末而後之哉。）

教官に就く蕭元岡の如く、挙業から離れては任務の完遂が考えられない立場の人間にとっては、挙業の教授こそが最優先事項であり、かつその立場に即した「徳」の成就である。胡直は、両親への孝養など、日常生活において不可欠の行為を「末」と捉え、その「末」なる行為への専念によって、それらに相即する「本」もまた実現すると見た。「末」の数だけ「本」は存するだろう。「徳業」はまことに無限「大」であり、挙業とそれに相即する徳業とは一体以外の何物でもない。こうした「末」は、季本の「業」や唐順之の「藝」にも相当する。ただし胡直は、人の営みの全体を構造的に考察するなか、本末相即の立場から「末」を肯定し、それ故に、「二業合一」論における視野の狭隘さや「合一」理解の緩さをも指摘したのである。

結びにかえて

湛若水の「二業合一」論は、湛氏個人に即して言えば書院での活動を契機に得られた体認の所産であり、また幾つかの私的動機を背景にして生まれた思想的表明でもあった。無論その個私性には時代の刻印が濃淡さまざまに捺されており、硬直化した程朱学の克服を課題とした江門人士による待望の回答としての側面をもつとともに、明代中期の知識人官僚が模索し続けた挙業と肯定的に対峙するための理念に関わる一試案という意味を帯びてもいた。天順元年の会試において主考官薛瑄が、受験生に対し、聖賢の言説を自分自身に収斂させることを求めて以来、緩慢にかつ蛇行しながら展開していた当該の課題をめぐる人びとの思索が「二業合一」という言説に結晶した、と言えるかもしれない。

しかしこの言説は、いったん社会に広まると、賛否両論、多様な論議を誘発した。そのなかでも、「挙業」にかぎらず、人間としての諸活動をすべて「徳業」の表現として是認する方向の議論が、折からの陽明思想の興隆とも絡み合って伸張した。ただしその当事者のひとりである胡直が、その「即末」の思考を述べた一段に続けて、かかる自説は「玩物喪志」者への援軍などではなく、あくまでも「徳業」との相即的実現を目標とするものだ、と念を押したように（前掲「滄洲別語三首、贈蕭崑陽子之将楽」）、「二業相即」の論理には、その歪んだ使い方へと人をいざなう魅力が潜んでいた。利己的な欲望を挙業に託しつつもそれを糊塗しようとする人士が自己肯定の論拠として援用しかねない、といった懸念が、当時すでに浮上していたわけである。

「二業合一」論の理論的可能性を批判的に追究する議論はその後鎮静化し、万暦以降の人士は、「二業合一」論を、心事や内外の合一ないし相即をめぐる思弁的な議論ではなく、挙業に従事する学生への心得といった、北宋以来の儒者による同案の言説として受け入れた。[16] ただしそうしたなかでも馮従吾（一五五六—一六二七、号少墟）には、この主張を、同時代の課題に関係づけようとする意識がうかがえる。かれの発言を紹介して本章の結びにかえたい。

陝西長安の人である馮従吾とは、その自己認識においては「関中理学」の後継者であり、またその師承関係から、『明儒学案』（巻四一・九八一頁）では湛若水の学統を嗣ぐ者と位置づけられた人物でもある。[17] 万暦三十九年（一六一一）冬、かれは河北の池陽で講会を催すと、理学と挙業の異同をたずねる人士に対し、両者は「原《もと》より是れ一事」と答えた（『少墟集』A1/1293巻一一「池陽語録」）。挙業によって得た知識をその身に「体験」するのが「真の理学」であり、理学の真理を文章に「発揮」するのが「好《よ》い挙業」だと言うのである。「二業合一」論を受け継ぐ見解である。ただしここで注目したいのは、かれがさらに、「もし挙業を脇に置いて学問を言うならば、それは異端による談玄説空の学」でしかない、としたその認識である。かつて挙業は、仏道両教以上に有害だと非難されていたが（荘昶『定山集』巻六「送戴侍御提学陝西序」）、しかし馮従吾は、挙業を仏道両教から切り離して理学側に置き、それに肯定的な評価を与えた。かれには、科挙全三場の答案である「七篇」という「有形之挙業」はたしかに良く学ぶべきだが、「一念」という「無形之挙業」はそれにも増して良く発揮すべきであるのに、人びとはそれを理解しない、との発言もある（前出「池陽語録」）。

馮従吾の言う挙業とは、科挙の受験勉強という狭い範囲の学業ではなく、社会的責任を果たすべき知識人が習得すべき全般的な心的態度を意味する。そしてその責任は、科挙の受験を経て官僚に就いてこそ、まっとうされる。かれはそのように思念しつつ、科挙と仏道両教とを切り離した。かれにとって「二業合一」論とは、徳業が持つはずの社会性を、挙業との一致によって強調する主張にほかならなかった。

（1）『性理大全書』巻五五所収饒魯語。馬淵昌也「明代前期における士大夫の思想―書物流通との関係についてのノート」（伊原弘・小島毅編『知識人の諸相』勉誠出版、二〇〇一年）に拠れば、饒魯の著作は明末の段階で稀覯本となり、清人王朝渠による輯本『饒双峯講義』として伝えられた。

（2）その履歴は黎業明撰『湛若水年譜』（上海古籍出版社、二〇〇九年）に詳しい。

（3）この文章は、『二業合一訓』「教肄」第五条として採録されるが、両者には文字の異同がある。湛学における「合一論」の重要性については、黄明同『陳献章評伝』附伝「湛若水生平及其哲学思想」（南京大学出版社、一九九八年）が概述する。柴田篤「湛甘泉の陽明学観をめぐって」（『九州中国学会報』二一、一九七七年）参照。

（4）『白鹿洞書院古志五種』（中華書局、一九九五年）所収、李夢陽撰嘉靖重刊『白鹿洞書院新志』巻六「重修白鹿洞書院記」。

（5）ここでは近世漢籍叢刊思想続編（中文出版社、一九七五年）所収の四巻本『居業録』を使用する。陳献章を批判する胡居仁の思想的立場などに関しては、吉田公平「胡敬斎の思想」（初出一九六九年、のち『中国近世の心学思想』研文出版、二〇一二年）、および呂妙芬『胡居仁与陳献章』（文津出版社、一九九六年）参照。

（6）丘濬の生涯とその思想傾向に関しては、荒木見悟「丘瓊山の思想」（初出一九六六年、のち『中国思想史の諸相』中国書店、一九八九年所収）および李焯然『丘濬評伝』（南京大学出版社、二〇〇五年）参照。

（7）朱鴻林「陳白沙的出処経験与道徳思考」（鍾彩鈞・楊晋龍編『明清文学与思想中之主体意識与社会』）参照。

（8）この一文には「壬申」つまり正徳七年との注釈が附く。しかし王湛両者の年譜に言うとおり、一文の執筆は六年のことである。

（9）同書は、湛門人士による刊行の翌九年十月、建陽書林の劉氏安正堂によって重刊されている。初刻本（故宮珍本叢刊第五二七冊に、その影印本が収められる）と重刻本違いは一葉の行数であり、前者は一〇行、後者は九行である。一行の文字数は同じく一九字であり、字形も同じである。ただし初刻本の巻末には、「同刊門人」として麦本美以下、八名の氏名が二行にわたって挙げられ、「甘泉先生文録類選類選巻之二十一終」との巻尾題が刻されるが、重刻本は、その巻尾題の前に、「庚寅年季冬月安正堂新刊行」との木記が置かれる。

(10) 『茅坤集』八四四頁『茅鹿門先生文集』巻三一「顧進士刻稿題辞」に「先輩嘗称二業合一、言徳業与挙業、無二致也、世或迂且怪視之」と記す。茅坤はかかる世間に異を唱え、「而予竊謂、将家子言治兵、亦先治心、於此亦無以異者」と述べた。

(11) 『涇野子内編』に幾つか見出せるが、一例を挙げれば以下のとおり。同書八八頁（鷲峯東所語第一五）：問今学者論挙業徳業為二、可乎。先生曰、挙業中即寓徳業、試観所読経書及応挙三場文字、何者非聖賢精切之蘊、仁義道徳之言、試以是体験而躬行之、至終其身不易、徳業在是矣。

(12) その思想に関しては、吉田公平「季彭山の『説理会編』について」（初出二〇〇一年、のち『中国近世の心学思想』）参照。

(13) ただし王畿の場合、相手の情況に応じて語り方を自在に変えていた。以下の文章は、或る人士が教職に就く時に贈ったものである。『王畿集』巻一六・四六七頁「漫語贈韓天叙分教安成」：今之学校以挙業為重、朋友中嘗有講学妨廃挙業之疑、是大不然、夫挙業徳業原非両事、故曰不患妨功、惟患奪志、志於道、則心明気清、而藝亦進、志於藝、則心濁気昏、而道亡、藝亦不進。

(14) 『泉翁大全』巻六〇「明故亜中大夫四川按察司副使致仕十峰程公墓誌銘」。程文徳の経歴は『程文徳集』（五八〇頁）附録二「松谿程先生年譜」、参照。

(15) この人事に対する慰撫の詩を湛若水は贈っている（『泉翁大全』巻四二「送程舜敷内翰左遷嶺南」）。

(16) 王時槐（江西安福人、嘉靖二十六年進士）『塘南王先生友慶堂合稿』D1/集 114 巻六「西原会規十七条」：一、挙業一事、朝廷以此求賢、而士以此応朝廷之求、実聖学中之一事也、今人或以挙業理学二者相妨、誤矣、……是始焉即挙業為常課、而実以理学修其身、終焉由挙業発科目、而実以理学措於政、則挙業理学、本為一事、何相妨之有哉。鄧以讃（江西新建人、隆慶元年探花）『鄧文潔公佚稿』（内閣文庫蔵）巻七「与殷同仁」：二業合一、先儒曾言之、以生所聞、莫要于識心、……不徒如世儒調停于内外動静之間、以為至当。孟化鯉（河南新安人、万暦八年進士）『孟雲浦先生集』D1/集167巻四「月川曹先生録粋序」：或曰、（曹）先生篤行君子也、所著書羽翼朱伝、挙業爾、昔程子作字甚敬、曰、即此是学、先生学以一敬為主也、挙業即徳業也。

(17) 湛若水、唐枢、許孚遠、馮従吾、という師承関係にもとづく位置づけである。なお「関中理学」とは、『関学編』自序（一頁）に見える表現である。

第六章　王門欧陽徳の学問とその会試程文

緒　言

本書第二章では、「性学策」の範疇に入る明代科挙の策題および答案の思想史的展開を検討するなか、欧陽徳所作の程策にも論及し、その内容が、かれの師匠である王守仁の思想を受け継ぎつつも、「意見」や「習」を批判する点において、かれ個人の思想的関心を色濃く示すものであることを指摘した。欧陽徳はその晩年の嘉靖二十九年（一五五〇）、会試主考官を担当した際にその程策を著しており、かれの文集には、その文章とともに、論題に対する模範解答も収録される。これらの述作は、欧陽徳の学問全体のなかで如何なる位置を有するのか。本章では、かれの思索の跡をたどりつつ、その時どきの思想的関心を明らかにしたうえで、如上の観点から、論策二題の程文に分析を加える。江西での講学活動が注目される欧陽徳ではあるが[1]、かれの思想には、その官歴との関係から科挙と肯定的に関わる別の側面もまた存するのである。

一　従学・登第・就職

欧陽徳は江西泰和県の出身であり、字は崇一、南野と号した人物である。正徳十一年（一五一六）秋、二十一歳にして郷試に合格、ただしその翌年正月、江西贛州（虔州）において王守仁の講話を聞き、すぐさま弟子入りしたために、この年と続く正徳十五年の両会試には赴かなかった。[2] ところが嘉靖二年（一五二三）実施の会試には一転して応じ、進士登第後、安徽六安州知州の任務を拝命した。まずは、かれのこうした決断や行動に対する陽明思想の影響をさぐり、青年欧陽徳における思想形成の一斑をうかがう。

入門直後の修学生活について、のちに欧陽徳は、「当時は、黙坐して心を清らかにし、ゆるりと寛げば気持ちが落ち着いた。詩書や礼楽といった、聡明さを増し身心を変化させる要素は（この生活に）すべて具わっていた。あたかも、春風が万物をおおい、万物がそれとは知らずに繁茂するようであった（当是時、黙坐澄心、遊衍適性、詩書礼楽、益神智而移気体者（孟子尽心上篇）咸備、若春風被物、生植而不自知。『欧陽徳集』巻七・二三三頁「送劉晴川北上序　壬寅」。以下、本章では『集』と略記する）」と述懐した。文中の「春風」とは、みずからを育んでくれた王門での学問交流、ないし王守仁本人からの訓誨をたとえる。ところが或る時、かれは自身の現状を反省し、修学態度を改めた。そして、そのさらに数年後、改悟したはずの自分に対しても疑問をおぼえ、迷いの淵に沈み込んだ。六安州知州としての仕事を開始した当時、かれは王守仁に書簡を送り、以下のとおり数年来の懊悩を分析して師の教示を仰いだ。

学ぶ者の欠点は、概括すると空寂に沈潜するのでなければ、あれこれ加減したり思案するかであり、わたしも辛壬の両年は前者の病弊にとりつかれ、近ごろはまた後者のそれにとりつかれてしまいました。しかし思案も良知のあらわれです。それと恣意的に加減することとはどこで区別するのでしょうか。（学者之弊、大率非沈空守寂則安排思索、徳辛壬之歳著前一病、近又著後一病、但思索亦是良知発用、其与私意安排者、何所取別。『王陽明全集』巻二・八一頁「答欧陽崇一」附王守仁宛書簡。『伝習録』巻中）[3]

「辛壬」とは正徳辛巳十六年（一五二一）とその翌年の嘉靖壬午元年を指す。欧陽徳の会試受験は嘉靖二年のことであり、かれはその直前まで王門で研鑽を重ねていた。だがその時期、かつての充足感は薄れつつあり、むしろ現実逃避者としての後ろめたさすら感じてもいた。それ故にかれは、空寂に沈潜する病気にかかったと自己診断したのである。「沈空守寂」とは、対象との関わりを断つことで一切の思慮から超絶しようとする態度を意味しよう。たしかに、ことさらなる思慮は良知からその輝きを奪う原因となる。かかる思慮は排除されねばならない。だが良知とは、そのようにしてまで保護されるべき脆弱な本体でしかないのか。かれは、薫風のそよぐが如き環境のなかにあればこそ、こうした不安にかられたと推察する。会試受験という意志決定の背後には、みずからを現実の荒波に投げ入れ、その良知を鍛えようとする意志が存していた。

では、かれが飛び込もうとした社会は、王守仁本人ないしその活動をどう評価していたのか。正徳十三年（一五一八）、王守仁は『古本大学』と『朱子晩年定論』とを立て続けに上梓した。明朝の国家教学である朱子学に対し、公然と異議を唱えたわけである。かれは同十四年六月に勃発した寧王宸濠の叛乱を鎮めた軍功により、十六年十一月、新建伯となるのだが、しかし翌嘉靖元年（一五二二）九月、巡按江西御史程啓充が、かれと寧王との内通を指摘し封爵の追奪を要求した。十月には、陸九淵に左祖し朱熹を譏る者、とかれを非難する上奏文までもが呈され、嘉靖帝朱厚熜もそれを肯定した。(4) かれ個人およびその学問に対する批判の嵐が、士大夫社会に吹き荒れていた。王門の学徒は、かかる厳しい外的情況と微温的な修学生活との落差を痛感していたに相違ない。それぞれが自己反省の場に立たされていたとも言える。そこで欧陽徳は、みずからを悩ましていた「空寂」の境地を超えるべく会試受験を決意した。そもそも王門人士にとって、応挙は一種の試金石的な意味を持っていた。

嘉靖二年の会試には王学批判を意図した策問が出題された。(5) 五題ある策問の第二問がそれであり、宋代諸儒の学問についてその位置づけを問うなかに、策問の意図が示される。もとよりこの策問において諸儒の評価はすでに定まっており、出題者は、かれらの「大成」を集めた学者として朱熹を尊崇し、一方、「金渓之学」すなわち陸九淵の学問に対しては、本来、朱子学とは合わない内容を含むと批判した。さらに「今之学者」を非難して朱陸両学を恣意的に合致させようとする人物だと述べ、その書物を焚書扱いにすべきだとも主張して、その当否をたずねた。

この「今之学者」が王守仁を指すことは明白である。かれの年譜に拠れば、門人徐珊は、かかる策問に対し、「吾が知を昧《くら》まして」時流におもねることを拒み、解答を書かずに試験場を飛び出た（『王陽明全集』巻三五・一四二〇頁「年譜三」）。一方、欧陽徳や魏良弼らは「師説を明白に披露してはばからず、それでも合格者に選ばれた（直発師旨不諱、亦在取列）」。また、試験に落ちた銭徳洪は、帰郷後、王守仁に対して時局への不満を漏らしたが、逆に王守仁は、「聖学はこれから大いに輝くだろう（聖学従茲大明矣）」と応じ、その理由を以下のように語った。

わが学問を天下の人士にあまねく語ることなど、どうしてできるだろうか。しかし今、会試録は、奥深い山里ですら届けられぬところはない状態だ。わが学問がもし間違っているならば、天下には、決起して真の正しさを求める人士がかならずあらわれるだろう。（吾学悪得遍語天下士、今会試録、雖窮郷深谷無不到矣、吾学既非、天下必有起而求真是者。）

そもそも王守仁は、弘治十七年山東郷試の主考官に就いており、その時の試録は、程文を含めてそのすべてをかれが執筆した。それを「士林」は「伝誦」したとも言われており（耿定向『耿天台先生文集』巻一三「新建侯文成王先生世家」）、試録の宣伝効果を実感していたが故の、かれのかかる発言であろう。逆風のなかに立つ王門の人士にとって、領袖のこの言葉は啓示的な予言にも等しい。わが学問の正当性は、将来、試録ないし科挙をつうじて必ず社会に認知されるはずだ。王守仁の崇拝者は、いわば強い暗示にかかった。そしてたしかに、晩年の欧陽徳は、この予言を実現させることになる。

上述の策問や程策をも掲載する『嘉靖二年会試録』の合格者一覧に拠れば、欧陽徳は、四〇〇名中第二三位の好成績をあげて殿試に進んだ。だが、本来はさらに上位の成績を与えられるはずであった。しかし王学を批判する策問に対し、それに迎合する解答を書かなかったため、下位に据え置かれたという。そうした事情を、かれは以下のように語る。文中の「先生」とは、この会試の筆頭同考官であった呂柟である。

思い出すに、わたしが礼部で会試を受験したとき、現在の国子司業である西玄馬公がわたしの答案を得、（呂）先生に相談した。すると先生は、この受験生はけだし学問に志す人間だから、上位で合格させるのがよいとおっしゃった。だが結局は、その対策が試験官の意図にしたがうものではなく、そうした抵触によって先生の言うとおりにはならなかった。（憶予会試礼部、今国子司業西玄馬公得予試巻、謀於先生、先生謂、是子蓋

有志於学者、宜置上第、竟以対策未狥主司意、格不果然。『集』巻一七・四五〇頁「涇野呂先生考績序」）

呂柟もまた順位判定に関する試験官の作為について証言を残し、欧陽徳の答案を読んだ者は、今回の結果を残念に思ったとまで述べている。(6) 王学批判を主眼とする右の如き試験問題の場合、その意図への従順の度合いにしたがって順位は定められたのだろう。ただし欧陽徳の答案は、そうした偏狭な判定基準にも抗しうる優秀さを備えていた。

嘉靖二年の会試は突出した事案であったとしても、朱子学的経書解釈を正しいとする出題は、たしかに科挙の通例であった。しかし王門の人士は、その解釈に対する批判意識をも培っていた。或る弟子が王守仁に対し、応挙の文章には「宋儒の説」ではなく師匠から教授された「聖賢の本意」を書こうと思うが、どうだろうかと質問した。それに答えて王守仁は、「聖人となるための真正なる動機から言えば、君の見解は間違いではないが、しかし宋儒の訓詁はわが王朝が顕揚する学問だ（論作聖真機、固今所見為近、然宋儒之訓乃皇朝之所表章）」として、「それ故、師友の間における講学は理であり、応挙という行為は制度だ。地位も徳も具わっていない場合、敢えて礼楽を制作せず、自分は周に従うだけだ。ことさらな私意や期待を抱かずに、ただ古来の訓えを体得しながらみずからを陶冶すれば、それでよい（故師友講論者、理也、応挙之業、制也、徳位不備、不敢作礼楽、吾従周（中庸第二八章）、無意必也（論語子罕篇）、惟体古訓以自修、可也。朱得之『稽山承語』第三九条）」、と諭した。(7) 弥縫的な解決策であるかに見えるものの、王守仁は、質問者の内面に潜む功名心を読み取り、冷静に「自修」することを促したのだろう。合否という結果ではなく、応挙の動機こそが重要だというわけである。

王畿は銭徳洪と同じく嘉靖二年会試の落第者であり、同五年の会試を間近に控えた時期、王守仁から受験を勧められたものの、それに不満を感じていた。すると「王守仁はかく語った、科挙登第によって君を出世させようと思うのではない。わが学問の置かれた現状を見ると、信じていない者がまだ半数はいる。一方、わが門下の士は、実直な人物の場合、必ずしも臨機応変ではないし、聡明な者の場合、必ずしも温厚で堅固ではない。試験には仕官をめざす人士がみな集まる。思うに、君でなければわが学問を世間に解き明かすことはできない。だから君に頼む。科挙合格のためではないのだ（文成曰、吾非欲以一第栄子、顧吾之学、疑信者猶半、而吾及門之士、樸厚者未尽通解、穎慧者未尽敦毅、覲試、仕士咸集、念非子莫能闡明之、故以属子、非為一第也。『王畿集』附録四・八二三頁徐階撰「龍渓王先生伝」）」。前述の「予言」とその主旨を同じくする発言である。

王守仁は、自身の学問を世間に認知させ得る才能の持ち主が、門下においてそう多くないことを熟知していた。王畿はその師のめがねにかなった数少ない門弟のひとりであった。一方、青年欧陽徳に対する期待の大きさも、かれを「小秀才」と呼んで寵愛したとする年譜の記事から察することができる。欧陽徳による科挙受験は、かれ自身の適性、王門のなかでのかれへの期待、そして王守仁個人と陽明思想に対する一般社会からの批判といった、諸条件を十分考慮したうえでの決断によるものであった。しかし上述のとおり、知州として赴任すると、今度は職務上あれこれと思索する自分の判断が果たして良知に拠るものか否かが気にかかり、煩悶するようになった。

欧陽徳の哀訴に対し、王守仁は、良知にもとづく「思」と「私意」にもとづく「思」とは、良知それ自体がその正邪を区別すると応じ、要は自己の良知において「体認」するだけだと答えた（前掲「答欧陽崇一書」）。欧陽徳が、知州赴任の当初は職務に忙殺されたが、それが片づいたのでようやく学生と講学できそうだと告げた際にも、「わたしの言う講学は、政務の慌ただしいそのさなかにある。学生を集めてそれから講学をおこなうといった必要などどこにあろうか（吾所講学正在政務倥偬中、豈必聚徒而後為講学耶。『王陽明全集』巻三五・一四三五頁「年譜三」）」

とたしなめた。

自己の本体である良知は、多様な事象や本人の「私意」を離れて独立するものではなく、事象との関係を自在に取り結ぶなかにのみ現前する。王守仁はそうした良知に立脚する行為のすべてが講学にほかならないとして、このように発言した。他方、欧陽徳は、事象の表面的な差異に拘泥し、良知による判断を棚上げにして諸事象に先後優劣の区別をつけようとした。そこで王守仁は、現象の転変に心を奪われず、自己の良知を信じ切る以外にない、と突き放した。ただしその一方で、欧陽徳に激励を与えもした。嘉靖五年（一五二六）、かれの努力を認め、「近ごろは官僚社会が落ち着かないとはいえ、そのなかでも学問的実践はまったく減退していない。なんと難しいことか。貴翰によれば、自身の欠陥を問い詰めることまことに切実であり、学問について述べた数条には、たしかに明確な主張がある。実践が減退していないだけでなく、そもそも大いに成長しているわけだ（近雖仕途紛擾中、而功力略無退転、甚難甚難、得来書、自咎真切、論学数條、卓有定見、非独無退転、且大有所進矣。同巻六・二四〇頁「与欧陽崇一　丙戌」）」とも語りかけた。

欧陽徳が、年来の迷妄から突如抜け出たわけではないだろう。ただしかれは、「自咎」する自己以外、自分自身はどこにもあり得ないことを実感し始めたとも言える。まさにその当体こそが良知にほかならない。王守仁は、徹底して悩み抜くかれの姿勢を評価した。嘉靖七年四月、欧陽徳は翰林院編修に抜擢され、京師に向かった。一方、同じ年の十一月、王守仁は遠征先で逝去した。

二　南京国子監司業

（一）告子批判の含意

翰林院には、嘉靖二年科挙の同年合格者である徐階（一五〇三―八三、号少湖、南直隷華亭人）が、先輩官僚として勤務していた。徐階との交流は、以後、生涯にわたり続くことになる。(8) 嘉靖十一年（一五三二）、欧陽徳は南京国子監司業への転任を命じられるが、そこでのかれの日常について、聶豹が撰述した「墓誌銘」は、「毎日学生を学館にまねき、身心修養の枢要を教示した。その学風を耳にして到来する人士は学館に収容しきれないほどになった（日進諸生於館下、誨以心身之要、聞風而至者、至不能容。『集』附録・八四八頁）」と記す。学生の多数は科挙の受験予定者であり、欧陽徳の指導を受けて登第を果たした若者も存した。南京の学生に対し欧陽徳は如何なる学問を教授したのか。また、そこに王門の教学はどう反映していたのか。さらには、そうした公務とかれ自身の良知の鍛錬とはどのように関係していたのだろうか。

欧陽徳の文集には監生に課した「策問」が一題おさめられる。嘉靖十二年（一五三三）の作であり、孟子が告子を執拗に批判したその理由をただす問題である。策問はまず、『孟子』の記載に拠れば、告子とは当時の社会からその学問を評価された人物であり、されば告子には基盤となる思想があったはずだが、『孟子』所説の告子の性説は幾つかに分裂している。この不整合をどう調停すればよいのか、と概略このように問い、つぎに朱熹の発言を引いたうえで、告子は頑迷な愚者であったとされるが本当にそのような人物であったのかとたずねた。

先儒は告子を論評して、頑迷にして無知、横暴で自分勝手と言った。（しかし）そもそも頑迷にして自分勝手であり学問に核心がないのならば、世の中を惑わし人びとを煽動する力などないはずである。……そうであれば道を学ぶ者が、どうして告子のおしえに惑わされる結果になるだろうか。ところが孟子はあくせくとかれを排斥する。なんと筋違いなことか。そもそも異端を（正しい学説から）弁別する一方、核心となるものを会得していないのならば、惑わされているのに気づかないわけで、気づかないのであればそれもまた異端でしかない。（先儒論告子曰、冥然無覚、悍然不顧（孟子集注巻三、朱子語）、夫冥悍自用而無所主、則不足以惑世而鼓之従、……而学道者豈至於為其所惑、而孟子顧屑屑而闢之、不亦舛乎、夫辨異端而不得其所主、則将惑焉而不自知、不自知則亦異端而已矣。『集』巻一〇・三〇一頁「策問南雍諸生　癸巳」）

欧陽徳はこの問題において、通説に盲従せず本質を見極めよと諭している。南宋以降、告子の評価は一般に低く、それは次第に定説と化した。そうしたなかにあって王守仁は、告子の「性無善無不善説」それ自体は誤りではないと見たうえで、その理解の学問的欠陥を指摘した。「しかし告子はそこに観点を固定したので、無善無不善のものが性の内部にあることになり、善や悪については物事に対応する場のなかで捉えたので、その物事は外側にあることになった。結果、（本性と事物とを）内外二辺に分けて見てしまい、そうして錯誤が生じた（性無善無不善、雖如此説亦無大差、但告子執定看了、便有箇無善無不善的性在内、有善有悪又在物感上看、便有箇物在外、却做両辺看了、便会差。『王陽明全集』巻三・一二二頁「語録三」、『伝習録』巻下第七三条）」。

王守仁にとって、本性としての良知はたしかに無善無悪だが、それは自他内外一体の場において発現するものなのである。それ故かれは、如上告子を論評したわけであり、欧陽徳の認識も、そうした師説を前提とする。師説を踏襲するかに見えるこの認識において、かれの個性は如何なる点にあらわれているのか。欧陽徳は、或る友人に対し以下のような見解を示している。

　わたしが思うに、告子はそもそも性が善でもなく不善でもないことはわかっていた。自分はその本性を体得するだけだとして、それを心に求めたり気に求めてそれを「義」とする者に対しては、いずれも、まともな学問とはみなさなかった。こうした見識は、高邁にして聡明、世俗から抜きんでたものであり、どんな事物もその心を動かせはしない。だが本性が善でも不善でもないことはわかっても、善も不善も本性のあらわれでしかないことはわからなかった。（孔子の）後の世における、心に求めたり気に求めたりする行為が、まともな学問とみなせないことはわかっても、本性とは、もとよりこれらの（営為すべての）外に出るものではないことがわからなかった。自信をもって本性を体得したとするものの、「意見」に陥っていることに気づかず、効果を予期したり作為を加える「欲」から免れなかったわけである。（愚意、告子蓋有見於性之無善無不善、吾惟得其性而已、凡求諸心、求諸気、以為義者、皆不得為善学也、此其見豈不高明超脱、而何物足以動其心耶、然有見於無善無不善、而不知善不善之莫非性也、有見於後世求諸心、求諸気者之未為善学、而不知性之未始外乎此也、其自信以為自得其性、而不自知其陥於意見、不免於正助（孟子公孫丑上篇）之欲矣。『集』巻二・五一頁「答裘魯岡」）

上述の策問と同じく、欧陽徳は、人間本性に関する告子の見識の高さを評価する。ただしそれとともに批判をも加え、告子は本性のあらわれを限定的に捉え、しかもその判断に疑いを抱かないという錯誤を犯した、とも見る。そしてかかる告子の態度を、「意見に陥」っているとか、「正・助の欲」から脱していないと言い換える。告子観それ自体は師説を踏襲するものだが、このような言い換えに、欧陽徳における関心の所在が看取できそうである。

(二)「意見」への着目

そもそも「意見」に陥る人士は、欧陽徳の学生のなかにこそ存在した。嘉靖十二年、福建長楽県から南京国子監に来学していた柯時偕(字行可)が帰郷することになり、かれに別れを告げにきた。その時の一部始終を、かれは「書柯行可巻　癸巳」(『集』巻九・二七三頁)と題する文章に記録している。柯時偕に対し、かれは致良知の方法を毎日教授していた。ただし柯時偕は、講義を静聴するだけで何の反応も示さなかった。別れに臨む柯時偕にむかい、かれは自分の教えが理解できたか否かをたずねた。すると柯時偕は「とうに理解し、信じてもいる(已知之、已信之)」と答えた。だがこの答えにかれは納得せず、みずからの致良知理解を語るよう要求した。すると柯時偕は、『四書』の文言を適宜援用し、良知が発揮された境涯について、幾つかの事例を示した。たとえば「視聴言動」が「礼」に依拠したり、「富貴貧賤」その如何なる時でもその「素」に安んじる、といった具合にである。(9)

自信にあふれた答えぶりでもあったのだろう。それを聞いて欧陽徳は、しばし沈黙、そして柯時偕に語りかけた。聖人としての徳が完成した状態については述べているようだが、その徳を実現するための方法には言及していない。「されば、君が自信を持っている点にこそ、むしろ疑いを向けるべきではないのか(然則子之所自信者、無乃所当自疑乎)」。柯時偕は「憮然」として、かかる言葉の意図をただした。それに対する欧陽徳の回答は以下のとおりである。畢竟、自分自身が気づくよりほかない、との結びである。

君が自分の心を信用しているならば、もはや学問をおこなう余地はない。また他人もどのようにして教えを施せるだろうか。君は、そもそも、自分が不十分だと自分を疑うならば、そうして始めて、学ぶ者にとって学問をおこなう余地があることを知り、また他人も教えを施すことができる。とはいえ、この言葉が、君を教えるものではないなどと、どうしてわかるだろうか。（子自信其心、則無所用其学矣、而人何以施其教、子蓋自疑其所未能也、而後知学者有以為学、而後人有以為教矣、雖然、庸詎知斯言之非教子也耶。）

民国『長楽県志』（巻一四上「選挙志上」）には、嘉靖十九年（一五四〇）の貢士として柯時偕の名前が載る。この年次にはズレがあるものの、かれは郷試にも合格しなかったようである。他方、柯時偕とは対照的に、欧陽徳の質問に啓発されて研鑽に励み、進士登第を遂げた人士も存在する。江西南昌出身の万虞愷は、嘉靖十年（一五三一）の郷試に合格後、欧陽徳に拝謁し、「君子はどんな場面でも自得状態にある。その自得した事柄とは何か（君子無入不自得、所得何事）」と問われたところ、間髪をいれず「自得と言っても、はて何を得るだろうか（自得又何得也。鄧以讃『鄧定宇先生文集』DI/集156巻四「刑部侍郎楓潭万公行状」）」と応じた。自得の内容を前提したような自得は、真の自得ではない、と即座に返したのである。欧陽徳はこの対応を激賞した。万虞愷は、その後も「自」の一字について追究し続け、嘉靖十七年（一五三八）、進士登第を捷ち取った。

欧陽徳は、嘉靖十一年頃、南京国子監生に選抜された薛応旂とも、徐階と同様、肝胆相照らす関係にあった。(10)薛応旂は、嘉靖十三年の応天郷試を経て、翌年の会試には第二名で合格した。その時かれは、会試第二場「論」の答案に、「そもそも敬によってその内面を素直にし、本然の良知を保持するならば、欲望は少なくなって天理は明断、動静内外はおのずから「一」に合し、賞罰はおのずから正当におこなわれる（蓋必敬以直内、而存其本然之良、則欲寡理明、動静内外、自合於一、賞罰自無不当也）」との一段を記した（『方山薛先生全集』巻三六「聖人至公至神之化」）。こうした良知理解は、かれが欧陽徳との交流のなかで学んだものであるに相違ない。(11)

嘉靖十三年前後、欧陽徳は、徐階からの或る問題提起に答えている。徐階は、講学に明け暮れる当時の人士を批判して、良知を堅実に顕現させる態度ではないと捉え、議論の場から退き自己の内面に沈潜すべきだと主張した。これに対し欧陽徳は、この提案を、特定の症状を呈している人士への「対病之薬」としての意味はあるが、と認めつつも、以下のように反論した。

しかし学ぶ者は師匠に質問し、友人とのあいだで弁論することが絶対に必要でして、議論もまたやめるわけにはゆかない。きちんと自分自身に学問を加えたり心に思ったりもせず、ただがやがやと弁論するだけでは、（それは）無意味な言葉でしかなく裨益するものもないのですが、誠実に学び思うのならば、およそ疑問をいだいたり分かったと思いつつも、自分ではどこか落ち着かない事柄について、良知は、おのずからやむにやまれず質問や弁論として具体化されるはずです。質問もしない弁論もしないというのでは、良知を致す仕方ではないでしょう。（然学者必問於師、必辨於友、談論亦未可廃、顧恐未必学之於己、思之於心（論語為政篇）、而徒嘵嘵問辨、空言無益、誠学而思之、則凡所疑所悟、而不能自安者、良知自不容已於問辨、而不問不辨、亦非所以致其良知矣。『集』巻一・一三頁「答徐少湖四」）

欧陽徳は、誠実に学問し思索をする者ならば、疑問や質問や議論などを含むそのすべてが、自己の良知のおのずからなる発現となる、と考えた。良知を致す行為とは、静謐な場所でおこなう特別な実践ではなく、日常的な活動のなかでその都度果たされるものであり、要は現前する情況に対しどれだけ真摯に向きあえるかだ、というのである。かれが自身の現状を反省する言葉を多くの友人に送っているのも[12]、かかる実践理解の反映であろう。王守仁が、告子の学説について内外を区別する思考だと批判し、しかし良知はその区別を超えた場で発現するとしたその主張を、かれなりに受容した成果でもある。欧陽徳は、致良知の実践をまっとうすることの困難さを自覚している。中途半端な自己満足や、主客の相対する個別具体的な場から遊離した期待ないし妄想が、実践主体を襲いかねない。それら良知の発現を蔽う自己の欲望を、かれは「意見」の二文字に集約したのであり、南京時代の欧陽徳は、師説を忠実に実践しようとする一方、実践を妨げる障礙についてとりわけ注意を払い、その思索を深めていたと概括することができる。

三　帰郷・講学・復職

（一）良知と「意見」

嘉靖十四年（一五三五）五月、欧陽徳は南京尚宝司卿に転任する。その後、南京鴻臚卿となり、同十八年、父の逝去にともなって帰郷。喪が明けてからも八年あまり故郷に留まり、生母への孝養を尽くした。聶豹撰述の「墓誌銘」に拠れば、かれは、その合間に、自己の良知を致し師説の奥義を究めるべく、王門の俊秀とともに研鑽に励んだという。講学活動に傾注したわけである。かれの文集第三巻には、嘉靖十七年から二十四年までの書簡が収められる。以下、それらの書簡を用いながら、帰郷時におけるかれの思想の展開とその講学活動の意味について考察をおこなう。

欧陽徳にとって、そもそも講学活動とは自身を磨く砥石にほかならなかった。「講習のおかげで従前の錯誤に気づいたが、まだにわかには翻転できずにいる（講習之余、頗覚昨非、而未能亟反也）」といった趣旨の書簡を、かれは度々したためているのである。(13) 良知の十全なる発現を企図した自己反省の姿勢は、帰郷後も一貫していた。ただし、このような認識を講学の参加者すべてが抱いていたわけではなく、それ故に、欧陽徳はつぎのような歎きの言葉を洩らすことにもなった。

> だが（講会での）集散を重ねながらも、身心の病弊に関しては覆い隠し、点検して洗い流そうとせず、善行を求める朋友の発言も、虚心に受け入れようとしないのであれば、会を開いていないのと同様だ。（然数聚数散、而於身心病痛、包蔵掩覆、不肯検点洗刷、責善之言（孟子離婁下篇）、不肯虚受、則猶之無会而已矣。『集』巻三・九〇頁「寄劉三峰」）

とはいえ憤懣の鉾先は、結局、自分自身へとその向きを変えることとなり、南京時代の活動すらも、時にはその標的となった。たとえば王畿に対しては、当時自分を学問的に救うべく「薬」を施してくれたのに、自分は「自是心」が強くそれを受容できなかった、と陳謝する。(14) また、南京国子監での教育に関しても、知識の切り売りに過ぎなかったとして否定するような発言をおこなう。「太学にいた当時は、ただ口先によって人びとを動かしたただけで、結局、無益だった。「知見」による講談は、自己と他者とを成就させる着実な方法ではないことが、いまはじめてわかった（往在太学、徒以口吻動人、畢竟無益、始知知見談説、非成己成物之実也。同前・一〇八頁「答陳明水一」）」。

みずからの過去と現在、自身を取り巻く情況のすべてに対し、かれは検証せずにいられなかった。この点に、帰郷時におけるかれの思想的関心を読み取りたい。読解の手がかりは、上記一文の末尾、自己と他者の双方の在り方に関する言及である。そもそも上引の書簡は、「学問に巧妙な手立てなどない。ただ吾が心それ自体が「真」であり、わずかな俗塵にも染まらず、知識を重ねての覚醒に拠らず、ことさらな思惟にも期待せず、本当に「赤子」の当初のような状態で、そうして始めて日常のあらゆる場面でも「真」にわかるとともに、逆に、従前の表面的な思念は、偽物を「真」実と取り違えていただけだ、と恥ずかしく思った（学無巧法、惟是此心当体即真、纖塵不染、不由解悟、不待思惟、真如赤子之初、然後種種色色莫非真覚、却慚従前浮想、認仮為真）」という反省の一段に続くものである。

「赤子之初」とは、言うまでもなく、『孟子』離婁下篇所説の「大人」に堅持される先天的善性の形容である。王守仁は、「大人」がおこなう学問を「大学」と位置づけ、「大人とは天地万物を一体とする者」と解説した（『王陽明全集』巻二六・一〇六六頁「大学問」）。良知の発現が内外の区別を超えた場において目指される以上、万物を一体とする世界の実現は、その論理的必然である。かかる王守仁と同様に、欧陽徳もまた、そうした方向での良知の実現を企図していたに相違ない。だがかれは、同志のつどうその講会ですら、理想とはかけ離れた状態であることに愕然とした。では如何にすればこの憂うべき現状を変え、万物一体の世界を切り拓くことができるのか。

以下に記す二通の書簡のその前者において、かれは、良知の発現を阻害する原因として、「世情」と「意識」とをあげ、後者では、何故、人は、その内面から「意見」を除去することが難しいのか、その困難さを具体的かつ丁寧に語っている。

自分は帰郷して以来、朋友がつねに集まり、旧来の学問についてあれこれ論じる機会を得た。だが本当に志操を抱く者はまことに少なく、良知を徹底して体得する者はとくに少ない。そのなかで世俗の情欲に蔽われている場合は、まだ啓発させやすいが、「意識」が良知に貼り付いている場合には、にわかには除去しにくい。……良知を徹底して体認することができなければ、たとえ格致の実践をおこなっても、結局は上っ面を撫でるだけだ。（僕自帰来、友朋時集、得数数商量旧学、但真実有志者固少、而徹悟良知者尤少。中間世情遮迷、猶易警発、意識襯貼、卒難破除、……良知不得徹悟、縦有格致功夫、終是影響。『集』巻三・一〇七頁「答呉蘇山」）

　だが地位や財産を求める俗習について、まだそこに沈没し根ざすまでになってはいないとしても、目に見えないところで、結局、拭いつくすことができない。さればどうして「精一」の志を持ち得ようか。意見が自己を蔽っていることは、やはり察知すべきである。自分では「寛裕温柔」だと言う人間が、優柔不断で怠慢ではないとどうして分かろうか。自分では「発強剛毅」だと言う人間が、軽率で短気ではないとどうして分かろうか。（几帳面すぎて）怒り争う姿は「斉荘」に近く、細かな事柄にこだわる様子は「密察」に近い。矯と正、流と和とは似通っている。わずかな差異を区別しなければ、真実からますます遠ざかる。そこに安住して疑問を持たないのでは、反省しようにもそのすべがない。（然於世俗富貴勢利之習、雖未嘗沈溺根著、而隠微之間、要亦未能尽忘、則亦豈得為精一之志、而意見之為蔽、亦不可不察也、自謂寛裕温柔、焉知非優遊怠忽、自謂発強剛毅、焉知非躁妄激作、忿戻近斎荘、瑣細近密察、矯似正、流似和、毫釐不辨、離真逾遠、居之不疑、則欲反無由矣。同前一〇五頁「寄敖純之」）

『中庸』（第三十一章）に、「唯だ天下の至聖のみ、能く聡明睿智にして以て臨む有るに足り、寛裕温柔にして以て容るる有るに足り、発強剛毅にして以て執る有るに足り、斉荘中正にして以て敬する有るに足り、文理密察にして以て別つ有るに足ると為す」とある。朱注に拠れば、「聡明睿智」は聖人の「生知の質」であり、それに続く文言は「仁義礼知の徳」をあらわす。講会には聖人を目指す人びとが蝟集していただろう。そのなかには、たとえば「寛裕温柔」なる人士として自他ともに認める人格者も存在したはずである。しかし欧陽徳は、そうした評価の危うさを懸念した。自己肯定を随伴させる自己認識がつねに正しいものであるのか否か、この点に疑いを抱いたのである。そして一見すると正当であるかの如き右の認識や価値観を、「意見」と捉えた。

だが、かれも言うとおり彼我の相違はまさに「毫釐」である。それを如何にして見極めるのか。「意見」に蔽われかねないのが人間の常態だという覚悟が、この場においては重要なのである。南京時代の活動に対する厳しい自己批判は、帰郷後のかれの良知による判断であり、講学につどう人びとに触発されて生まれたものでもある。しかも、そう判断するかれの良知には、人びとの実態もまた鏡像の如く映し出されていた。要するに、かれの良知は、自他の区別を超え、世界を一体の場と捉えるなかで発現していた。欧陽徳は、王守仁の言う「大人」たるべく、万物一体状態の実現へと向かう良知の発現を企図した。そしてかかる彼我一如の体験を積み重ねるなかで、自分自身の実践が、程顥の「定性書」に由来する「両忘すれば則ち澄然として事なき矣」の一句が示す様態と一致する実感を得るようになっていったと推察する。(15)

欧陽徳は、科挙の同年合格にして同門の魏良弼（一四九二―一五七五、号水洲）に対し、その「悟入」は浅くないが「それでもなお動静・内外・人己を対待の二項とする認識から脱しておらず、まだすっきりと「両忘」することができていない（猶未免以動静内外人己、相待為二、猶未能澄然両忘。『集』巻三・一〇二頁「答魏水洲一」）と伝えた。魏良弼が示した「常止而一」という態度について、「外界の事物に従事する者と病状は同じではないが、まだ良知という本体を体認していない点では同一だ（雖与事外者病症不同、其為未得良知本体則一而已）」と見たのである。ここに言う「両忘」の境地こそが、自他の双方を超える在り方にほかならない。その実現を阻む原因は、外界の事物よりもむしろ自己の内面に存していた。

いま俗人は生死や得失に心をくだく。それはもとより執着の対象があるということだ。しかし生死や得失を同一視することに心をくだくのも、生死や得失というレベルで心を生み出すものであり、それもまた執着の対象がある。執着があれば恣意的に好悪を発しているのであり、凡情にほかならない。ただ自己の良知にしたがってのみ、執着するものがなくなる。それがまさしく真の好悪にほかならない。（今俗人以死生得喪為心、固有所著、然以斉死生得喪為心者、亦是死生得喪上発心、亦有所著、有著即是作好作悪（尚書洪範篇）、即是凡情、惟循其良知、無所倚著、即是真好真悪。同前一〇四頁「答戚補之二」）

生死得喪に対する斉同視は、生存への執着から人びとを解放すべく生まれた認識態度である。ただし欧陽徳は、それもまた生死を対象化し、そこからの超越を意識的にはかる点で、結局は執着に縛られた状態だと見た。かれは、同じく生死を主題にした書簡において、生への願望や死への嫌悪が心に存しなければ、日常的な毀誉褒貶などは些事にすぎぬと述べ、以下のようにまとめる。

愛着すべき対象がないから選び取るべき対象もない。憎悪すべき対象もないから捨て去るべき対象もない。愛憎取捨ふたつながらに忘れる。故に心は大いなる虚空と同様、つねに明晰で安定しており、種々に変化しつつ、いずれも真実にして虚妄ではない。行くべき時には行き、止まるべき時には止まり、生きるべき時には生き、死ぬべき時には死ぬ。何物も恐れはばかることはない。（無可愛、故無可取、無可憎、故無可捨、愛憎

取捨両忘、故心同太虚、常明常定、千変万化、真実無妄、当行則行、当止則止、当生則生、当死則死、又何疑沮之有。同前一〇〇頁「答曾思極一」）

文末の数句からわかるとおり、「両忘」の境涯において生死はそのあるがままに受け入れられる。ただし、そこでの生死は、決して対象化された他者ではない。自他一体の渾然たる場における良知の影像にほかならないわけであり、だからこそ、それらはすでに受け入れられているのである。この一文は、「そもそも良知はもとより不可思議で誠実、種々に変化しつつ、その中心となる主人公はつねに安定しており、作為的に具体化されるものではない（夫良知本霊、良知本誠、千変万化、中主常定、非強作之也）」との良知認識とともに語られている。講学活動に触発されて抱かれた欧陽徳の批判意識もまた、かれの良知のおのずからなる発現である。だがその批判が、「意見」に由来する行為ではない保証はどこにあるのか。欧陽徳は、そうした保証を求めることそれ自体が「意見」に蔽われた態度であることをも理解する。さればこそ常に一切の事柄を批判し続け、そうあることによってこそ万物一体の境涯は追究され得ると考えたのだろう。

聶豹撰述の「墓誌銘」は、欧陽徳は、講学活動のなかで「将に身を終えんとするが若《ごと》」く暮らしていたと言う。ただしそれは、活動への埋没などではなく、自分自身と講会参加者との緊張した一体状態の実現に向けて、その生命を燃やし尽くそうとしていたことを意味するわけである。

（二）「聖人之心無窮論」

嘉靖二十五年（一五四六）、欧陽徳は旧職に復した。吏部侍郎の任にあった盟友徐階が、その職権をもって出仕を要請したようである。[16] 復職後の書簡を収めるかれの文集第四巻には、「上京後、他人とともに善事をおこなうことの難しさが一層わかった。普段くつろぐ場面で、意気投合し敬愛し合うことを、本心に根ざしそれが表面にあらわれた真実だと語っておきながら、いったん食い違いが生じると、憎悪の感情から逃れられない。加えてそれが善を好み悪を憎む本心だと思い込み、党同伐異、自分は正しく他人は間違いだとの観念がひそかに成長していることに気づかない（自入京、益覚善与人同之難（孟子公孫丑上篇）、平居所与遊処、志同気合、相敬相愛、自謂根心生色之実（同尽心上篇）、至遇齟齬払逆、未免憎嫌、又自以為好善悪悪之本心、而不知党同伐異、是己非人、固已潜滋暗長。『集』巻四・一二一頁「寄唐荊川」）」、と語る書簡がある。居郷と出仕、その道の険しさに変わりはない、というのがかれの実感だろう。このような感慨を抱きながら、かれは国子監祭酒から礼部左侍郎へ、さらには吏部左侍郎にして翰林院学士へと陞進し、嘉靖二十九年（一五五〇）春、会試主考官をつとめることになる。以下、文集所載の程論（『集』巻一〇・三〇二頁「聖人之心無窮論　庚戌会試程文」）と程策（同前三〇五頁「性学策　庚戌会試程文」）とを概観し、かれが培ってきた思想におけるそれらの位置を探りたい。

会試の論題「聖人之心無窮論」は、『論語』憲問篇「子路問君子」章に対する朱注をその典拠とする。朱熹の注釈は、始めに当該章の内容をまとめ、「君子」の条件を質問した子路に対し、孔子が答えた「己を脩むるに敬を以てす」との一句は、実はそれで十分なのだが子路がこの回答に対して不満を抱いたために、そこで孔子は、「百姓を安んず」ることは「堯舜すら其れ猶お諸を病む」と語り、それ以上のことはないと諭しつつ子路を反省させたとする。そのうえで朱注は、「思うに聖人の心は無窮である。世の中が極めて治まっていても、世界全体において、果たしてすべての存在がその存在意義をまっとうし得る場所を得ているか否かは分からない。故に堯も舜も百姓の安寧を気に病んだ。もし自分の統治はすでに十分だなどと言うならば、聖人としての資格はない

（蓋聖人之心無窮、世雖極治、然豈能必知四海之内、果無一物不得其所哉、故堯舜猶以安百姓為病、若曰吾治已足、則非所以為聖人矣。『論語集注』巻七）」と述べる。論題の選択にも、「意見」を徹底して排する欧陽徳の信条が反映していることがわかるだろう。

程論はすべて二〇二二字の文章であり、「聖人の仁は天下をおおうが、聖人はまだ自分の能力に満足していない。故に自身を見つめてつねに不十分だとする。自身を見つめて不十分だとするのであり、まさに仁を尽くす者とみなせよう（聖人仁覆天下、而未嘗足乎其已能、故自視常未尽、自視未尽、斯其為尽仁者乎）」と始まる。「聖人之心」を「仁」と言い換えつつも、その論理は朱注と同一である。しかし以下、その「仁」とはいわゆる「万物一体之仁」だと論をすすめ、「そもそも人は、修己の実践をおこない易く尽くし易いと考えるが、それは自分のからだを己と捉え、感応の場でそれを視ていないからである（夫人以修己為易能易尽也、蓋以身為己、而未嘗於其感応者観之也）」と断じたうえで、自他一体の状態における修養の構造を分析する。視聴言動といった行為全般や喜怒好悪の感情について、それらは自己が事物を対象として発する現象であるから、「己」は「物」が存在しなければ「己」ではなく、「物」もまた「己」が存在しなければ「物」たりえないと解説するのである(17)。

ついで程論は、万物を一体とする聖人を『書経』などの経書から抜き出して具体的に解説し、さらに仁心の普遍性に論及しつつ、衆人と聖人との相違を述べる。衆人の場合は、内面に「善」がきざしても「意識が或る方向に発したまま、「善」をないがしろにしてその根源を察しない（意有所向、忽而所未察其究也）」ので、「だんだん現状に縛られて、日ごとに不正な状態に陥っても気づかない（浸淫固滞、日入於頗側而罔覚爾）」が、一方「聖人は仁そのものであり「我」に覆われない。覆われないからつねに覚醒しており、「我」がないからつねに愛する（聖人純乎仁、而不蔽於我者也、無蔽故常覚、無我故常愛）」。つまり万物一体の愛情は、「我」という「意識」を超えることにより発揮されるのである。

そして程論は、仁道が不明確な時代の人間を、万物一体の仁に依拠できず内外のいずれかに偏向する者だとし、これと対比させるべく、「仁とは本性に生得的な理であり、形や臭いなど感覚や知覚によって求めてつかまえられるものではない。固定したすがたはないから尽きることがない。つかまえられないから作為的にはおこなわない（仁者性之生理、非有声臭方体可求而執之者也、無体故無尽、無可執故無為）」とまとめる。仁に固定的なすがたがないと言うのは、上述した感応の関係から導き出せるとおり、仁を、自他相互の緊張関係が成立する場面において、その都度成立するものと捉えるからである。それ故、仁の在り方は無限に想定され、逆に、ひとつの状態に固執することは有為の態度だと批判される。

以上程論は、朱注を出発点としつつも、それを万物一体論へと拡張した文章である。しかもそこでは、自他一体の認識構造、および仁の融通無礙なる性格、そしてそれを具体化する実践主体の「無為」なる態度、この三者が有機的に関連づけられている。帰郷時における欧陽徳が、王守仁の万物一体論に由来する実践を展開したことは前述のとおりであり、この程論は、自身が体得した万物一体の境涯を理論的に解説した文章だとみなせよう。

（三）「性学策」

さて会試策問の第二問は、本性に関する言及が少なかった孔子以前と、議論が盛んだった孟子以後とを区別したうえで、四題の小問を提示する。①「人才民俗」は三代の方がまさっていたことからすれば、「性説之明（暗）」と「世道之隆汚」とは無関係なのか、②「聖門」に対する性説の功績は如何なる点か、③孟子が斥けた各種の性説にも「民行」に対して「小補」する事柄があるはずであり、されば孟子は学説の差異に執着しすぎてはいまいか、④「諸子の学は、習う所、各おの異にす」るものだが、天下に利益をもたらしたとされる墨子は性善説を知らずにそうした結果を残したのか、またその「習」の偏向が糾正されることはなかったのか。策問はこれらの小問を提示したのち、「性を論ずるも気を論ぜざれば備わらず」との程子の発言を前提に、性善を説くにしても、「実用」を追究せず「空言」に終始するのでは諸説紛々たる状況と異ならない、との結びを置く。

程策はすべて一五二四字の文章であり、全体の序論に相当する冒頭部分では、本性論に関する程策の基本認識を述べる。すなわち、本性は具体化し尽くすことが重要であり、説明それ自体が最終目的ではないと主張するのである。以下、個別の解答へと続き、まず古代の性説を『書経』や『中庸』の言説により紹介し、孔孟の時代との相違を分析して、「思うに議論が詳細になれば徳行の教えは衰え、意見の風習が盛行する。そこで人物や風俗はだんだん古代に及ばなくなった（蓋至於言詳而徳行之教衰、意見之習盛、於是人才風俗寖不逮古矣）」とまとめる。上記の小問①に対する解答だが、議論と意見と習慣という本程策の関鍵語が提示されていることにも注意したい。

つぎに程策は、孟子性と善説と当時の諸子の性説との相違を「理に順って無作為である」か「意を凝らして作為的である」かとに区別する。そもそも前者は、本性それ自体に即する学問である以上、如何なる努力もまた本性の発現であるから無作為である。対して後者は、本性に依拠しない恣意的なものであり、それ故たとえそれに習熟しても結局は作為でしかない(18)。かく区別した後に程策は、人間の本性を構造的に解説する。両者の相違を原理的に考察するための前提をととのえるわけである。以下、本書第二章でも紹介した一段を引用する。

そもそも一陰一陽である道について、それが天にある場合、命と称する。命が広く流れわたる状態を気と称し、気が凝結した状態を質と称する。質における自由自在で不可思議なものを心と称し、心における（事物を）生み出す理（としての側面）を性と称する。性におけるあらわれ（としての側面）を情と称し、情における発動と静止との繰り返しを習と称する。本末はその根源をひとつにするものである。性は習の基体であり、習は性のはたらきである。性と習とがあって善悪が分かれ、習が性と化してしまうことで善と悪とは変移しなくなる。当初は同じだが最後は異なるということである。故に善そのものであるのが性としての恒常的在り方であり、習が加わってのちに不善が発生する。つまりその恒常性に逆らった状態なのである。（夫一陰一陽之道、在天曰命、命之流行曰気、気之凝聚曰質、質之虚霊曰心、心之生理曰性、性之発動曰情、情之作止反復曰習、本末一原者也、性者習之体、習者性之用、性習而善悪分、習与性成而善悪不移、始同終異者也、故無不善者、性之常、習而後有不善、則逆其常者也。）

ここで人間は心性情習の統合体として捉えられる。習もまた本性のあらわれとみなされるのである。そう記したのち、程策はつぎのように説明を続ける。しかし人は、性と習とを区別し、恒常的な在り方に反する。そしてその習慣に染まった結果、不善を犯す。孔孟と諸子との相違は、性と習とのこの本末関係を理解できたか否かに起因する。では諸子はなぜ間違ったのか。「意見が生起して天性が損なわれたからである（意見作而天性賊也）」。楊朱、墨翟、子莫、告子、「郷願」（郷愿）、許行、いずれも本性の常態が理解できず、それぞれの「意見」を真理と捉えた結果、その間違った教えで人びとを混乱に陥れた。だからこそ孟子は諸子を厳しく批判したのである。以上が小問②と③に対する解答である。質問に較べて諸子に対する評価が低いのは、「意見」にとらわれる弊害を重く見たからであろう。

続いて程策は、解答の範囲を越えるかの如き議論を展開する。後世の人びとが孟子の性善説にもとづきつつも改変をおこない、「善」を性に「不善」を気質に帰属させたことは、議論としては認められる。だが偏全ある気も剛柔さまざまな質も、天命として賦与されたものである以上、宋代諸儒による気質の位置づけは誤りだ。「不善」はあくまでも習の結果であり生得的な「気質」に原因はないのである。程策は、かかる見解の正しさを確認すべく、世間一般の「習」認識が表面的でしかないことを指摘する。

後世の人びとは、幼い頃から悪い子どもを目にしただけで、習慣の結果ではないと疑い、ただし本性を汚すわけにはゆかないとして、その原因を性と習とのあいだのものに推測し、それを気質と言った。ただ視聴言動が習慣だということを知るだけで、視聴言動しない状態も習慣だということに気づかず、意識のあらわれが習慣だということを知っても、意識のあらわれではないものも習慣であることに気づかない（から、そのように言った）のだ。地位や待遇が人の姿を変え、胎教が子どもを多能にする。これら徐々に形成された習慣は、どうして認識感覚の対象となるだろうか。胎内の教育や地位や待遇による変化が徐々に身につけた習慣であることがわかるならば、幼い頃から悪いのも、いずれも習慣の結果であり、天賦の固定的な性質ではないのである。（後世徒見自幼而悪者、疑非習所成、而又不可以汚性、則推之於性習之間、曰此気質也云爾、蓋徒知視聴言動之習、而未知不視聴言動之習也、知有心之習、而未知無心之習也、居養之移気体（孟子尽心上篇）、胎有教而子多才、此其漸習、豈以心思耳目哉、知胎之教与居養之移、漸染之習、則自幼而悪者、皆成於習、而非天賦之一定。）

「習」に対する如上の説明は、小問④に対する部分的な解答ともみなせるが、墨子の評価に論及しない点で不十分である。程策は、不善の原因を追究せず「自暴自棄」に陥っている人士を、批判しつつも激励する一段を添えて締めくくられる。

「意見」を糾弾する程策の論調は、欧陽徳による年来の発言と揆を一にする。とくに「性」に依拠する学問と「意」によるそれとを構造的に対比させ、「意」に従属した場合には「思勉を待たざるに至」ってすらも作為的だと断ずる一段は、『大学章句』に言う「意なる者は心の所発なり」との通説を超え、「両忘」の境涯を追究するかたわら「意見」の危険性にも細心の配慮をおこなってきたかれの思考を、簡潔にまとめた文章だとみなせよう。

では、その「意見」と「習」とはどのような関係にあるのか。程策は「意見の習」とは記すものの、それ以上については明言しない。欧陽徳の文集においても「習」に言及する文章は散見されるが、両者が並列されるだけでその関係までは論じられない(19)。ただし、心性情習を一体的に捉える程策の認識から推すならば、如何なる実践主体であれ「情」の反復蓄積により「習」を身につけるわけであるから、「意見の習」とは、「意見」に蔽われたままの状態が習慣化した人間もしくは社会集団のその「習」を意味すると捉えられる。また、程策がその終盤において無意識の「習」にまで言及するのは、朱子学的知識を無批判に受け入れる当時の受験生に対し、覚醒を企図したからだと推察する。

小　結

仕官当初の欧陽徳が王守仁にただした疑問を想起したい。「思索」も良知のあらわれであるならば、それと恣意的な「安排」とはどう区別するのか。かれの生涯は、この時の疑問によって方向づけられたとも言いうる。まさしくかれは、良知の真正なる現前を求め続けた人物であった。その体認の所産は、基本的に個別の情況に相応しい対話的色彩をおびた文章として、ただし時には理論的性格の強い論文として結晶した。徐階撰述の「神道碑銘」は、南京時代の事跡と江西に帰郷後の活動とを記したうえで、「その当時、人士はみな致良知の学説を唱えており、南野の門人と称する者は天下の半数に達した。たとえ陽明でもこれは超えられない点だ（当是時、士咸知誦致良知之説、而称南野門人者、半天下、即陽明無以加也。『集』附録・八四四頁）」と述べる。[20] 欧陽徳の講説が、それを聴受する如何なる人士にも、魅力的かつ説得的なものとして歓迎されたことを推察させる記録である。

王守仁がすでに看破したとおり、特定の教説を天下に伝播させるうえで個人の力量には限界があり、他方、試録の影響力は絶大である。官界に復帰した欧陽徳には、幸運にもその時が到来した。人事の銓衡をも含めて会試の一切を統括する知貢挙官は、職責上、礼部尚書がつとめることになっており、嘉靖二十八年（一五四九）二月以降、徐階がその地位に就いていた。仕組まれたかの如き時のめぐりであり、このめぐりあわせに対し吏部左侍郎欧陽徳は見事に順応した。[21]

その後かれは、同門の聶豹が静寂なる境涯に実践の基盤をすえようとするのに異を唱え、「内外、動静、先後なき一体の場における良知の発現を説いた（『集』巻五・一八五頁「答聶双江二」）。[22] かつて王守仁が「所謂る人は知らずと雖も己、独り知る所のもの、此れ正に是れ吾が心の良知の処」（『王陽明全集』巻三・一三五頁「語録三」、『伝習録』巻下第一一七条）と語ったその「独」を如何に捉えるかが、論争の焦点であった。欧陽徳の解釈は、「静も亦た此の知、動も亦の此の知」との断言が端的に示す如く、「独知」という標記ではあれ、良知としての独知は時間的空間的限定を超えた絶対の本体を意味するというものである。かかる理解を根柢にすえた長文の書簡を、かれは公務が済んだ「夜来」にしたため、その当否を、兵部在任中の聶豹にただした。刑部の若き切れ者である王宗沐がかれに拝謁したのは、かれがこのような活躍をおこなうその直前の嘉靖二十六年、祭酒の地位にあった時分の国子監においてであった。

（1）　欧陽徳の生涯とその思想に関しては、下記二点の先行研究に負うところがある。荒木見悟「解説　欧陽南野」（陽明学大系第五巻『陽明門下（上）』明徳出版社、一九七三年）、呉震『陽明後学研究』（上海人民出版社、二〇〇三年）第六章欧陽南野論。

（2）　欧陽徳の伝記は聶豹『聶豹集』巻六・一五五頁「南野欧陽公墓誌銘」と、徐階『世経堂集』巻一九「文荘欧陽公神道碑銘」とによる。

（3）　この書簡の前半には、王守仁の「啓問道通書」（『王陽明全集』巻二・六四頁）に拠る言葉が以下のように記される。「師云、繫言何思何慮、是言所思所慮只是天理、更無別思別慮耳、非謂無思無慮也、心之本體即是天理、有何可思慮得、学者用功、雖千思万慮、只是要復他本体、不是以私意去安排思索出來、若安排思索、便是自私用智矣」。

（4）　『明世宗実録』（巻一九・五六八頁）嘉靖元年十月乙未：礼科給事中章僑言、三代以下、論正学莫如朱熹、近有聡明才智足以号召天下者、倡異学之説、而士之好高務名者、靡然従之、大率取陸九淵之簡便、憚朱子為支離、及為文辞、務崇艱険、乞行天下痛為禁革。時河南道御史梁世驃亦以為言、礼部覆議、以二臣之言深切時弊、有補風教、上曰、然。

（5）　鶴成久章「嘉靖二年会試の策題における陽明学批判について」（『九州中国学会報』四五、二〇〇七年）参照。

（6）　呂柟『涇野先生文集』巻一〇「贈南野欧陽子考績序」：昔予校文癸未会試、嘗見欧陽子試巻矣、嘆其弘博淳実、登冠易房也、然欧陽子学于陽明王子、其為文策多本師説、当是時主考者、方病其師説也、予謂其本房曰、是豈可以此而後斯人哉、其本房執諍、終不獲前列、一時遇閲其巻者、皆惜之。

（7）　陳来「《遺言録》、《稽山承語》与王陽明語録佚文」（初出一九九四年、のち『中国近世思想研究』商務印書館、二〇〇四年）六三一頁。質問の言葉は下記のとおり。「挙業必守宋儒之説、今既得聖賢本意、而勘破其功利之私見、文義又不可通、則作文之時一従正意、乃為不欺也、今乃見如此、而文如彼、何如」。

（8）　中純夫「徐階研究」（『富山大学人文学部紀要』二四―一、一九九一年）参照。

（9）『集』巻九・二七三頁「書柯行可巻」：行可於是自述其視聴言動之能由於礼也（論語顔淵篇）、富貴貧賤之能安其素也（中庸第一四章）、得喪栄辱之能不累也、聞善見善之能楽従也（孟子尽心上篇）。

（10）『方山薛先生全集』巻首欧陽徳「題方山文録」：曩余為南国子司業、与諸賢論学、咸推薛子仲常、余数延参駁、相悦以解。同巻一二「静観楼遺稿序」、参照。

（11）そのほか李春芳も、嘉靖十年郷試合格後、南京国子監において欧陽徳に学び、教諭就任の経験を経て、二十六年状元で登第する（『李文定公貽安堂集』D1/集113附録王錫爵撰「太師李文定公伝」）。

（12）『集』巻二・六七頁「寄劉晴川」：某近来始覚従前学力疏繆、種種作用尽非精実、一切私邪往往弄奇作怪。同前・六七頁「答薛中離一」：某近来始覚師友離索、工夫疏繆、私邪削剝不尽。同三：去歳、龍渓相処逾月、始覚旧習之非など。

（13）『集』巻三・九七頁「寄黄久菴」。そのほか同前「答劉晴川」、「寄羅念菴」など。

（14）『集』巻三・九五頁「答王龍渓二」：往在南雍、兄拳拳拯我薬我、当時自是心勝、未有以承之。

（15）「両忘」語それ自体は『荘子』大宗師篇を出典とする。そうした出典を持つ「両忘」に着目した王門の人士に朱得之がいる。三浦「王門朱得之の師説理解とその荘子注」（佐藤錬太郎・鄭吉雄編『中国古典の解釈と分析』北海道大学出版会、二〇一二年）参照。

（16）徐階撰「神道碑銘」：至及予佐吏部、念公不可使一日不立於朝、因薦公用之。

（17）原文は以下のとおりである。「今夫視聴言動之用、喜怒好悪之情、凡接物而応焉者、己也而莫非物也、微物、則悪所視聴而好悪喜怒之哉、親疎遠邇、智愚貴賤、与夫貧窮煢独、凡対己而感焉者、物也而莫非己也、微己、則悪睹其為親疎与煢独者哉」。

（18）原文は以下のとおりである。「故孟子之学、順理而無為也、若決江河以注之海、而無汎濫焉、雖困勉之功、至於人十己千、皆無為而為、性也、非意也、諸子之学、刻意而有作也、若堤江河而鑿之道、使無汎濫焉、即功力之熟、至於不待思勉、皆有作而成、意也、非性也」。

(19) たとえば『集』巻四・一二四頁「答王堣斎二」：夫用志精一、而気習意見消融不尽、力不逮志者矣。同巻五・一八五頁「答聶双江二」：……消化気習、破除意見、以求融釈脱落、胸中灑然。

(20) 帰郷中の欧陽徳に師事した胡直も、その師の学問を概括するなかで「游其門、殆亦不下三千」と言う（『衡廬精舎蔵稿』巻一〇「欧陽南野先生文選序」）。

(21) もうひとりの会試主考官は南京礼部尚書の張治であり、欧陽徳は、会試以前、南京に赴任する張治に対し、「(張)公明達剛毅、該治今古」との言葉を含む文章を贈っている（『集』巻二一・五五〇頁「太宰龍湖公之官南都」）。続く嘉靖三十二年の会試では、礼部尚書欧陽徳が知貢挙官を、東閣大学士徐階と翰林院侍講学士敖銑とが考試官をつとめた。

(22) 荒木見悟「聶双江における陽明学の後退」（初出一九七一年、のち『陽明学の開展と仏教』研文出版、一九八四年）参照。

第七章　提学官王宗沐の思想活動

緒　言

王宗沐、字は新甫、敬所と号し、晩年には攖寧とも称した人物である。(1) 嘉靖二年（一五二三）、浙江東南部の台州府臨海県に生をうけ、同二十二年に郷試合格、その翌年には進士に登第し、刑部主事にて起家のうえ、員外郎に陞進した。国子監での欧陽徳への拝謁はその当時のことである。刑部では気鋭の官僚として辣腕をふるい、尚書の懐刀とも目された。嘉靖二十九年、その実績を買われて広西の提学僉事に抜擢、二十八歳という異例の若さであった。ついで広東参議にうつり、嘉靖三十五年、提学副使の肩書きを得て江西に赴任。官歴が着実に進展し始めた江西時代、かれは思想家としても充実した活動をおこなうことになる。

黄宗羲は、王宗沐をその『明儒学案』（巻一五・三一四頁）「浙中王門学案五」に立伝のうえ、小伝に、かれは道仏「二氏」から学問の道に入ったと記し、「不息の体」に信を置くかれの発言を引用して「先生の所謂る不息なる者」は「釈氏の見」ではないのか、との疑念をもあわせて示した。さらに王宗沐の文章から、五通の「論学書」と「文集」所収の序文五題とを節録するのだが、書簡にはそのうち四通に「不息」語が見え、たとえばそのなかの一通には、「近ごろ始めて、いわゆる不息の体なるものが、元来、天地に参《なら》んで古今をつらぬくことを理解した（近始知有所謂不息之体者、本参天地而徹古今）」との一節がある。黄宗羲は王宗沐の思想を「不息」の一語で切り取った。あわせてここでは、右の一通が嘉靖三十六年の執筆であり、それ以外の四通もほぼ同時期のもの、つまりかれが江西にあった時期の「論学書」であることをも指摘したい。五題の序文もその四題が嘉靖三十二年から三十七年ごろまでに著されており、残る一題は隆慶元年の作成だが、そこにも「不息」への言及がある。

そしてもう一点、注目したい事柄は、嘉靖三十六年執筆の上記書簡が、江西の郷里に退隠していた聶豹に宛てたものであり、その同じ時期、この地域には鄒守益や羅洪先も暮らして王宗沐と交流をもったこと、さらに隆慶元年作の上記序文が七十歳を迎えた王畿を言祝ぐ一文であるなど、いわゆる王学三派の中心人物と王宗沐との親密な関係である。欧陽徳の理想を王宗沐が受け継ごうとしたことは言うまでもなく、要するにかれは、提学官という職種およびその赴任地と在任期間という、三つの歯車が絶妙にかみ合う幸運のもと、円熟期を迎えた王門の高弟たちから薫陶を受けることができた。本章は、王宗沐にとって思想形成期とも称しうる広西時代、および「不息」を核にすえる思想の確立を果たした江西時代のかれの思想活動を概観し、その活動内容と提学官としての職務との関連性について考察をこころみるものである。

一　広西提学官時代

（一）欧陽徳から王宗沐へ

修学時代の王宗沐は、『学案』も言うとおり道仏両教に親近感を抱き（『敬所王先生文集』巻七「仙鹿図記」。本章では以下『文集』と略記する)、王守仁の学問にも惹かれる思想傾向を帯びていた(『文集』巻一「陽明先生図譜序」)。それとともに文学的素養に恵まれ経世の才覚を具える若者でもあり、当時、刑部の同僚にしてやがて古文辞派の領袖となる王世貞や李攀龍らとともに詩社を作り、「古文」の制作にふけったという。だが嘉靖二十九年春にくだされた提学官就任の勅命は、そのかれに王学者として自立する道を歩ませる契機となった。[2]

欧陽徳は、赴任を前に不安を抱く王宗沐に対し、激励の文章を贈った。まず、如何なる場面でも「心」を師とするだけだと断言し、「貴君は自身の心を「精・一」にすることを理解している以上、(広西の学生と)共に学び道に進むことが可能だ。中断せず努力すれば、「立」と「権」との段階に進もうとも、だれがさえぎるだろう。他人を自立させ到達させるのも、みな「己」を基準に推し量るだけだ(新甫既知精一其心、可与共学而適道、勉勉不已、其進於立与権、也孰禦、其立人達人、亦取諸己而已矣。『欧陽徳集』巻七・二四七頁「送王新甫督学広西序」)」と告げたのである。『論語』子罕篇には、「共に学ぶ」ことから「道に適《ゆ》き」、「与《とも》に立ち」、「与に権《はか》る」にいたるまで、学問の進展を四段階に分けて表現する一条がある。欧陽徳はその一条に拠り、自身が理想とする提学官像を愛弟子に示した。

ここに言う提学官としての「己」とは、万物を一体とする自己にほかならない。嘉靖二十七年、欧陽徳は礼部の配下にあった李寵が山東提学官として赴任するに際し、送別の文章を贈り、そこに「大人とは赤子の心を失わない存在。これが政治の根本であり、教学の実質だ」との一節を書き記した(『欧陽徳集』巻七・二四二頁「送李子督学山東序」)。またその翌年、江西提学官に就く胡汝霖を送るに際しても、胡汝霖のことを「そもそも自身の明徳を天下に明らかにしようと思う者だ」と称えている(同前二四五頁「贈青厓胡子督学江西序」)。これらの発言の思想的な前提として、王守仁の「大学」観が存することは、前章までに述べたことである。王門において「大学」

とは、万物一体の境涯を体現すべき「大人」の学問であった。そして欧陽徳は、知識人の範型にして理想的人間でもあるこの「大人」を、実在の行政官に重ねて具体的に捉えた。では、万物を一体とする「己」が目指すべき「立」や「権」とは、如何なる状態を意味するのか。欧陽徳は王宗沐に贈った文章のなかでこう説いた。

そもそも自身の清純な心を自覚して変化に対応するはたらきを発揮し尽くすことは、外部からなにものかを加える行為ではない。この主旨が不明であることにより、道を事象の表面的な痕跡に求める者は迂闊で（権に）通達せず、そのため功業を大きく建てる者などは、そうした態度を学ぶに足りないと捉え、まず自身の智慧を円滑敏捷にはたらかせ、そうでなければ権に通達して事柄を成就させるには不十分だと考えた。しかしかれらは、そう考える心が道ではないことに気づかない。さればどうして聖人の権を語れようか。一方、権を術数によって追究する者は当初より不正であり、そのため法理を順守する者などは、権を学習すべからざる事柄と捉え、まず自身の意見に固執し、杓子定規で融通が利かず、しかしそうでなければ徳を立て変化に対応することができないと考えた。しかしかれらは、そうしておこなう道が心に依拠していないことに気づかない。さればどうして聖人の立を語れようか。かくして「精・一」の学問は、このような人びとのために大いに衰退した。（蓋得其精純之心、而尽其変通之用、非自外也、此義不明、求道於迹者、或迂而不達、故建功広業之士、以為不足学、始用其知慧、圜転給捷、以為非此不足以達権而済事、不知其心非道矣、而悪足与語聖人之権、求権於術者、既而不正、故奉法循理之士、以権為不可学、始執其意見、方格滞重、以為非此不足以立徳而通変、不知其道非心矣、而悪足以語聖人之立、故精一之学、由之大敝。）

『論語』の当該箇所に、朱熹は、「与に立つべしとは、志操を篤く抱いてそれに固執し変わらないこと（可与立者、篤志固執而不変也）」、「与に権るべし」の「権」とは「物事をはかりにかけ、その軽重を見定める道具である（所以称物而知軽重者也）」と注記する。この理解を、欧陽徳は万物一体観にもとづいて構造的に捉え直し、「立」に関しては自己の明徳を確立させつつも自己満足に陥らず、「権」については多様な事案を臨機応変に処理しながらも狡知や術数に堕落しない在り方だと見た。かかる提学官は、「立」と「権」とを実現するなかで、個私的な限定性も、また個別事案のもつ固定性をも超越する。「法制禁令之外」にも超出可能な融通無礙さを身につけるわけである。[3]

さて、広西に到着した王宗沐は、早速、現地の教官および学生に対し全五条にわたる督学の方針を示した（『文集』巻二七「広西学政」）。その第二条は聖賢の学問を主題とする文章であり、欧陽徳の期待に対するかれなりの応答だとみなせる。一文は、「心体」すなわち「心」の本質は元来「天理」にほかならず、後天的に「私欲」におおわれるが、「私欲を克服すれば、心体（のはたらき）はもとどおりになる。汚れが拭き取られれば鏡が（もとどおりに）かがやくようなもの。足したりも減らしたりもすることなく、そうしてこそ明瞭にして純粋なまま、一切の変化がそこからあらわれる（己私克去、心体復還、如垢尽鏡明、非増非減、夫然後炯然粋然、万変攸出）」、とその絶対的根源性を解説したうえで、「その端緒を深夜静謐な時間に察知すればなんと「清明」、その本質を七情未発の段階で確かめればなんと「中平」、その個別的なあらわれを親に事え目上の者に遜る差等（ある場面）で観察すればなんと条理のあることか（察其端於夜静之時、何等清明、験其体於七情未発之際、何等中平、観其発於事親弟長之差、何等条理）」と付け加え、「大抵、行の篤実処は即ち知の実際にして、知の精察処は即ち心の分量、其の分量を尽くして、乃《かく》て尽心と称す」とまとめる。

この総括は、王守仁や欧陽徳が、「知行の本体は原《もと》より是れ一箇」との認識のもと、「行の明覚精察処は便《すなわ》ち是れ知、知の真切篤実処は便ち是れ行」と述べたその言説に拠るものであろう（『王陽明全集』巻六・二三二頁「答友人問　丙戌」、『欧陽徳集』巻五・一六九頁「答沈思畏侍御三」）。ただし王宗沐の表現は、かれらのそれに較べると知行それぞれの属性に関する常識に沿う傾向をもつ。知行を分かたぬ実践主体の渾一性について、かれが深く体得していたとはいいがたいわけである。このくだりに先立つ「心体」の説明もおそらくは同様、その絶対性を宣言しつつも未発と已発とに区別を設ける点に、円満なる師匠らの思索には及ばないかれの未熟さを看取することができる。

この一文は、引き続き「心体」をおおう「私欲」の一例として、接客時の配慮である「持心」や答案の文章を上手に書こうという「勝心」は「良いもののようだが、かえって障礙を引き起こす（若美矣、而翻能為障）」といった説明をおこなう。一般には許容される心持ちもまた「心体」をくらます障礙とみなされるとおり、要するに「内面にわずかな「私」的意識をも介在させず、その意識をまとめて胸中に仕舞い込めば、内面に中心となるものが立ち、物事に違うことなく応じる（其中一私一念之不容、而收斂念頭、置之腔子、則中有主脳、応用不差）」のである。上記の知行合一論に重ねれば、常識を懐疑する主体的姿勢においてこそ、行動の「篤実」さとしてあらわれる「知」の真の姿が実現されるというのである。かくして王宗沐は、学生に対し、かれらが安住する体制教学への見直しを迫った。それがかれの、督学の際の基本方針であった。

（二）王学系提学官への道のり

張位が撰述した王宗沐の「墓誌銘」は、広西提学官としてのかれの業績について、「公は、着任すると懇切丁寧に教えを施すこと、家族に対するのと同様であり、さらに優秀な学生を選び、書院を整備したうえで、そのなかで食糧を支給し、経書の師匠を招聘してかれらを教えた。そのため科挙の合格者や国子監への推薦者が、（広西では）始めて数多く出現した（公至則諄諄誨諭、若家人然、又擇其秀者、治書院、廩餼其中、檄聘経師教之、於是科貢人才、始彬彬輩出）」と記録する。たしかにかれは、赴任の翌年、所轄の地域全体を巡回して学生への定例試験をおこない、「志」あり「質」ある有望な学生を省会桂林の宣成書院に集めて教導するとともに（『文集』巻七「崇道堂記」）、そもそもその書院に関しては、機能停止であった状態を回復させたうえで、多くの学生が選択する「易詩書三経」については江西から「学」「行」ある生員を招聘して指導にあたらせた（同巻二七「作新桂林書院呈」）。

また嘉靖三十一年の郷試に際しては、受験者の選抜以外に、少なくとも試録の序文を執筆するかたちで関わり（同巻一「擬広西郷試録序」）、[4] 翌三十二年春には『朱子大全』の節略本を編纂刊行した。[5] 出版の目的を、かれはその序文に、「真似是非之際」において附和雷同する人びとを覚醒させるためだと述べており（『文集』巻一「刻朱子大全私抄序」）、この目的は、上述したかれの教学の基本方針に沿うものである。

王宗沐はその書物を、当時、広西慶遠府典吏として左遷されていた趙貞吉（号大洲、四川内江人、嘉靖十四年進士）に献呈し、趙貞吉からは、「そもそも貴兄の本願が、人びとによる論争を終熄させ、道術のなかに彼我の相違を忘れさせる点にあることに敬意を表する（夫荘子之雅意、欲息諸子之争論、以相忘於道術之中云耳。『趙文粛公文集』DI／集100巻二一「復広西督学王敬所書其四」）」との評価を受けた。そこでかれは、編纂の意図を趙貞吉に対して詳細に告げ直し、そもそも程敏政（号篁墩、一四四六―九九）の『道一編』や王守仁の『朱子晩年定論』は「調停辯説之書」であり、「結局はその隠されたものをすべて明かすことができない」ので、その克服をねらってこの書物を編んだと伝えた（『文集』巻八「与趙大洲先生」五）。

これらの言動からも、「心体」の絶対的根源性に対する信頼とそれに裏付けられた懐疑精神とが、広西赴任時における王宗沐の思想の基盤をなしていたことが確認できる。ただしその絶対性の認識において透徹しきれていない部分が存することも、またおそらくは事実であり、それがかれを悩ませた。

広西在任中の或る時、かれは京師の欧陽徳に書簡を送り指導を仰いだ。この書簡には、督学活動と自己実現のための思想的営為との乖離に苦慮するかれの心情がにじみ出ている。「この地方は（京師から）道のりも遠く官員も欠け、日常的に多くの者が職務を兼任しています。（視学をおこなう）この官職ですらも、やはり空いた時間が得られず、心によって事象を照らすということができません。少しでも（仕事が）煩瑣になると、静謐な境地を思い浮かべ、静謐な境地への思いが浮かべば、外界との関わりを厭う気持ちがさらに強くなります。病弊は自覚しています。しかし結局は強制的に（それを除去）することができないのです（此地道遠員缺、時多兼署、雖此官亦不得暇、未能以心照事、纔煩輒有静想、静想既生、悪外之心益甚、病痛自覚、然終不能強。『文集』巻八「啓欧陽南野尊師」二）」。

欧陽徳は、かかる弟子の愁訴に対し、頂門の一鍼にも喩えうる厳しい返書を送った。それは、かつて六安州知州時代のかれが王守仁から諭された内容を彷彿とさせるものである。そもそも欧陽徳は、或る提学官に対し、貴殿と王宗沐の「二君」ような人士が十数人、全国で督学に従事したならば、学問の不明、善人の不在を歎く必要はなくなるのだが、と告げており（『欧陽徳集』巻五・一六七頁「答陳督学」）、その大きな期待が下記の如き訓戒に繋がっていた。

> そもそも自覚していれば強制など必要ない。強制できないのは自覚が必ずしも真率切実ではないからだ。……煩雑を厭う病弊は、心によって事象を照らそうとする（貴君のことさらな）意識に、まず起因するのだろう。

そもそも心とは知覚が実際に働いた状態（の総体）でしかない。事象とは知覚が働くというその現象であり、照らすとはその働いている場面の知覚であって、（ここに）内外や動静といった区別などはなく、渾然一体なのである。しかし心によって事象を照らそうと意識するならば、内外動静という区別をつけることから逃れられず、必ずやこのように考えるだろう。静謐ではないから（事象を）照らせず、時間がないから静謐ではあり得ず、仕事が煩雑だから空いた時間が得られない、と。かくして愛憎取捨の感情が次第に絡み合って病弊が発生する。（夫自覚則不待強、不能強則覚未必眞切、……夫厭煩殆起於以心照事乎、夫心知覚運動而已、事者知覚之運動、照者運動之知覚、無内外動静、而渾然一体者也、以心照事、則未免有内外動静之分、必以為非静則不能照、非暇則不能静、事煩則不得暇、而愛憎取舍、転相尋為病矣。同巻四・一四〇頁「答王新甫督学」）

欧陽徳は、静謐な境地を虚空に求めるが故に、その反動として煩瑣な現実という妄想を抱くのだ、と断じた。静謐な境地を望む逃避願望が内面にわだかまり、対象への自在な対応ができず、ただ自身の妄想を物象化させそれを現実に投影する、といった心理状態に王宗沐はおちいっているという見立てである。

王宗沐の書簡は幾つかの質問から成るものであり、かれは前述の問いに続けて、この心は天地上下と流れを同じくするとか、要はその心を尽くすだけであるといった、一体状態の人間本性に関する理解を提示し、師の裁定を仰いでもいる。その内容は、欧陽徳がかつてかれに伝えたものに等しく、欧陽徳は「誠に然り」とか「此の論は極めて精当」と回答した。王宗沐の知的理解に対する率直な承認なのであろう。

書簡の末尾に王宗沐は、「官僚活動においては、元来、他者を感化することなど本当にできるわけはなく、（自己の）感覚に身を委ねては往々にして（物事が）ぎくしゃくし、はなはだしい時には、実行したあとに反省し、時間の経過とともに恥ずかしさを覚えるようなこともあります（宦中原自誠未能動物、任性往往枘鑿、甚至有已行而思之久而自慚者）」と附記した。それに対し欧陽徳は、「自己省察の周到さを知るうえで十分だ（足見体察之審）」と受け入れつつも、「およそ事柄が齟齬したりぎくしゃくするのは、あるいはまだ一念ごとに自身の良知を発揮していないからだ（凡牴牾枘鑿者、或未嘗念念致其良知者也）」、と改めて叱責した。

彼我の一体性に関する体認の甘さが、実践上の齟齬を生み出す原因であった。王宗沐はまだ欧陽徳の督学観を吸収し切れていなかったわけであるが、それでも研鑽の過程において、ひとつの人間観を紡ぎ出すにいたった。

わたしはいつもこう思う。村里の民草は一文字も知らないのに、親を愛し年長者を敬い、その身に過失のないこと、まずはたしかに、樸実な人間となり得ている。一方儒者は、博学と称されながらも行動に実際がともなわず、繁多な言葉が（自身の）真（心）を乱し、白髪頭になっても真理がつかめない。そうであれば、（民草と儒者との）隔たりを「已むを得ざるの心」によって秤にかければ、きっとこうした儒者を棄ててかの民草を持ち上げることになるだろう。（某常謂、郷里細民、不識一字、而愛親敬長、身無過失、似猶得為朴実之徒、而儒者号称博洽、行無実効、多言乱真、白首無帰、則其相去之間、以不得已之心権之、将有必去此而取彼者。『文集』巻八「与蔡白石太守」）

かれがこの言葉を呈した相手は、当時、湖広衡州府知府の任にあった蔡汝楠（浙江徳清人、嘉靖十一年進士）である。王宗沐は同じ書簡において、孟子以後の「学問が絶えた」時期に、「その根本的枢要を提示し、本源に通達した」人物として陸九淵を絶賛した。すると蔡汝楠はその見解に同調するとともに、陸九淵すらも「未発」であった妙義を王守仁は明らかにしたと述べ、かれが嘉靖三十年夏、衡州で再刊した『伝習録』を王宗沐に贈呈し

た（『自知堂集』D1/集97巻二〇「答王提学敬所」(6)）。

王宗沐は、陸王両学の学問的意義に対する確信を深めるなかで、自身の懐疑精神を徹底させた。その結果、世間の学者への絶望感を一層深めもしたが、しかし一切の後天的装飾を取り払った人間の真情に、みずからの思想的立脚点を定めることもできた。かれは趙貞吉に対し、こう宣言してもいる。「心持ちが真率切実であれば、（外見上の）挙措がすべて間違っていても、それでもわたしは信用する。間違いというほどに至っていなければ尚更だ。しかし心持ちが邪悪で欺瞞に充ちていれば、行動がすべて的中していても、なおわたしは唾棄する。まったく的中していなければ尚更だ（志真意切、雖万挙万差、吾猶信之也、而況其不至於差乎、志非意偽、雖万動万中、吾猶棄之也、而況其必無中乎。『文集』巻八「与趙大洲先生」二）」。個別の言動が帯びる既存の価値判断を突き破り、彼我の信頼関係を作り直す根拠の確立を目指したのであり、かかる根拠が生み出す人間関係に、かれは万物一体状態実現への希望を抱いたと思われる。

三年の任期が過ぎた嘉靖三十二年の前半、かれは欧陽徳に対し、自身の官業を総括する書簡を送った。「（督学時における）やかましい説教とはいえ、いずれも口に任せて唱えるばかりで、親身な実践に根ざしたものではなく、それ故、結局、人びとに感化を及ぼすことはなかった。慚愧する毎日であり、師門の教えに深く背いた（雖嘵嘵之声、皆騰口説、非本躬行、故終無以感于士子、日慚且愧、深負師門。同前「啓欧陽南野尊師」三）」。師匠の期待に応じきることのできない焦り、自分自身への苛立ちが、時には他者への怒声へと転じていた。ただし欧陽徳は、その愛弟子に対し「篤実光輝」の一語を贈ってもおり、右の書簡には、この一語にちなむ王宗沐の発見も記される。「昨今の学ぶ者のさまざまな行為は、思うにいずれも「光輝」を冀求しているばかりで、「篤実」に従事することをわきまえない。根本を培うことができないうちに枝葉（の繁茂）についての意識を起こすから、振るわなくなるのも当然だ（今之学者種種作用、蓋皆在求其光輝、而不知従其篤実、未能培根、而作枝葉之想、宜其有萎然者）」。だがそうした反省を現場に還元する時間は得られずに、嘉靖三十三年夏、かれは広東参議に転じ、一方、欧陽徳は、同年三月、北京で急逝した。

広東には、先の江西提学官であった胡汝霖が同じく提学官として遷っていた。その後かれが江西参政として異動するに際し、王宗沐は、当地の「士習」を輝かせた胡汝霖の活動は、「時に拘わらず、法に恃《もた》れず」という「賢者」のそれだと称えた（同巻四「贈青崖胡先生序」）。融通無礙を旨とする師匠の督学観が具体化される現場に、王宗沐は際会していた。かれ自身、この新たな任地では、陸九淵による「語録・論学」の文章を編輯した『象山粋言』を上梓してはいる（同巻一「刻象山粋言序」）。だがそれでも、胡汝霖に贈った右の一文のなかでは、「今（広西での督学を）かえりみれば悄然とした気持ちになる。説教は浅薄で微細、（教化の）光は闇昧で狭小、（そのため学生を）無理強いすることさえできなかった（而今自反思之、則爽然自失、声短響微、光沈照狭、不可得而強也）」と自身の活動を否定的に総括した。人事異動に関する当時の慣例から推して、再度の提学官拝命は十分予想していただろう。挽回の機会は時を置かず到来した。

二　江西提学官時代

（一）「不息」概念への覚醒

嘉靖三十五年四月、王宗沐は江西に赴くと、広西同様、活動の基本方針を文書にして宣布した（同巻二八「江西学政」）。その「計開」第一条において、かれは「挙業と講学とを合わせて一原と為す」立場から原理的な説明をおこない、科挙受験を軽視する学生に対し反省を迫った。

そもそも挙業はどこから発生したのか。心から生まれたはずだ。いま講学をおこなう者はどこに実践の対象があるのか。その心を（実践の対象として）おさめるはずだ。心の光明はすみずみまでをも照らし出す。ただ人倫秩序の諸関係においてのみ、行きわたりそれを取りまとめるばかりでなく、眉を揚げ目をまばたかせる卑近な動作、薪や米を運ぶ鄙俗な行為ですらも、この（光明の）なかのはたらきでないものはない。故に心を乱し精神を病む者にはまことに望みはないが、どうして、学問にその力をそそぐ者が、ただ、この講学に従事して（て自足し）かの挙業に（心の光明を）あてないで済ませられるだろうか。（夫挙業安所従、出生於心者也、今之講学者安所事、事其心也、心之光明照徹、非但於彜倫叙秩之間流貫収攝、而雖如揚眉瞬目之近、担柴運米之俗、莫非此中之運用也。故所患於憒憒病狂者、則固無望焉矣、而豈有従事於学者、顧有能及於此而不照於彼者乎。）

ここでは人間の「心」が、「挙業」はもとより、日常生活の細部や卑近な生産活動までをも含む全体的なはたらきとして描写される。具体的なあらわれの一切に価値的な区別を設けない点に、王宗沐における「心」理解の特徴は存するのであり、かれは、江西の省会南昌において講学をおこなう裘衍（号魯江、南昌新建人、正徳十一年挙人）に対する書簡でも、「あらゆる事物を保有するのが道のすがたであり、あらゆる事物を包含するのが心のすがただ（無物不有者、道之体也、無物不包涵者、心之体也。同巻八「与裘魯江」二）」と述べている。

そもそも裘衍は、「森羅万象はみな太陽のかがやきが作り出したものであり、十方の国土はどれもが本体のあらわれだ（天下之万象、皆日光所成、而十方之國土、皆本体所現）」と語っていた。しかしその一方で格物の格を「去」と解してもおり、かかる解釈に対し、王宗沐は、「天下の事物に自己をさまたげるものがもはや存在しない以上、さらになぜ、格去してはじめて（心之体が）顕現すると考える必要があるのですか（自於天下之物無復有礙我者、又何須格去而後為得乎）」と述べ、裘衍の矛盾をただした。

江西に赴任した当初、王宗沐はまだ「不息の体」の意義に目覚めてはいない。この「体」にかれが「近ごろ始めて」納得したと記したのは、嘉靖三十六年執筆の、聶豹宛書簡においてである。書簡には、自身の理解をめぐり「以前、念菴先生に質問し、大いに意見の一致を見た（嘗以是質之念菴先生、頗亦相合。同巻一〇「啓聶双江先生」）」との言及がある。当時、羅洪先は故郷の江西吉水に石蓮洞を開き、重厚な思想活動を展開していた。その羅洪先に対して王宗沐は赴任の年に書簡を送り、翌年の「春杪」つまり三月には拝謁できるだろうと告げ（同巻九「与羅念庵先生」）、それを実現させた。この面談にいたるまでのあいだに、かれは思想的飛躍へと結びつく何らかのてがかりを得て、その認識を変化させたと推測できるわけである。

たとえば『伝習録』下巻（第一二一条）には、『中庸』の博学と篤行とを念頭に置いた、「如何なる時も、この天理を（自他の関わる場に）保持することを学び、私欲による断絶がまったくない。これこそがこの心が不息である場面だ（常常学存此天理、更無私欲間斷、此即是此心不息処。『王陽明全集』巻三・一三七頁）」との一条があり、また欧陽徳は、「私意が根こそぎ放棄されたならば、良心は行き渡って不息だ（私意一斉放下、則良心流行不息矣。『欧陽徳集』巻一・二六頁「答問五条」）」と語っていた。先師たちのかかる発言を、王宗沐はその心に刻み込んでいたと思われるが、そうした言葉に、王宗沐は書物のなかで再会する機会を得ることになる。

欧陽徳の文集に関しては、江西巡撫蔡克廉（号可泉、福建晋江人、嘉靖八年進士）の指示のもと、提学官としてその校正雕板を監督した。その作業が一段落した嘉靖三十五年七月に序文を執筆、翌年三月には作業を完了させ、新刊の書物を南昌府学に置いた（『欧陽徳集』附録八四〇頁「南野先生文集序」）。『伝習録』の梓行もそれと同時におこなわれ、かれはその「続本を合わせて凡そ十一巻」を、やはり官学に配架した（『文集』巻一「刻伝習録序」）。その事業の途上である嘉靖三十五年冬、浙江在住の銭徳洪に対し「雕板は終えましたが、誤字はまだ見分けていません（就梓已完、譌誤未別。同巻一〇「与銭緒山先生」）」と告げてもいる。(7)

そして同書の刊行後に記した序文のなかで、「不息の体」を孔門の仁や王守仁の良知に比定しつつ、そのはたらきが時空を超えることを、「心、不息なれば則ち万古も一日の如く、心、不息なれば則ち万人も一人の如し」、と述べてこの概念の思想的重要性を確認し、さらに「陽明先生は、（道統が）ほとんど断絶した時代において、そのはたらきを活用しつつ（かかる真理を）提唱されたが、われわれは、（真理が）すでに明白になった時期に、そのはたらきに依拠して（真理を）継承することができない（先生能用是倡之於幾絶、吾人不能縁是承之於已明）」との言葉を加え、後学としての責任を表明した。「不息の体」に対する絶対的帰依の宣言でもある。王宗沐の思想的覚醒は、『伝習録』や『欧陽南野先生文集』の編纂時に遂行されたであろうそれらへの丁寧な読書を契機として獲得されたと推察する。

蔡克廉は、嘉靖三十五年六月、都察院右副都御史に転じる命令を受け、上京直後に江西の官員を推挙する上奏文を提出した（『可泉先生文集』巻八「題薦挙賢能方面官員疏」）。そこには、王宗沐の業績を評価して、「（かれが）親身になって生徒を教導するので（生徒は）奮い立ち（良い方向へと）大いに変わった（由身心以率生徒、故勃然而丕変）」と述べ、「学校行政がいまや刷新され、士人の気持ちはようやく正しい方を向いたばかりであるから、（かれに）長く任せて学政の成就を待ちたい（学政方新、士心初向所宜、久任以俟其成者也）」との要請を記した一段がある。蔡克廉は嘉靖二十年代後半、江西と広東とで提学官に就いた経歴の持ち主である。王宗沐の業績に対する評価はかれ自身の体験を反映し、かつかれが提示した右の要請は、王宗沐の希望でもあっただろう。

王宗沐は、修学環境の整備に専念しつつ学生の成長を穏やかに見守っていた。たとえば、教官や学生に対する赴任当初の布告において、人間の本性を宝の蔵に喩え、書籍をその宝のリストと見立てつつ、「珠玉」それ自体は書籍にはないが「その書籍を捨て置いて宝の蔵が分かった者はこれまで存在しない」と説き、読書を勧めている（『文集』巻二八「江西学政」「計開」第三条）。明朝は、成化三年（一四六七）、督学制度の徹底をはかるべく、学生の徳行、文藝、治事について優劣長短を定期的に記録する帳簿を置くよう指令を出していた（正徳『大明会典』巻七六「府州県儒学」）。かれも同じ布告において帳簿の設置とその「至公」なる扱いとを命じたほか、さらに、学生各自には「同志を択びて会を為《つく》り」、「真に家人父子の如く」少人数の集団で切磋琢磨するよう要請し、視学の際には各会の「夫《か》の勧勉の状を審」らかにして賞罰を加えるつもりだ、とも訓告した（前述「計開」第五条）。この自主的な勉強会を、学生による読書、講習の場と位置づけたわけである。

江西に遷る以前の自己反省のその延長線上にあると覚しく、この時期の王宗沐は、もはや過剰な自意識に搦め取られることはなくなっていた。先人の書物を文字どおり一字ごと丁寧に読み、一方、学生に対しては腰をすえてその自立を待った。かれが帰依宣言をおこなった「不息の体」の基本的内容は、具体的なるもの一切を平等にあらわす本体という江西着任時に示した「心体」のそれと異なるものではない。だがその「心」の位置に、持続的で生き生きとした状態を表現する「不息」語が代わって入ったことの意味は大きい。

このように構想されたかれの思想は、「心」を「不息」の状態で具体化するのではなく、そうした「心」をも忘れ、「不息」それ自体としてあることを志向する構造をもつと思われるが、嘉靖三十五年末の時点において、かれはまだその地平にまではたどり着いていない。「心」が「不息」だという主述の構造、存在把握の様式に、変化は見られないのである。とはいえこの時期の督学活動にも、その徴候は示されていた。かれは、その主語としての「心」に対し、周囲の環境に溶け込むが如き静謐な性格を帯びさせながら、自身の活動を続けていたと思われるのである。

（二）「不息」認識の確立

嘉靖三十六年春、王宗沐は吉安府一帯における視学の合間をぬい、羅洪先を石蓮洞に訪問した。そして垂虹巌に坐を得ると、早速「不息の真体」に関する見解を語った。

自分には「不息」というまことの本体について会得したものがある。そもそも天地が万物を生み、日月が天空をめぐるのも、この本体を離れては不可能である。人間の営みであれば尚更だ。春の暮れに、万物が広々と繁茂するのを見る。誰がそれを主宰するのかは知らないが、まさにそれ（がこの本体）であろう。（北宋の）程明道はそれがわかり、「識仁」と名づけた。仁を識るとは、この「不息」なるものを識ることであり、わたしが時に語り時に黙り、時に行動を起こしたり止めたりするのも、ことさらな努力を用いない。そもそも主宰する者など存在しないのだ。（吾有見於不息之真体矣、夫天地之化生、日月之運行、不能外是体也、而況於人乎、吾観於暮春、万物熙熙、以繁以滋、而莫知為之、其殆庶幾乎、明道得之、名為識仁、識仁者、識此不息者也、吾時而言、吾時而嘿、吾時而作止進退、無所庸力也、其有主之者乎。『羅洪先集』巻一六・六九九頁「垂虹巌説静」）

日常的営為を含む森羅万象が「不息」のはたらきそのものであり、それらを主宰する別の実体など存在しない、とかれは言う。だが羅洪先は、その見解の当否には触れずに「其の功を息《や》めざるのみ」、つまり実践あるのみと返答した。そこで王宗沐は、羅洪先の「帰静」説について、一体どこに「帰」するのか、「帰」する主体と「帰」

せられる対象とが実践者の内部で分裂してはいまいかと質問した。すると念菴はこうこたえた。

君に聞こえるのは私の言葉だ。だがこの言葉を発生させる根源は、君には聞こえない。しかし、ただ君が聞こえないだけではない。私も聞くことができない。まさに、（感覚を超えた絶対の）至静が主宰しているからではないのか。それでも「帰静」と断言するのは何故か。昨今の発言者が、必ず、その発言とともに（意識を外部に）走らせるからだ。（意識が外部に）走れば（そうした意識の主体は絶対的）主人公から分離する。主人公から分離すれば、（その分節された主体は、意識が外部に）引きずられ（る原因となっ）たその対象を追いかける。（君可聞者、吾之言也、所従出此言者、君不得而聞也、雖然、豈惟君不得聞、吾亦不得而聞之、茲非至静為之主乎、然而必云帰静者、何也、今之言者、必与言馳、馳則離其主矣、離其主、則逐乎所引之物。）

「帰」するべき根源としての「至静」とは、一切の感覚を超えた絶対者である。一方、発言者の言葉は、その絶対者の自己限定として現象している。だが発言者は、そうした来歴を忘れ、限定的事象にすぎない自身の言葉を、自己の主体であるかの如くに錯覚し、さらには、内面に分節させたその主体ごと外界の事象を追いかける。羅洪先は、かかる自己分裂が発生するその端緒への喚起を促すべく、「静」への回帰を説いたわけである。

かくも懇切な説明を聴いて王宗沐は、「帰静」説には当初疑念を抱いていたが、「今ようやくにして、私のいわゆる不息なる者が、（動静）相対の静として語るものではないことがわかった（今而後知即吾所謂不息者、而非以対待之静言之也）」と謝辞を述べた。そして石蓮洞を辞去する間際に改めて教えを請うと、羅洪先は「其の功を息めざるのみ」と再び返した。「悚然」とした王宗沐は「翌年、実践の成果を判定して欲しい（期以来年課其績）」と懇願した。

「不息」の現場では主客動静が一体化しているはずだ。そう理解していた王宗沐ではあるが、羅洪先の説明を聴きながら、その理解の「静」的偏向に気がついたとみなせる。動静二項を対立させ、かつ「静」的境涯に価値を見出す意識が、自己の内面に伏在していた、というわけである。学生の成長を俟つ督学時の姿勢が、現実に対する観照的傾向を醸成し、その「不息」概念に静的色調を纏いつかせたのかもしれないが、そうした静的色調は、実践の場では「心」として実体化されかねない。王宗沐は、かくして意図的に、その実体化傾向からの脱却をはかった。羅洪先に対するつぎの書簡の文言からは、そうした覚悟とともに、それ故に湧き起こる新たな悩みがうかがえる。「近ごろ実践の勘所は分かったのですが、本体として自在であり、不息であって元来そうである在り方が、往往にして（我が身に）収斂しない場面があります（邇来稍知緩急、而本体自在、不息本然、往往有不湊合処、惟先生何以教之。『文集』巻九「与羅念菴先生」二）。

羅洪先はこの省察の正直さを認め、また督学活動という「冗中」と自身が過ごす「静処」とでは、「努力の仕方におのずから難易の相違があり、貴兄が兢兢として恐れるのも当然だ（力自有難易不同、宜執事之兢兢也。『羅洪先集』巻八・三〇二頁「答王敬所　丁巳」）」とも譲歩した。そのうえで自分もかつて視聴言動の対象に引きずられたことを、「そもそも思惟や視聴は（日常において）当然なくせないものだが、それに追随するか否か、その関鍵は、（それらが発する）一瞬の微妙なところに存する。思惟や視聴に委ねれば（みずからの意識が）外界に走り去ってしまうし、それらを縛りつければ生命活動を撓めてしまう（夫思与視聴既不可少、而逐与不逐、其機常存乎倏忽微妙之間、任之則成馳騖、執之則拂生理）」と語った。では如何にすれば、自他主客の分別意識が外界に馳せることを防ぎつつ、かつみずからの生命活動に制限を加えないで済むのか。続けて羅洪先は、「（さればこそ）このはざまにおいて調和をはかり、いつでも、保つ対象があるかの如くして（その絶対者を）忘れるわけにはゆかないようにさせ、それを長く続ければ、（対象化されて）保たれるものがないのに、おのずからいつも保たれている状態にいたる（於此調停、俾常若有存而不敢忘、久之至於無所存而自無不存）」と述べ、これがお互いの課題だと伝えた。

相反する事態の両立を、羅洪先は、意識が湧き起こるか否かの微妙な「機」への没入、およびその継続によって遂げようとした。王宗沐にも異論はなかっただろう。だがそれでも持論の正当性に関しては、一抹の不安を抱いていたようである。そこでかれは聶豹のもとをたずね、判断をあおいだ。嘉靖三十四年に兵部尚書の地位で致仕した聶豹は、その年のうちに故郷である江西永豊に帰っていた。

会見に先立ち聶豹は、「不息の体」に言及する王宗沐の書簡を読んでいた。そして対面時には、質問に汲汲とするかれの向学心を評価しながらも、他方それを「亡子を路に求むるが如し」と形容した（『聶豹集』巻一三・五三五頁「山中答問」）。ここで「亡子」とは、失踪した実子を意味する。聶豹は「亡子」を探す或る男の話を持ち出した。息子を何年も探し続けた男が「瞽翁」に出会い、翁が語った噂話を聞き、山奥の老婆に撫育されていた「亡子」をようやく発見した。或る男の視覚は「瞽翁」の聴覚に勝てなかったのである。この寓話は、「千聞は一見に如かず」というその「一見」の脆さを物語る。聶豹は続けていわゆる良知現成説を批判し、感覚器官を信頼するあまり外的現象に引きずられる思考だと述べた。真理を求めて焦る王宗沐に対しても、主体の涵養を忘却して現象世界に流されているだけだ、と警告したわけである。

聶豹と羅洪先とは、ともに「帰寂（静）」の思想的立場に依拠するものの、聶豹の方が、羅洪先に較べてより「寂」に偏する傾向を持つとされる(8)。王宗沐との個別の議論からもうかがえる傾向である。かれら三者の議論は、自他主客の融解した絶対者の顕現を阻害する要因が、意識活動の如何なる段階で生じるのか、またその発生をどのような方法で防遏するか、という話柄として括り得る。羅洪先は、個別的知覚への習慣的な執着心が主客の分別を生み、絶対者からの脱離を引き起こすと捉え、聶豹は、知覚それ自体を絶対者からの分断と見た。そして王宗沐は、羅洪先の立場にくみしながらも、その「不息」としての自分自身を、督学の現場において磨き上げることの困難さに苦慮していた。聶豹の語った寓話もまた、かれの心には響いていた。

（三）格物「無欲」説

鄧以讃撰述の「行状」は、江西時代の王宗沐が「つねに学生のために格物致知について論じ、物は欲と訓ずるべきだ、何故ならば（良）知は欲によって蔽われるのであり、欲を除去すればただちに知は完全だと語った（嘗為諸生論格致、謂物合訓欲、蓋知因欲蔽、去欲即知至矣）」と記録する。鄧以讃はこの格物「無欲」説を「姚江王守仁（の学説の闡明）に功績のあること些少ではない（有功姚江不小）」と評価するが、逆に王畿は、「自己抑制が過度であるようだ（似抑之太過。『王畿集』巻一一・二八二頁「与万合溪」）」と批判的に観察した。ただし王宗沐本人に対しては、「無欲の公案は、たしかに貴兄がみずから会得した、やむにやまれぬものだ（無欲公案、固兄所自證、不容自已者也。同巻六・一四二頁「格物問答原旨　答敬所王子」）」、とその体察に敬意を払いはするものの、それでも「小生が貴兄に対して忠告しようとする事柄は、文字面の按配という点にあるだけで、貴兄の実践に対しては増やしたり減らしたりするものではまったくないかの如くだが、しかし言葉による教化は、学問の根幹にもとづくものであり、影響は小さくない（区区所欲效忠於兄者、只在一字点掇之間、於兄工夫、若無甚加損、而立言設教、根極要領、関係不小）」とも述べ、学問的真理を追究する信念にもとづき、かれに再考を促した。

北宋の程顥はその「定性書」のなかで、内心と外物とを分別して「外物を悪む」態度を批判する。王宗沐の「不息」認識にあっても、当然、かかる分別は否定される。かれは王畿に対し、自身の学生がこの点について質問してきたことを告げ、あわせて自身の理解を示した。その理解は、王畿の文章にかく引用される。「（お手紙に）言う。外界の事物を悪《にく》むのその「物」について、父母の関係などの人倫もその中に含めるとされるが、（そこで言う物は）わたしのいわゆる（格物の物を）もっぱら物欲とする（その物）ではない。（物）欲を無くすには、人倫という事物に即して磨錬すべきだ。どうして（その物欲を）外界の事物を悪むのその「物」と同一視できようか、云々と（（来教）謂、指悪外物之物、為父母人倫亦在其中、非吾所謂専以為物欲者也、無欲須於人倫事物上磨、豈可与悪外物之物同乎云云。同前）」。対して王畿は、「これは一箇の「物」字にふたつの解釈を与えるもので、かえって混乱を引き起こす（是以一物為両解、反成纏繞）」と反駁した。たとえば視聴言動は「物」であり、「非礼」のそれらが「欲」なのであって、「物」をただちに「欲」とする解釈は有り得ないというわけである。

王宗沐の解釈は、王畿のそれの如き明快さからは程遠い。だがそれでも王宗沐は、「無欲」説に拠るべき必要を痛感していた。かれは、江西臨川に暮らす王門の先輩、陳九川（号明水、正徳九年進士）に書簡を送り、自身が把握する「陽明先生格物之旨」を論拠に、陳九川の格物解釈を批判した。

　そもそも明水先生は、この事物が心にほかならないとして、（格物の）格に正と感とのふたつの意味を兼ねさせ、それ故、格物を格心とみなし、慎独に合致させようとされた。これが先生のお考えです。（しかし）そもそも、心とはもとより（万物を）生み出す根源であり、常時、外界に対応するのがその本質です。それに対して事物に固定的な実体はなく、心（が応じるの）を待ってはじめて（それが世界に）行きわたる。心の向かった対象が事物でして、心に正邪（の区別）はありますが、事物が（心の正邪を）選択して現象するわけではないでしょう。この点が、陽明先生による格物の教えの、先儒（の解釈）に異なる箇所なのです。（大約門

下欲即物即心、而格兼正感二義、故以格物為格心、以合於慎独、此門下之旨也、夫心本生道、常応乃其体段、而物無自性、待心而後周流、心之所著為物、心有正邪、物無揀択、此陽明先生格物之旨、所以異於先儒者。『文集』巻九「与陳明水」）

王宗沐が、格物の物を「欲」と訓じたその理由は、陳九川の所説に歴然たる唯心独尊の傾向をかれの周囲の人士に看取し、その傾向の打開を目指したからだと推察する。陳九川は、「心が応対した場面を物とする」王守仁の理解から「応（処）の二字」を取り去り、「この心こそが物だ（即心是物）」と主張した。だが王宗沐の見るところ、陳九川が採る「即心是物」の立場では、「心と物とが対峙していることが至極明白であり、しかも物を除去しようとする心が、或る場合にはその後に発生しても気づかず、かえって内面を是、外界を非とする結果になる（心物対峙、歴歴較然、而除物之心、或後生不察、番成是内非外）」。唐代の禅者馬祖道一が「即心即仏」と言うそばから「非心非仏」と説いたのも、かかる懸念を払拭しようとしたからなのだ。王宗沐は、主客内外の分別を超えようとする陳九川の意図は認めつつも、その意図とはうらはらに、主観を是とする方向での内外の分裂が発生しかねない、とかれの主張を解釈したのである。

「即心即物」というその意識が、「不息」であることを妨げる原因、つまり「物欲」と化している。その克服は、もとより「物欲」が発生した当の感応の場面においてのみ果たされる。「心」への執着が「不息」としての一体状態から「物」を分裂させる以上、その執着の消尽と同時に、分裂した「物」は「不息」のはたらきのなかに跡形も無く吸収されるはずだからである。このように、王宗沐の「無欲」説は自己抑制の色彩が濃い。王畿の観察は的を射ていたのだろう。しかしかれは、絶対の心体の実現を目指すが故にかえって自己を絶対化する周囲の人士に対し、そしてまた「不息」状態から外れがちな自分自身をも戒めるべく、羅洪先が敢えて「帰静」説を唱えた如く、格物「無欲」説を主張したとみなせよう。

嘉靖三十七年（一五五八）四月、王宗沐は安福での視学を終え、当地で鄒守益が主宰する復古書院において講義をおこなった（『文集』巻二〇「復古書院講義」）。「諸生二百余人」が同席するなか、「そもそも日常生活において、如何にすれば不息の本体がわかるのか（今日用不知何由見得不息本体）」との質問に対し、「本体を識別しようとするならば、「息」む場面で「不息」を見つめることだ（要識本体、於息処看不息）」と答え、さらに「どのように努力したならば、本体と合致することができるのか（又何如用功、得与本体合）」との質問には、「努力しようと思うならば、「不息」の場面で「息」むことを防ぐべきだ（要下工夫、須於不息処防息）」と応じた。

「息」の防遏と「不息」の注視とは、「人倫という事物に即して磨錬」する一箇の実践の両面を構成する。その前者が「無欲」の実践に相当する。かかる前者が後者の安定的な実現を、そして後者が前者の方向性の正しさを相互に保証する論理構造である。「不息」であることの困難さをわきまえつつも「不息」であろうと希求するが故に、王宗沐はその実践論に「無欲」の要素を加え、これらふたつの側面を常に意識することによる実践の漸進的な成熟を期待したわけである(9)。

（四）嘉靖三十七年江西郷試

嘉靖三十七年八月に実施された江西郷試の考査体制について、この試験を第二位の成績で通過した張位は、「受験生の答案を査閲する際には、内外両簾の官員が合格させ得るとしたものを突き合わせて審査し、（この審査に通ったものが）はじめて合格圏内に入った（閲諸士巻、参校内外簾合取者、方入彀。『間雲館集』巻二四「寿大中丞五台翁徐老師七十序」）」と記録する。明朝の祖法において科挙の合否判定は内簾の考官による専権事項だが、正徳から万暦序盤にいたる一時期、一部の郷試では外簾の執事官もまた肯定的な意識のもとその判定に関わっていた。この江西郷試もその一例である。

この時の試録に記されるとおり、試験業務の一切は監臨官である巡按江西監察御史徐紳（南直隷建徳人、嘉靖二十年進士）が統轄した。内外両簾の官員もかれの名のもとに徴聘されたが、弘治四年の条例が定めるとおり、考官に就く各地の教官に関しては、提学官による事前の調査選別が求められていた。この郷試の主考官二名のうち正主考官は、広西桂林府全州儒学学正鄭元韶（福建候官人）がつとめ、九名の同考官中五名が、三十四年広西郷試の合格者にして各地に教職を得ていた人士である。

鄭元韶は嘉靖二十八年の福建郷試に合格後の広西赴任であり、王宗沐とはかれがその地に赴任した際に知りあっていただろう。また三十四年の広西郷試合格者は、いずれもが王宗沐によって受験資格を与えられたかれの「門生」である。考官の人選に関しては、提学官王宗沐の意見が多く採られていた。さらにまた、外簾の受巻官には南康府推官の呉国倫（湖広興国人、嘉靖二十九年進士）が招かれた。郷試の前の年である嘉靖三十六年八月、呉国倫は、王宗沐が発した「道体は不息、学は与に焉に倶にす」との言葉に応じて、「夫れ無私は心体也」とか「無私は咸《み》な道也」と語っており（『文集』巻七「朋来亭記」）、呉王両者は、外簾諸官の人選がおこなわれる前から、思想的に共鳴しあう関係にあった。

合否判定に関与する外簾官は、時に模範答案の作成をも請け負うのだが、その場には、時として提学官の意見も反映された。五題の策問の第二問に注目したい。この問題と解答に関しては、本書第二章においても、その思想史的な位置づけを考察するなかで一部を紹介した。質問はすべて三〇二文字、その前半において六経の主旨と仁概念との異同を問い、かつ北宋にいたるまでの仁概念に関する諸説をたずね、後半では、その仁を「本体」と位置づけつつ、「いま本体から離れず、みずからに切実な学問を実践しようとするならば、主静を説く者も（現実を遊離した）空虚な状態にはいたらず、慎動を説く者も（既成の言説を）踏襲するだけにはいたらず、自己の「生」の正直さに身を任せる者も（自己の）心（が生む主観的判断）のみを正しいとするにはいたらない（今欲不離本体、為切実之学、主静者不至為空虚、慎動者不至為襲取、信其生之直、而不至為師心）」と総括し、受験生に「平日より得る所の者」を述べよと要請した。

この「主静」以下の三者は、一般的には評価に値する態度である。とくに第三番目の立場は、『論語』雍也篇の「人の生や直。罔《まがれるもの》の生や幸にして免る」を典拠とし、当該の朱註は、程子による「生の理は本より直。罔は不直也」との言葉を引き、この「生」を肯定的に捉える。ただし策問は、「本体を離れず」云々との条件が満たされない限り、「生」の正直さにしたがう者も含めて、三者それぞれに偏向すると見る。作題者における「本体」認識や、如上三者が抱えるとされた欠陥に関しては、程策がつぎのように解説する。

程策は全二四九八文字の長文であり、試録に拠れば、第四位合格の新淦県学増広生朱孟震がその作者である。程策は、策問に言う「本体」について、「この心は視聴の感覚を超えつつも、万物を絶えず生み出すその仕組みは、すべての事物を内包しておりながら、しかし個別具体的な感情を超えた境地からひとえにあらわれる。いわゆる仁である（此心不覩不聞、而其生生之幾、無一物不体、而一出於無情、所謂仁也）」とその絶対性を強調し、かつそれが時空を超越した動静体用一体の境涯であることを、「万物を絶えず生み出す仕組みは、人為を借りず、時間によって区切られず、境界によっても隔てられない。どうして動静や体用（といった区別）がそこにあるだろうか。この点が本体の本体たる所以だ（生生之幾、不仮人力、不以時分、不以境間、又何動静体用之有、此本体之所以本体也）」と説明する。

また上記の三者に関しては、かりにかかる渾然一体の「体」をまるごと捉えきれず「分析」を加えるならば、それぞれに偏向が生じかねないことを、その理由とともに解説する。「主静者」はその静に、「慎動者」はその動に執着するとして、第三番目の立場につき、「「生」の正直さに固執する者は、かの「理一」だけに身を任せて「分殊」を忘れてしまい、孔子の言う「直」は同一の帰着点を指して言うが、それがもとより多様な思慮を離れるものではないということがわからない（有見於生之直者、一信夫理一而遺分殊、而不知孔子所謂直、指一致同帰而言、而未始離於殊塗百慮也（周易繋辞伝））」と述べ、その理由を以下の如く記すのである。

「理一」に信を置いて「分殊」を忘れる者は、我が本体が思慮を超越したものであるからとして、渾然一体という見解をただ執持するばかりで、もはや自己を省み実践の意味を明瞭に把握しようとはしない。だが（かれらは）、万物を絶えず生み出す仕組みが体用一源であって、（用として現象する事物の）中庸に依拠し精微な点を極めなければ、（その体の）高明広大なる在り方を突き詰めることができないことをわきまえない。（其信理一而遺分殊者、以此体何思何慮也、而独持渾淪之見、不復反躬以著察之（孟子尽心上篇）、而不知生生之幾、体用一源、不尽中庸精微、則不能致高明広大（中庸第二七章）。）

ここで批判される第三番目の立場とは、万事万物が一心に収斂しかつその渾然たる一心から諸現象があらわれる、との認識にのみ執着し、その結果、主客の溶融した一体の場で燦然たる秩序を具現することができずに終わるものである。本体に関する程策の所説は、「不息」語こそ使われず「生生之幾」と記されるもの[10]、王宗沐が日常的に語っていた本体認識に相違ない。また右に言う第三番目の立場は、程策の解説から推せば、「即心是物」を高唱する思想家、たとえば上述した陳九川のそれに比定可能であろう。この策問と程策には、提学官王宗沐の意向が十二分に反映しているとみなせるのである。

郷試の一切が終了すると、羅洪先はその試録を読み、程策に載る「本体を黙識する」との見解を絶賛し、「学ぶ者にとっての聖人となる切要な箇所だ」と述べる一方、程策に見える思想上の疑問点を幾題か呈している（『羅洪先集』巻一〇・四五〇頁「答何吉陽都憲　戊午」）。羅洪先にこの試録を贈ったのも、またかれが疑義を呈したのも、それは王宗沐ではなく、この時期、巡撫江西都御史の任にあった何遷（湖広徳安人、嘉靖二十年進士）である。何遷はこの郷試において外簾官を担当する官職には就いていないのだが、試録の前序には、「江西の習俗をたずねて儒者を尊重し、おおいに風化教養を向上させた（問俗崇儒、丕揚風教）」人物として記録される。この時の試録は、内外両簾の人士に加え、当時江西を治めていた提学官やそのほか有力官員の共有財産でもあったとみなせよう。それ故に、この程策が王宗沐の文集には収録されなかったのかもしれないが、いずれにしても、かれらはまさしく「二業合一」の実践者であり、かつまた倪宗正の言う「人法兼任の微意」を科場にやどらせた知識人でもある。ちなみに王宗沐の文集（巻四）は、「嘉靖戊午江西郷試序」と「又序」とを収める。ただしその前者は試録には採られず、後者だけがこの時の試録の後序となった。

結　語

嘉靖三十八年（一五八九）、王宗沐は江西布政司参政にうつり、その後も按察使や右布政使として江西での勤務を続けたうえで(11)、山西布政使に転じた。以後、帰郷と服喪の期間をはさみ、隆慶元年（一五六七）山東布政使として復職、総督漕運都御史、南京刑部および工部の侍郎を歴任ののち、刑部左侍郎にて致仕し、その十年後の万暦十九年（一五九一）末に逝去した。『明史』（巻二二三・五八七八頁）「本伝」は、山西以降のかれの治績を説明するのに紙幅の大部分を割く。土地の「餓民」が暴徒化することを防ぐべく徴税の緩和を求めた上奏文や、運河整備の遅滞に対する代替策として山東沿岸の海運の復活を唱え物流を安定化させた才知などを紹介するのである。

王宗沐は、公務と平行して思想活動を続けてもいた。『山居随筆』（『文集』巻二五）は、かれが嘉靖末年に帰郷していた時期の思想的産物である。王畿との交遊もますます深まり、隆慶元年、古稀のかれを祝う文章に、学問は「無心にはじまり、不息によって継続し、無無にきわまる」と述べるのは（『文集』巻六「寿龍渓王先生序」）、かれの「不息」認識の充実を示すものである。一方、王畿は、「（自身と）同郷ではあるがその誕生はだいぶ遅い」王宗沐と「忘年の交わり」を結び、それ故、「わたしが死んだならば、君は、わたしのために（一生の心精）を託した「会語」や「往復問答」に）序文を附して伝えてほしい」とも語っていた。万暦十六年（一五八八）三月、すなわち王畿没後約四年半をかけて編纂されたかれの文集に寄せた「龍渓王先生集序」（『王畿集』巻首一頁）に、王宗沐はそのように記すのである。

その序文の末尾において王宗沐は、張居正が政権を掌握すると、かれは周囲の批判を抑えるべく「書院を毀ち、講学を禁じ」たため、「（龍渓）先生の志はその時に孤立状態となり、（先生は）鬱々と心が晴れぬまま亡くなった」と回顧してもいる。時代の風気が急変したことを、王宗沐は実感していた。その変化は、科挙の現場においても同様であろう。本書第四章に言及した如く、万暦初期、提学官の職務遂行に対してはその締め付けが厳しくなっていた。さらに万暦十三年の科挙改革後は、内外両簾による協働作業遂行の可能性は低減し、考官以外の人士が程文の作成に携わることもほとんど消滅した。

ここで改めて晩明の鍾惺（湖広景陵人、一五七四―一六二五）が記した一文を紹介し、万暦中期以降における科場の情況を推測しておきたい。鍾惺は万暦十九年（一五九一）に生員となり、二十二年に郷試を初受験、三十一年の郷試中式後、三十八年に進士登第を果たした。そして万暦四十三年に雲南郷試の主考官をつとめ、天啓二年（一六二二）には福建提学官として生員の成績評定をおこなった。下記の一文は、この時の督学体験を踏まえつつ執筆されたものだとみなせる。(12)

三十年前は、受験する人士が自身を売り込むべく恃みにした学問と、お上が人士に要求した学問とは、その浅深偏全においては同じではないが、「一真」の立場という点では同じであった。それ故、お上による合格者選抜の事例が、ただちに人士応挙の際の基準となり、人士はまたそれに依拠して疑懼することはなかった。だが近年、合格者選抜の在り方がいささかバラつき、始めは「雑」、中ごろに「邪」、仕舞いには「偽」なるものが選抜された。始めは偶然そうであったのが、中ごろには当たり前、仕舞いにはすべてがそうなったのである。そこで人士は、「真」の才趣、「真」の学術を具えていても、その「真」なるものに依拠してわざわざ試験に応ずることがないよう自制した。故に、往時、人文の衰退は試験官がその責任を負った。……しかし人文が今日のような事態にいたった以上、人士にもその責任がある。何故ならば、お上が「偽」なるものを選抜し、人士は、実のところは「真」なるものを示したくとも敢えてそうせず、下の者は連れだって「偽」なるものを示し、（その結果）お上は「真」なるものを選抜しようにもそれができなくなってしまったからだ。（三十年前、士之所挟自售、与上之所求於士者、浅深偏全不同、同乎一真、故上之所取、即士之所以為法、而士亦有所拠以無疑無恐、近之取士者稍有出入、始而雑、中而邪、終而偽、始而偶然、中而以為固然、終而莫不皆然、士雖有真才趣真学術、相戒莫敢以其真者応、故昔日文之衰、責在主司、然至相戒莫敢以真者応、為士者抑何量主司之浅而自待之

薄也、則文至今日、士亦与有責焉、何者、上取其偽、士固欲為真而不敢、下相率為偽、上雖取其真者而不能。『隠秀軒集』巻一八・二八九頁「静明斎社業序」）。

「一真」を追究する「三十年」前の受験生とは、鍾惺自身のことでもある。万暦十三年以前における各省郷試の情況が、右の回顧の起点となっているのであろう。竟陵派の領袖である鍾惺とは、周知のとおり、その生涯を「真詩」の制作と選出とに賭けた人物である(13)。かれに拠れば「真詩なる者は精神の所為」であり、その「精神とは（だれもが）同じでなくてはならないが、しかしその変化は無窮である（精神者不能不同者也、然其変無窮也。同前二三五頁「詩帰序」）」。右の一文に言う「一真」も、多様な個性を生み出す普遍的な本性という意味合いを帯びた概念である。だが万暦中期以降、合格基準が「雑」、「邪」、「偽」と変転し、自身の真情を隠蔽した自己欺瞞的答案が横行するようになった。科場では、偽装の技術だけが競われていたかもしれない。鍾惺は、かかる時流に対し盲従の度合いを強める士習が形成される過程として、この「三十年」を総括した。

その同じ時期、「性学策」が受験生に求める「自得」の文字化をめぐっては、本書第二章で分析したとおり、理論の極北を示すかのような程策が出現していた。さらに万暦三十八年会試策問第二問の程策と銭謙益による墨巻は、人間の本性は本来、文字化されうるものではなく、それが「善」だとするのも一種の方便、むしろ固定的な理解を打破することが肝要だ、とともに主張した。理窟は通っている。だがこの種の回答が偽装か否かの立証は、畢竟、不可能であっただろう。それを「偽」と斬じうる鍾惺の如き考官は、果たして広く存在しえたのか。合格基準に対する信頼が揺らいでいた。その動揺の震源地が、「性学策」という策問の一分野であった。

東林派人士の高攀龍（一五六二—一六二六）に、格物をめぐる以下のような発言がある。それはすでに本書の導論に紹介したものだが、本論を結ぶにあたり、その思想史的な位置づけを確認すべく再録しておきたい。万暦三十八年会試の上記答案が、かりに自己欺瞞の産物であったとするならば、それは「自得」という徳業を疎外させた「物」でしかない。高攀龍による「性外無物」の提言は、万暦後半に顕著となる徳業の「物」化現象を、徳業に再回収することでこの現象の激化を鎮めようとする、この時期ならではの思想的決意の表白でもあった。

そもそも学問は心に会得することを求めるだけだ。自分の心に得られなければ（格物の対象としての）物なるものは物でしかない。自分の心に得るところがあれば、物なるものも自分の知だ。物がそれ自体のまま物であれば、もとより物は本性と関わらない。しかし物が（実践主体に）融合して知となれば、本性は物に煩わされることがない。こうするだけだ。（夫学欲其得之心而已、無所得諸其心、則物也者物也、有所得諸其心、則物也者知也、物自為物、故物不関於性、物融為知、則性不累於物、如此而已矣。『高子遺書』巻九上「塾訓韻律序」）

（1）王宗沐の伝記は、鄧以讃『鄧定宇先生文集』巻四「通議大夫刑部左侍郎致仕王敬所先生行状」と、張位『間雲館集』巻二二「明通議大夫刑部左侍郎攖寧王公墓誌銘」とに拠る。

（2）当時の同僚であった王世貞（江蘇太倉人、嘉靖二十六年進士）は、かれを評して「吏に老《た》け」また「文に老け」ると讃えたうえで、「所謂る吏と文の外に工みなる者に殆《ちか》し」とも捉えた（『弇州四部稿』A1/1280 巻五五「送王員外新甫視広西学政序」）。

（3）本書第四章に紹介したとおり、弘治後半に江西提学官となった邵宝には、督学の要件として「酌寛厳之宜者存乎権、審是非之実者存乎識」との認識があった。欧陽徳による「権」への言及にも、督学の現場での蓄積があったことを想像させて興味深い。

（4）この試験には、嘉靖二十七年より広西按察司僉事にあった茅坤が「監試官」として関わっており、かれの文集には、「草就而不刻」と注記される「広西郷試録序」が載る（『茅坤集』四一八頁『茅鹿門先生文集』巻一二）。一方、王宗沐の序文は、試録の後序に相当すると思われる。

（5）『朱子大全』および同『続集』の節略本である『朱子大全私抄』十二巻は、内閣文庫蔵本に拠れば、嘉靖三十二年三月執筆の朱有孚による序文ののち、全五条の「凡例」があり、ついで序文と同時期に記された王宗沐の文章があって、同書の目録となる。

（6）蔡汝楠は嘉靖三十一年の湖広郷試では収掌試巻官をつとめたが、外簾官として試録の前後序文を執筆した（『自知堂集』巻八「湖広郷試録前序」・「湖広郷試録後序」）。

（7）銭徳洪（本名寛、以字行、号緒山、浙江余姚人、一四九六―一五七六）もまた王門高弟のひとりである。王宗沐はこの書簡に、銭徳洪との「去冬」の対面およびそれから一年経過したこと、余姚天真書院を「再造」するかれへの感謝、「陽明先生像」を送るべく「徐生」を派遣する計画なども記す。陽明後学の活動時期を確定させ得る記事である。王宗沐は、その後、銭徳洪および呂懐（号吊石、江西永豊人）を、かれが再建を主導した江西広信府懐玉書院の山長に招いた。

（8）荒木見悟『陽明学の開展と仏教』（研文出版、一九八四年）所収の「聶双江における陽明学の後退」（初出一九七一年）および「羅念菴の思想」（初出一九七四年）による。

（9）王宗沐には『南華経別編』という編纂物がある（二巻。北京師範大学図書館蔵明刻孤本秘笈叢刊）。『荘子』の本文をその文体によって分類した書物であり、万暦三年施観民の序刊本である。その序文に拠ればこの書物は、王宗沐が江西提学官時代に「刻して以て門下の士に恵みし所のもの」だという。

（10）『性理大全書』を繙けば、その小註の各処に「生生不息」語を見出すことができる。

（11）『明世宗実録』（巻四九四・八二〇三頁）嘉靖四十年三月戊子：陞江西按察使王宗沐為本省右布政使。

（12）『隠秀軒集』附録二・六〇八頁「鍾惺簡明年表」。同巻一八・二八二頁「黔録小刻引」、同前二八八頁「閩文随録序」、参照。

（13）入矢義高「詩帰について」（初出一九四八年、のち『増補明代詩文』二〇〇七年、平凡社東洋文庫）。

あとがき

応用科挙史学研究会、略して「応科研」と名づけた勉強会を不定期ながらも続けています。活動の中心メンバーは、福岡教育大の鶴成久章さん、東北大の大野晃嗣さん、渡辺健哉さん、水盛涼一さん、および三浦であり、また、本年度定年により東北大を、そして仙台をも去られる熊本崇教授にも臨席を賜っています。本書に述べた事柄の多くは、この会合の席上はじめて披露した構想に、あれこれ手を加えてまとめたものですから、応科研は、まさしく本書にとっての揺籃の地です。共同体の仲間とも称しうる右の各位、応科研の活動をつうじて知りあえた先達、同輩、後進、さらには、この活動をさまざまな面から支えてくれた齋藤智寛先生をはじめとする中国思想研究室の諸氏に対し、感謝の気持ちを込めて本書を捧げます。

応科研は、二〇〇六年九月二一日に誕生しました。この第一回研究集会では鶴成・渡辺両氏に登壇をお願いし、「元明時代の科挙をめぐる諸問題」と題する共通テーマのもとで、研究上の争点を明らかにしていただきました。実を言えば、当時はまだ会合の名称すら定まっておらず、五里霧中の不安な門出ではあったのですが、集会後の懇親会で得た鶴成さんからの力強い協力宣言が、今でも活動の支えになっています。鶴成さんは、当時すでに明代の科挙研究に関する独創的かつ実証的な論考を陸続と公刊されていた当該分野の第一人者であり、同年七月にも、「明代の科挙制度と朱子学」と題する講演を、東京でおこなっておりました。

鶴成さんの紹介により、「劉科挙」こと劉海峰教授（厦門大学教育研究院）と「鄧書院」こと鄧洪波教授（湖南大学岳麓書院）をお招きし、研究集会を二回に分けて催したのが、この年の一二月一一日と一三日のこと。その第二回会合では、わたしも「論策の魅力」と題する報告をおこないました。明人の文集といわゆる挙業書、および『明代登科録彙編』所収の郷試録から、科挙第二場の「論」と第三場の「策」に関する答案とおぼしき文章を拾いあげて類別し、それらが思想史研究上の魅力ある文献であることを強調した報告であり、劉教授から、この演題は「策論の魅力」にした方がよい、そうでないと「策の魅力を論ずる」だけの研究と勘違いされる、との指摘をその後こっそり受けたことが記憶に残っています。万暦二十九年会試第二場の論題が「王者以天下為家」であって、この『資治通鑑』（唐紀四九・巻二三三）所掲の司馬光論賛に由来するタイトルの文章が明末知識人の文集に幾題か収録されている現象に関しては、二〇〇四年九月開催の或る研究会ですでに紹介していたのですが、しかしこの現象が単発の特殊事例ではなく、模範解答の位置づけをめぐる認識の変遷を背景としてたびたび浮かび上がる歴史的事象のその顕著な一例であることが、多少なりともわかりはじめるのは、新たに影印された科挙関連文献や、この時期、東北大が購入し続けていた「四庫系列叢書」所収の明人文集を、その後なんとか通覧できるようになってからのことでした。

応科研のスポンサーは日本学術振興会による科研費補助金です。二〇〇六年度からの四年間、および二〇一〇年度からの三年間、と二期にわたる共同研究が認められたのですが、第三期に相当する現段階では、各自の科研費をその資金源としています。その第一期の同じ期間、北大中哲の佐藤錬太郎教授を代表とするグループもまた、科挙研究に関する科研費を獲得しておられました。されば折角来日された劉鄧両教授を応科研だけで独占するのはまことにもったいない、ということで両教授には札幌にも足をのばしていただきました。

北大の各氏、すなわち佐藤教授に加えて、近藤浩之さんおよび（現在は中央大学の）水上雅晴さんは、学術交流の勘所を体得された方がたであり、それは伊東倫厚教授のおしえを継承しておられるのでしょうが、両教授が帰国されるその前の晩、佐藤教授は或る計画を申し出られました。科研の最終年度に北大・東北大で合同の会議を開き、そこに両教授を再度招待してはどうかというものです。この提案に対し機敏に反応されたのが劉教授、中国の主だった科挙研究者とともに国際会議を開きませんか、との拡大案を即座に提示されました。北大の先生方は会議の企画運営にも熟達されており、たとえばこの年の夏八月、台湾大学中文系の鄭吉雄教授（当時。二〇一二年八月から香港教育学院人文学院副院長）を中心とする研究グループとの合同会議を成功裏に終えていたことに、その手腕は見て取れるのでして、そうこうしているうちに、科挙に関する国際会議は、中国大陸のみならず台湾の研究者をもまじえたいろどりの豊かなものへと形をととのえ、二〇〇九年八月、国際科挙研討会「第五届科挙制与科挙学研討会」が、北大を会場として開催されることになりました。

この「研討会」の第一回大会は、劉教授等の呼びかけにより、二〇〇五年、厦門大学を会場に挙行され、その後も、上海中国科挙博物館（二〇〇六年）、黒竜江大学（二〇〇七年）、天津教育招生考試院（二〇〇八年）などと、場所を移して催されておりました。鶴成さんは第一回会議からの招待者、大野・渡辺両氏および三浦は、天津において「研討会」デビューを果たし、札幌大会では、熊本教授および水盛さんが上台されました。一方、応科研単独では、二〇〇七年九月の第四回研究集会に早稲田大の飯山知保さん、同年一二月の第五回に湖南大学岳麓書院の李兵副教授（当時。現在は同大学教授）、二〇〇九年一一月の第六回に台湾・中央研究院歴史語言研究所の陳雯怡助理教授、二〇一〇年九月の第七回に中国・魯東大学の陳長文副教授を招聘し、それぞれの研究内容を詳細に語っていただきました。科挙をキーワードとするみずみずしい研究が、国内外の各地で誕生していることを知る良い機会だったと思います。

応科研は、研究集会と平行して「ワークショップ」と称する学会発表の予行演習もおこなっています。札幌大会における「明代科挙「性学策」史稿」との報告も、その草稿は同年四月開催の「ワークショップ」で発表したものです。当時は、科挙文献に対するいわば試掘調査のかたわら、そのサンプルをとりあえず時代順に並べてみよう、といった段階でした。本書導論の注釈にも記したとおり、この試論は、その後の再検討により大幅な修訂が必要になりました。本論のほかの章に対する初出の拙稿などについても、導論末尾の注釈のなかに、修改の観点に関する短い言及とともにまとめて掲げました。

「ワークショップ」では、明代中期における副榜挙人の境遇、中後期における進士教職の位置づけ、内外両簾の協働などをめぐる私見も述べさせてもらいました。それらはあたかも、年若い大学院生が、「この事実の第一発見者は自分だ」、とその見識の狭さを棚に上げて熱弁をふるう自己中心的な報告でしたが、それでも応科研の指導教官たちは、鷹揚に受けとめてくれました。それらの報告は、だいたいにおいて、中国で開催された科挙学を主題とする会議や、書院関連の学会の参加論文へと形を変えました。厦門、寧波、武漢、長沙、広州と、年ごとに異なる開催地での会議に応科研の各位と参加できたことは、なにものにも換えがたい貴重な経験です。いずれの会議でも、劉鄂両教授らと再会をよろこびあう一方、学術交流の輪を拡大させることもできました。わたしたちもまた、中国における科挙研究が全国的規模で組織化され、かつ発展してゆくその歴史の「生き証人」ということになるのでしょうか（ちなみに本年一一月の第一二回研討会は厦門大学での開催でした）。

北大の佐藤教授を介して交流をはじめた鄭吉雄教授からも、継続的に、有形無形のさまざまな学恩を賜っています。有形のもの、それは二〇一一年三月の大震災に対し、空路と海路との双方を使って届けていただいた大量の支援物資であり、無形のもの、その第一は、支援物資に重ねられた教授の芳志です。これらとはまた別に、台湾・中央研究院近代史研究所の呂妙芬研究員と引き合わせていただいたことも、恩情のひとつとして数えたいと思います。

二〇一四年夏、呂妙芬さんをリーダーとする国際的共同研究が、蔣経国基金の援助を得て開始されました。明末清初期に展開された思想や学術の成果に再検討を加えることが全体の課題であり、この三年間の研究計画には、佐藤教授とともにわたしもまた参加しています。プロジェクトの創設に先立つ二〇一二年二月、応科研は、明清思想史に対する研究動向の分析をテーマとした研究会を企画し、その報告者として鄭吉雄、呂妙芬、佐藤錬太郎の各氏を招くとともに、中国思想研究室の一員である尾崎順一郎さんにも話題の提供を依頼しました。この時、呂妙芬さんは、ご自身の研究を振り返りながら、明清儒学研究の可能性について講演をされました。陽明後学の「社群」活動を対象とした明代の「菁英」による社会的文化的活動と理学との関係について、といった彼女ご自身のお仕事から話をはじめられ、そのうえで視線を、明末社会における「中下層士人」の思惟や実践へとのばし、清初儒学の「庶民化」や「宗教化」といった問題群にも届かせる、という刺戟的な内容の報告でした。

思うに、それは余英時教授に端を発し、近年、中央研究院の王汎森副院長が中心となって展開されている研究とも重なる構想なのでしょう。表面上は欧米流の方法論を装いながらも、清末以来、連綿と伝承されてきた儒学思想をその「国学」として尊重する中国知識人ならではの矜持を、その骨髄に保ちながら形成された構想であるように感じられます。中国・復旦大学の呉震教授による近作『明末清初勧善運動思想研究』（国立台湾大学出版中心、二〇〇九年）にも、その同じ精神が脈打っているのかもしれません。ただし教授の論考は、明末清初期における儒学の「世俗化」に言及する一方で、この時期の精神史を伝統的な学術史と関連づけながら思想史全体の変遷を追究する労作でもあり、余教授たちの系譜とは若干異なる傾向を帯びているようにも思われます。それは呉教授が、日本における中国近世思想史研究のすぐれた批判者であることとも関係しているのでしょう。教授には、二〇一三年一月、福岡で開催した応科研第一三回研究集会において、朱熹の鬼神論に関する特別講演をおこなっていただきました。

明末清初期の思想に関する研究は、前世紀のそれに較べて多彩になり、それ故、少なくとも量的な意味では飛躍的に進展しています。上記の「チーム呂妙芬」にも、明清思想史の探究に情熱をもやす精鋭たちが中国・台湾・新嘉坡から参加し、積極的に活動を展開しています。しかし国外における当該研究の活況があってすらもなお、錯綜をきわめるこの時代の思想、「後心学時代」もしくは「後十六世紀」とも称される時期の思想情況を解明することは、なかなかに難しい。本書には「明代思想史新探」との副題を附けたものの、その「明代」とは、明朝三〇〇年の全体をおおうものではなく、永楽の三大全が刊行された時期から二〇〇年にも満たない万暦初期までの限定された期間にすぎません。明初思想の考察に関しては置くとしても、明末数十年間の思想動向に関する包括的な見通しを述べることは、遺憾ながら断念し、断片的な言及をおこなうにとどめました。

しかしそれらもまた、強いて言えば「渾沌」にうがった「竅」の如きもの。虚偽なるものを拒否しながらも虚即真、真即虚なる観念のうえにリアルな自己の実現を追究する狂騒、その背後に忍び寄る虚無、および内憂外患の世情とも相俟つ絶対的規範への帰依、このような「竅」を掘ってはみたものの、畢竟それは、「儵」や「忽」がおこなった真剣なそれに較べれば、まねごと以下の作為でしかないのでしょう。そもそも「儵」「忽」両者は、「渾沌」から款待されたその報恩を真剣に考えればこそ、「渾沌」をみずからの似姿に変えていこうとしたのであり、それ故に「渾沌」も、かれらの振る舞いを平然と受け入れました。そして、「渾沌」に対する穿鑿者たちのそうした切実な感情の奥底に、明代後期の道士陸西星や清末の仏者楊仁山は、いったんは死に追いやられざるを得ない「渾沌」の、その再生のてがかりを見出そうとしました。この寓話に対するこれらうがった解釈の意味は、とてつもなく重いものだと考えています。

本書の刊行に際しては、日本学術振興会科学研究費補助金（課題番号15HP5017）の助成を受けました。研文出版の山本實社長には、前著『中国心学の稜線』に引き続き、申請書類作成の段階から校正、印刷のお手配にいたるまで、ひとかたならぬ御厚情を頂戴することができました。末尾ながら、感謝の言葉を謹呈いたします。

二〇一五年一二月吉日

三浦　秀　一　記

人名索引

カ行

ナ行

ハ行

書名索引

タ行

ナ行

ハ行

マ行

ヤ行

ラ行

三浦秀一（みうら　しゅういち）
一九五八年宮城県仙台市生まれ
東北大学大学院文学研究科教授
著書『中国心学の稜線――元朝の知識人と儒道仏三教』（研文出版）
論文「王夫之『荘子解』における「寓庸」の立場」（中嶋先生退休記念事業会編『中国の思想世界』イズミヤ出版）、「王門朱得之の師説理解とその荘子注」（佐藤錬太郎・鄭吉雄編『中国古典の解釈と分析』北海道大学出版会）ほか

科挙と性理学――明代思想史新探

二〇一六年二月一八日　第一版第一刷印刷
二〇一六年二月二六日　第一版第一刷発行

定価［本体六五〇〇円＋税］

著　者© 三　浦　秀　一
発行者　山　本　　實
発行所　研文出版（山本書店出版部）
〒101-0051
東京都千代田区神田神保町二―七
TEL　03-3261-9337
FAX　03-3261-6276

印刷　富士リプロ㈱
製本　塙　製　本

ISBN978-4-87636-407-7